Piri Tomás

POR ESTAS CALLES BRAVAS

Traducido por Suzanne Dod Tomás

Piri Tomás nació de madre puertorriqueña y padre cubano en el Barrio de Harlem en Nueva York en al año 1928. La pobreza del barrio lo condujo hacia las drogas, las pandillas juveniles y una seria de actividades criminales, por los cuales sirvió siete años encarcelado. Fue desde ahí que empezó su vida de rahabilitación, usando sus experiencias callejeras y como encarcelado la juventud a evitar la vida delictiva. Desde entonces, el Sr. Tomás ha dado conferencias en las escuelas y universidades por todo el pais. Es autor de varios libros, incluso *Savior Savior, Hold My Hand, Seven Long Times,* y *Stories from El Barrio,* y ha publicado dos discos compactos de su poesía con música, *Sounds of the Streets* y *No Mo' Barrio Blues.* Vive en El Cerrito, California, con su esposa e hijas donde continúa su trabajo con la juventud, a la vez que está completando una película educativa, *Every Child Is Born a Poet,* y otros proyectos de teatro, cine y musica.

Suzanne Dod Tomás nació en Berkeley, California, en el año 1947, ese mismo año su familia, misioneros protestantes, se fueron a vivir a Puerto Rico, donde se quedaron por 17 años. Se especializó en literatura española y latinoamericana en Lewis and Clark College en Portland, Oregon, y luego se fue a trabajar a San Francisco, California, en una pequeña casa editorial, donde fue la encargada de traducciones. También viajó extensivamente al Caribe y a Centro América como intérprete para diversos grupos de investigadores académicos. En el 1988 se casó con Piri Tomás, y actualmente colabora con él en todos sus proyectos y en su negocio, Cheverote Productions.

POR ESTAS

CALLES BRAVAS

Piri Tomás

Traducido por
Suzanne Dod Tomás

Vintage Español

Vintage Books   Una división de Random House, Inc.   Nueva York

PRIMERA EDICIÓN DE VINTAGE ESPAÑOL, OCTUBRE 1998

Biblioteca del Congresso/Library of Congress Cataloging-in-
Publication Data
Thomas, Piri, 1928–
    [Down these mean streets.   Spanish]
    Por estes calles bravas / por Piri Tomás : traducido por Suzanne
Dod Tomás. — 1st Vintage español ed.
        p.   cm. — (Vintage español)
    ISBN 0-679-77628-1
    1. Thomas, Piri, 1928–   .   2. Puerto Ricans—New York
(State)—New York—Biography.   3. Harlem (New York, N.Y.)—
Biography.   4. New York (N.Y.)—Biography.   I. Thomas,
Suzanne Dod.   II. Title.   III. Series.
F128.9.P85T4818   1997
974.7'1004687295'0092—dc21
[B]   96-53854
            CIP

Book design by Mia Risberg

Impreso en los Estados Unidos de América

10   9   8   7   6   5   4   3   2   1

Dedicación

¡Qué alegría ver la traducción de ésta, mi primera obra, al lenguaje de mis padres! Se la dedico a mi madre, Dolores Montañez de Tomás, a mi padre, Juan Tomás de la Cruz, a mi querida esposa, Suzie, con todo mi amor, por su gran labor, y a todos mis hijos: Peter y Natalie, Ricardo y Jackie, San-Dee y Alvin, Raina y Scott, Tanee, y Reneé. Finalmente, quiero dedicar este libro, con todo mi amor y cariño, a todos los Barrios.

Reconocimientos del autor

A Richard Leacock, padrino de mi libro, un hombre con mucho corazón y un sentido vibrante de belleza interior.

A la Fundación Louis M. Rabinowitz, cuyo financiamiento me dio el espacio y el tiempo para escribir mi libro, gracias.

A Angus Cameron, editor en Knopf, por su ánimo, paciencia, y sensibilidad hacia mis sentimientos.

A Harding Lamay, los dos tenemos muchos hermanos, ¿no es así, mi hermano?

A Elaine de Kooning, una persona sincera que ama a toda la gente creativa.

A Joseph Álvarez, un hombre sensible de quien he aprendido en cantidad.

A Isabella, una memoria de años atrás que vivirá conmigo siempre.

Al Rev. Rafael Hernández, Tía Angelita, Pascualita, Nelo y Victor, Dr. Efrén Ramírez, Profesor Larry Alan Bear, Profesor Gordon Jaeck, Rev. Leo Rosado, Roberta Pryor, Dr. Freed, Roy Godes, Ma-

rion Godes, Bob Drew, Jim Lipscomb, Pat Jaffee, Bob Jaffee, Peter
Powell, Patricia Powell, Wes Pullen, Dave Dugan, Nancy Sens, Jerry
Wiseman, Ray Abel, Michael Lawrence, Rev. Norman Eddy, Riela,
Carmen, Josie, Henry, Josefa, y Pampín.

A León King, un buen editor y un buen amigo; a Ossie Davis y Ruby
Dee, dos bellos artistas y poetas; a John Oliver Killens, cuyo libro
Youngblood fue uno de los que leí en la prisión que me animaron a
escribir; a la Dra. Evelina Antonetty, por su amor a través de los años;
a Mamá Bishop, que nos sirvió de segunda madre a muchos; a José
García, que desde hace tiempo ha sido un buen hermano; a Elva,
Tony, Tony Jr., y Paulie; a Phylis LeBea, Humberto Cintrón, Lou
Delemos, Jay Harris, Hannah Weinstein, Allison Vogel, Pam, Mag-
gie (Floating Foundation of Photography), Bobby García, Herman
Badillo, Bella Abzug, y Louis Negrón; y a un cheverote hermano-
amigo del Barrio, Edwin Suarez, II.

Y a muchos, muchos más, a todos mis muchachos, los que lograron
superar la calle y en memoria de aquéllos que no.

A mi madre, Lolita; mi padre, Johnny; y mis hermanos y mi hermana.

Y sobre todo, con todo mi amor, a Nelín, mi esposa; mi hijo Ricardo,
y mi hijita, San-Dee.

En cuanto a la edición conmemorativa del 30 aniversario del libro,
quiero agradecer a Jonathan Robinson, y a Anne Messitte y el personal auxiliar de Knopf.

Índice

Introducción de la traductora

La publicación de este libro en inglés, *Down These Mean Streets*, escrito originalmente en 1967, marcó un momento muy importante en la literatura norteamericana —fue el primer libro de un autor de origen puertorriqueño, publicado por una casa editorial principal, en donde se expusieron las condiciones de vida de los puertorriqueños y otros inmigrantes latinos que vivían en Harlem en los años 1928–1955, denunciando también el racismo del sistema hacia toda la gente de color. Este evento le abrió paso a otros escritores latinos de los Estados Unidos para poder publicar su trabajo, y así se ha creado una corriente literaria y un cuerpo de obras que documenta la realidad y la creatividad de los latinos en los Estados Unidos. Aun después de treinta años de estar este libro en circulación constante, el interés en él continúa y hasta ha crecido en los últimos años. Dado que las condiciones en el interior de nuestras ciudades no se han mejorado desde cuando, de muchacho, Piri corría por esas calles bravas —y hasta se han puesto peores (los cambios se ven en la selección de la droga más popular, el calibre de las armas, y el lenguaje callejero), este libro continúa siendo de suma importancia a los jóvenes de esas calles, quienes siguen tratando de sobrevivir, de escaparse y de realizar sus posibilidades para una vida plena y feliz.

Irónicamente, en los treinta años desde que primero salió este libro, no ha habido nadie que se haya atrevido a traducirlo a ningún otro idioma. Alfred A. Knopf, la casa editorial del libro original en inglés, trató sin éxito de conseguir quien lo tradujera cuando primero se publicó. En el 1988 yo traté de promover el proyecto con algunas casas editoriales en España, pero ellos no lo querían tocar. Y cuando Piri viajó a Puerto Rico y algunos no lo aceptaron como "autor puertorriqueño" porque no escribía en español, empezamos a preguntarnos si solamente era eso lo que aislaba su libro del reconocimiento que otra obra literaria de igual importancia hubiese recibido, o si tal vez existían otras razones.

Primero, hay razones técnicas por las cuales tal vez no lo quisieron hacer. Este es un libro muy difícil de traducir por varias razones. El libro en inglés tiene unos mecanismos literarios muy distintivos. El primero es el deletreo fonético del diálogo de los que hablan en diversos dialectos y acentos americanos. Desafortunadamente, este diálogo fonético se pierde por completo en la traducción. Sin embargo, en cuanto al otro mecanismo literario, donde las palabras expresan el ritmo de la calle, he tratado de ser tan fiel como posible al ritmo original del autor. Pero ninguno de estos factores debería de haber obstaculizado la traducción de este libro tan importante.

Nos preguntamos entonces si tal vez habían otras razones por las cuales no han querido traducirlo al español. El libro trata unos temas muy dolorosos, complicados y volátiles —el papel del color de la piel en la valorización y el tratamiento del ser humano en la sociedad norteamericana. Y aunque comparado con América Latina, en los Estados Unidos los procesos y las estructuras del racismo son muy rígidos y específicos en su implementación, no es decir que no existe discriminación basada en el color de la piel en otros países de América Latina, como lo son Brasil, Puerto Rico, Colombia, Panamá, Perú, México, etc., donde hay poblaciones de color, ya sean de origen africana o indígena. Si el individuo que lee este libro ha vivido la problemática del protagonista, se identificará de inmediato con él, con el probable resultado de concientizarse de los verdaderos orígenes sociales de sus problemas. Tal vez las casas editoriales no quisieron meterse en la publicación de algo con la potencialidad de concientizar a aquellos "elementos sociales" y abrir la caja de Pandora de las relaciones raciales en América Latina. Fue entonces que me di cuenta de lo importante que sería traducir este libro al español.

Aunque yo no tomé la iniciativa en este proyecto, este libro solamente lo pude haber traducido yo. Aunque soy nacida en los Estados Unidos y no tengo sangre latina, viví mis primeros 17 años hasta completar la escuela secundaria en Puerto Rico, donde cultivé un alma latina y una lealtad hacia la pequeña patria-nación, y donde aprendí a hablar bien el español, así criándome totalmente bilingüe.

En el 1964, salí de Puerto Rico y fui a estudiar a la universidad en los Estados Unidos. Aunque yo no era oficialmente una inmigrante, sentí en carne propia el rechazo de la sociedad norteamericana hacia alguien de una cultura diferente, y como cualquier otro puertorriqueño, lloraba al cantar las palabras, ...Puerto Rico del alma... de la famosa canción, "En mi viejo San Juan". En el 1968 me gradué con un B.A. en Español, habiendo también estudiado el francés, el portugués y el italiano. Me especialicé en literatura española y latinoamericana, y aspiraba ser profesora y poeta. Fue también en la universidad donde por primera vez leí *Down These Mean Streets* y me fascinó, aunque, ¿quién hubiera pensado que diecinueve años más tarde, me casaría con el autor?

Durante los años 1977–1986, como encargada de traducciones para una pequeña casa editorial en San Francisco, California, pude desarrollar mis habilidades de traducción y trabajé en la redacción de varias obras traducidas del español al inglés. También tuve el honor de servirles de intérprete a unos dignatarios centroamericanos en una gira por los Estados Unidos.

Lo último que me califica para este trabajo es que soy la esposa actual de Piri Tomás, con quien he vivido por doce años. Así es que lo conozco muy bien y lo he tenido junto a mí para hacerle todas mis preguntas.

Quiero agradecer a las siguientes personas por su contribución a este trabajo. Sin embargo, sólo el autor y la traductora somos responsables del contenido:

Adilia Garay con quien desarrollé mis habilidades de traducción e interpretación simultánea; a Javier Martínez de Pisón y a Anne Messitte por haber iniciado el proyecto, y a Martha Cruz, Ana Adorno, David Dod, Quique Dávila, Juan Bautista Castro, Rosa Marcano y Jackie Santos por revisar pequeñas secciones del manuscrito.

También quiero agradecer a mis hijas Reneé Andrea Shank y Tanee Thomas Montañez, y a la perra Sadie por su paciencia en tolerar el mal humor y el abandono que a veces el trabajo provocaba.

Sobre todo, quiero darle las gracias a mi esposo Piri Tomás, mi amor y mi inspiración, primero por haber escrito un libro tan importante que ha animado a toda una generación de juventud latina (y norteamericana) en este país, y segundo, por animarme a mí cuando ya casi no aguantaba más la dificultad del trabajo de la traducción ni toleraba enfrentar el dolor de la realidad dura de lo que fue la vida de mi negrito querido, proyectada en su obra.

SUZANNE DOD TOMÁS

POR ESTAS
CALLES BRAVAS

Prólogo

¡VAYA-A-A!

Quieres saber cuántas veces me he parado en la azotea de mi edificio, gritándole a cualquiera:
¡Oye, Mundo —aquí estoy! ¡Hola, Mundo —éste es Piri!
Y les quiero decir a todos los jodones que aquí estoy, y quiero reconocimiento, y todo lo que esa maldita palabra significa.

¡Hombre! Cuántas noches no me he parado en la azotea de mi edificio viejo, contemplando el mundo callejero, que brilla bajo las luces de las calles.
De noche, es como si todo fuera diferente, aquí en mi Harlem.
No hay ningún sol brillante que revele la suciedad y la basura, las verdades fuertes de estas calles.

Desaparecidos son los dolores y el aburrimiento del día, cubiertos por la oscuridad de una noche amistosa.
Y se ven limpias las caritas sucias de los niños.

Éste es un mundo brillante, éstas son mis calles, mi barrio de noche,

Con sus miles de luces, cientos de millones de colores
Mezclados con los ruidos, un sonido vibrante de carros, maldiciones,
    murmullos de alegría y de llantos,
Formando un gran concierto musical.
Y, si lo escuchas bien de cerca, puedes oír latirle el corazón.

¡VAYA-A-A!
Me siento parte de las sombras que me acompañan en esta cálida y
    amistosa oscuridad.
Soy "Mi Majestad Piri Tomás", embriagado con la vida, y —como
    un rey embala'o* — tengo que contemplar mi reino.
Soy un puertorriqueño flaco, trigueño, de pelo rizo, siempre intenso,
Insatisfecho, con muchas esperanzas, y siempre aspirando.

Tengo una sensación de soledad y amargura que crece día tras día,
Como un odio sin nombre,
Y cuando miro abajo a las calles, pienso que se ve como un gran
    árbol sucio de Navidad, con luces, pero sin los jodidos regalos.
Y, *hombre,* la cabeza me empieza a crecer, llenándoseme de odio,
    hasta que se siente ser más grande que el cuerpo.
Y empiezo a oír voces que me salen de las entrañas,

> *Encojónate, llénate de coraje y de odio, y así no tendrás
> miedo.*

> *¿Qué tienes ahora? ... Nada.*
> *¿Qué lograrás tener en esta vida? ... Nada.*

> **...¡A menos que no te lo busques tú mismo!...**

HARLEM

Papi, ¿por qué será que tú y yo nunca encajamos?
¿Será algo que se nos escapa saber?
¿O será algo que hice
      o algo que soy?

1

La huida

Había estado caminando desde las nueve de la noche. Mis pensamientos hervían. *Papá no volverá a pegarme jamás. Yo también soy su hijo, igual como Jaime, José, Pablito y la Nena. Pero siempre a mí es que me echan la culpa de todo. Me da pena que Mami se preocupe, pero tiene que darse cuenta que la culpa no fue mía.*

—Caramba —dije en voz alta—, ¡me está dando hambre!

A las dos de la mañana, las calles de Harlem crean una escena sobrenatural, silenciosa, que le mete miedo a cualquiera. Como que todo estuviera descansando del ruido y del jaleo del día. Sólo el ruido de un carro viejo pasando, o las travesuras tímidas de un gato o perro escarbando en busca de comida hacen que ese silencio sea tolerable, especialmente para un joven de doce años, que por su habilidad de hacer ruido había incitado a su padre a que le diera una paliza.

Podía ver la cara de papá, cansada y soñolienta, gritando, "Carajo, ¿cómo puede dormir un hombre en esta casa? Me rompo el culo, trabajando todo el día, y no puedo ni dormir cuando llego a casa. ¿Por qué están haciendo tanto alboroto?"

Mi boca trató de formar algunas palabras en defensa propia. De cómo no fue culpa mía que José por poco tumba la tostadora de pan al piso, de que al tratar de rescatarla, había tropezado con un jarro grande de café negro, y que todo había caído al suelo. Pero no me salían las palabras. Papi se quedó ahí parado, con los ojos hinchados y adoloridos de tanto trabajar, mirando el río de café negro. Ni me dio oportunidad. Y aun, antes de que el primer correazo me provocara lágrimas de dolor, seguí tratando de encontrar las palabras elusivas que lo pudieran arreglar todo y volvieran las cosas a como estaban. El segundo correazo fue el que me dio voz, y con palabras de dolor me retiré corriendo, cegado por las lágrimas que se entremezclaban con las palabras "...te odio".

La verdad era que la Avenida Park, que sigue a lo largo de Harlem, es una calle seria que a cualquiera le inspira miedo. El puente hecho por el tren elevado, que corre por el mismo centro de la avenida, forma túneles largos que se extienden hasta las esquinas; túneles melancólicos, oscuros, hechos aun más oscuros por las piedras sucias que forman su estructura. Me quedé mirando las sombras que se movían por la calle. Podía oír los ruidos solitarios de la noche: un chillido de gomas del camión de bomberos, el traqueteo de la tapa de la basura que tumbó un gato hambriento, una mujer sollozando, gritando dolorosamente, *¡Ay, no, por favor, no!* Pensé *¿Qué será lo que le hacen que duele tanto?*

Las luces de la calle tiraban sombras largas en las entradas de los edificios. Se me seguía ocurriendo que hubiera sido mejor idea fugarme de casa durante el día. Seguí caminando. Por la cuadra al frente, vi una figura alta que se me iba acercando. *Papá*, pensé, y salté al pasillo más cercano, sentándome en la oscuridad, mirando pasar la figura. Vi el brillo de una placa en su pecho. *Policía.* Suerte que no me había visto.

Me había ido huyendo de mi casa, pero no de Harlem. Decidí dormir en la azotea del edificio al otro lado de la calle frente a mi casa. Las escaleras que llegaban hasta el techo del edificio chillaron bajo mis pasitos cuidadosos, y las quería castigar por hacer tanto ruido. En la azotea, el aire nocturno me ofreció la bienvenida. Me asomé por el borde de la azotea, y con ojos soñolientos y barriga hambrienta, miré abajo hacia la calle.

Apuesto que Papá está preocupado.

De repente se me ocurrió que todo esto había sido en balde, y me sentí medio enfermo. Papi no podía haberse preocupado, porque estaba trabajando el turno de noche y no iba a enterarse de mi huida hasta llegar del trabajo. Los ojos se me llenaron de lágrimas. Me sentí privado de no poder obligarlo a que se preocupara por mí. Regresé al pasillo.

Debí haber esperado a que llegara del trabajo. Hombre, ¡qué bomba! Bueno, él se enterará pronto...

Oí un ruido debajo de las escaleras. Inmediatamente me quedé rígido en el pasillo, y escuché con cuidado.

—Hombre, ¿tienes la cura?

—Sí. Contra, me estoy quemando por dentro, como si tuviera fiebre de puta.

—Cógelo, entonces, toma la tapita.

Me quedé inmóvil. Aguanté la respiración.

—Coño, *man,** acaba de cocinar esta mierda.

Se me empezó a aguar la boca. *¿Qué irían a cocinar esta gente?* Pensé que a lo mejor estos dos tipos se habían encontrado algo de comer en la basura. Oye, y era tanto el hambre que tenía que pensé pedirles algo...*pero espérate un momento, ese tipo dijo "tapita"...*

Vi la luz de un fósforo bailando de lado a lado debajo de la tapita. Vi brillar la aguja en el gotero. Miré las caras tensas de los tecatos, como si el esperar fuera lo peor del mundo. Se apagó el fósforo. Prendieron otro. El gotero se chupó lo que habían cocinado en la tapita. Uno de los tipos se quitó la correa, cosa que me pellizcó la memoria de lo que Papá me había hecho hace poco. Pero esta correa no era para dar palizas. Vi al tipo amarrársela al brazo, apretándola duro. Encendieron otro fósforo, y uno de los tipos se metió la aguja en el brazo.

—Dame un poco, hombre, déjame embalarme yo también —dijo el otro tipo.

—No botes el algodón.

—Sí, hombre, es suavecita, pero tenemos que conseguir un precio mejor; esta bolsa de cinco no dura para nada. Coño, *man*, estamos bien juquiados*.

Oí el cambio en su voz cuando sintió la eficacia de la cura. Estaba normalizado de nuevo, ahora que la droga se había apoderado de él.

Perdí interés en ellos. Me levanté, y el raspado de mis zapatos desató pánico. Los dos tecatos saltaron y huyeron. Pensaron que yo era La Jara* —un policía. Sentí pena por ellos al oír los pasos desesperados bajar las escaleras. Pero, ¡Dios mío, qué hambre sentía!

Volvieron mis malos sentimientos. Papi no sabía que me había fugado y Mami estaba preocupada porque ella sí lo sabía. No era justo. Coño, no fue ella la que me pegó con la correa, ni era justo que ella recibiera la paliza por algo que no hizo. Se me desapareció la indecisión. Bajé las escaleras corriendo y resonaban mis pasos y los ecos en el pasillo vacío. No me importaba un carajo quién pudiera oír: ya yo no era un fugitivo.

Al salir a la calle, vi la misma placa brillosa. Seguí caminando hacia la figura que la llevaba. Yo iba para mi casa. Llegó donde mí el policía, pasó a mi lado, y siguió caminando sin hacerme el menor caso. Después de todo, no era nada nuevo ver a un niño de doce años caminar por las calles de Harlem a las tres de la mañana.

Llegué a mi edificio, subí los dos pisos y con el puño cerrado toqué a la puerta firmemente. La puerta se abrió y ahí estaba Papá en camiseta. Miré detrás de él y vi al Sr. González, al Sr. Rivera y al Sr. López. Habían tazas de café y dominós en la mesa, y estaba tocando el radio.

—Bueno hijo, pasa adelante. No te quedes ahí parado —dijo Papá, y se volteó a sus amigos y preguntó—, ¿A quién le toca jugar?

—Me parece que a ti —respondió el Sr. Rivera.

Entré, deslizándome debajo del brazo de Papi.

—Vete y acuéstate, hijo, —dijo Papi, jugando conmigo y dándome una patadita en el culo.

Caminé hacia mi cuarto, pero Papi me llamó. —¿No sabes saludar a las visitas?

—¿Cómo está, Sr. Rivera?

—Muy bien, Piri, ¿y tú?

—Muy bien, gracias. ¿Cómo está, Sr. González?

—Bien, gracias. ¿Y tú?

—Bien gracias. ¿Cómo está, Sr. Rod... perdón, Sr. López?

—Muy bien, hijo. ¿No es un poco tarde para que todavía estés despierto?

Fingí no oírlo y miré a Mami, que me había estado dando esa mirada de *Bendito Dios, ¿qué voy a hacer con este muchacho?*

—¿Tienes hambre, hijo?

—No, mami. —Sentí ganas de llorar. Toda esa huida para nada. Papi no había ido al trabajo. Aun sabiendo él que me había fugado, ni había pestañeado.

Me metí a la cama, quitándome sólo los zapatos. No valía la pena quitarme la ropa si dentro de un par de horas ya me tendría que levantar. Oí que el Sr. López le preguntó a Papi dónde yo había estado.

—¡Qué muchacho! —respondió Papi—. A lo mejor andaba en casa de un amigo. Cuando sea de día voy a hablar con él. Ahora es demasiado tarde para armar un escándalo.

Pues, ¡qué jodienda! pensé. *Nadie aquí ni sabe que yo me fugué de la casa. Y ahora me van a meter otra pela por estar en casa de un amigo.*

—¿A quién le toca jugar? —preguntó una voz en la cocina.

2

Paraíso puertorriqueño

Al día siguiente, Papi no me habló. Es más, nos dimos cuenta de que no le hablaba a nadie. Había perdido su trabajo de noche —se me olvida por qué— y teníamos que volver a depender de la asistencia pública. Era el año 1941 y la Gran Depresión mundial todavía tenía a Harlem en sus garras.

Pero aún quedaba el WPA, el proyecto de construcción del gobierno. Si un hombre era suficientemente pobre, le daban un trabajo de excavar zanjas para el gobierno. Una vez más Papi era lo suficiente de pobre.

El tiempo afuera volvió a enfriarse, y por supuesto, nuestro apartamento también. En el verano, los apartamentos congestionados en Harlem parecían absorber todo el calor e intensificarlo. Lo mismo sucedía en el invierno. Las paredes del apartamento, hechas de yeso, agarraban el frío haciendo que adentro se sintiera ser bajo cero. Uno no sabía si era mejor congelarse afuera en la nieve o adentro al lado de la estufa, donde las cuatro fútiles hornillas trataban de calentar el aire con sus chorritos de llamas azul-amarillas. Con ese frío, hasta las ratas sufrían.

Caía la nieve. —¡Ay, Cristo! —dijo Mami—, ¡Qué frío! ¿No tiene corazón este casero? ¿Por qué no deja subir más calefacción?

Pensé *¿y cómo estaría Papi, afuera en esa nieve, trabajando con pico y pala?*

Mami agarró un martillo y empezó a pegarle al radiador viejo de vapor, que parecía pedir misericordia de tantas palizas que había recibido. ¡Pobre radiador! ¿Cómo podría transmitir lo que no tenía, si él mismo estaba congelado? Los sonidos huecos de los golpes atrajeron otros golpes de los vecinos que se unieron al coro de los congelados. Todos cogieron el ritmo. Parecía una idea loca, una idea buena —así podríamos mantenernos todos en calor, aunque fuera nada más con el ejercicio, todos por turnos dándole cantazos al radiador.

Mami nos dio una taza de chocolate caliente y hablamos del verano. Mami se puso a hablar de Puerto Rico y de lo grandioso que era, y cómo a ella le gustaría volver algún día, de cómo hacía calor todo el tiempo y cómo no importaba lo pobre que eras, porque uno podía vivir de guineos verdes, bacalao, arroz y habichuelas. —Dios mío — dijo—, a veces pienso que nunca más volveré a ver mi isla.

—Seguro que la verás, Mami, —respondió mi hermanita Miriam, que tenía once años.

—Dinos to'ito lo de Porto Rico.

—No se dice Porto Rico, sino *Puerto Rico* —corrigió Mami.

—Cuéntanos, Mami, —le imploró Jaime, el de nueve años.

—Sí, Mamita, —agregó el chiquito de seis años, José.

Hasta el bebé de dos años, Pablito, se sonrió.

Con los ojos casi aguados, empezó a hablar, como si estuviera recontando un sueño, de su isla verde, la tierra de miel y leche de Moisés.

—Cuando yo era niña, —empezó—, yo recuerdo tener que madrugar para ir a buscar agua del río y recoger leña para el fogón. Y recuerdo la quietud de las lomas verdes y el color dorado del cielo por las mañanas y la yerba mojada de la lluvia. Ay, Dios, y los coquís* y los pajaritos cantando sus melodías.

—¿Eras pobre, Mami? —preguntó Miriam.

—Sí, muy pobre, pero muy feliz. Recuerdo el trabajo fuerte y lo poco que teníamos, pero era bueno ese poquito. Contaba mucho. A veces cuando se posee demasiado, el bien te pierde por dentro y buscarlo te cuesta. Pero cuando se tiene poco, el bien se encuentra rapidito.

—Mami, —pregunté—, ¿se querían todos? Es decir, ¿todos valían algo, no era como si alguien no tuviera importancia porque era pobre... sabes lo que quiero decir?

—Bueno, hijo, tú vas a encontrar en todo el mundo que hay gente que, porque tienen más, no se recuerdan de los que tienen poco. Pero en Puerto Rico, los que viven alrededor de uno comparten contigo y te quieren, porque sólo un pobre puede comprender a otro pobre. A mí me gustan los Estados Unidos, pero a veces es un lugar frío para vivir, no tanto por el invierno o porque no nos den calefacción, sino por la frialdad en los corazones de la gente.

—Mami, nuestra gente, ¿no tenían dinero, o tierras? —Me incliné hacia ella, esperando escuchar que mis antepasados fueron príncipes nobles nacidos en España.

—Tu abuelo y abuela tenían muchas tierras, pero las perdieron.

—¿Por qué, Mami?

—Bueno, en esos días, no había lo que llamamos "contratos", y cuando comprabas o vendías algo, bastaba la palabra de uno o un "apretón de manos", y así fue que tus abuelos compraron tierras y luego las perdieron.

—¿Es por eso que ahora no tenemos nada? —preguntó Jaime, muy directamente.

—Oh, bueno pues...

Se abrió la puerta y se acabó la tertulia en la cocina. Era Papi, llegando del trabajo. Entró a la cocina, trayéndose todo el frío con él. Pobre Papi, se veía tan perdido adentro de tanta ropa que tenía encima. Una chaqueta, un abrigo, dos o tres suéteres, dos calzoncillos largos, dos pantalones, dos pares de medias y un gorro de lana. Y debajo de todo eso todavía sentía frío. Hasta los ojos se le veía que tenían frío; sus orejas estaban enrojecidas del frío. Se quitó los guantes y los dedos estaban tiesos del frío.

—¿Cómo estás? —preguntó Mami—. Déjame prepararte una tacita de café.

Papi no dijo nada. Empezaron a derretirse sus lágrimas congeladas que le bajaban por los cachetes. Se frotó los dedos y las orejas, y el dolor se le veía en las muecas que hacía. —Búscame un poco de nieve, Piri, —dijo al fin.

Corrí a la ventana, la abrí, y raspé toda la nieve que estaba en el marco, formando una bola grande de nieve, y se la traje. Todos nos quedamos mirándolo, con la atención fija, mientras él tomó la nieve y se frotó las orejas y las manos con ella.

—Caramba, Papi, ¿eso no te duele? —pregunté.

—Sí, pero también se siente bueno. Duele un poco al principio, pero es bueno para lo que esté congelado.

¿Por qué será eso? pensé.

—¿Cómo te fue hoy? —preguntó Mami.

—Frío, Dios mío, tanto frío.

Caramba, pensé, *lo siento por ti, Papi. Tienes que sufrir tanto.*

—Las cosas no eran siempre así, —dijo Papi a las paredes frías—. Es culpa de la maldita Depresión.

—No digas "maldita", —dijo Mami.

—Lola, dije "maldita" porque eso es lo que es: maldita.

Y Mami se quedó callada. Sabía que la Depresión sí era "maldita".

Mi padre se quedó hablando con las paredes. Algunas de las palabras salieron en voz alta, otras se le quedaron adentro. Yo capté las que se le quedaron adentro: el maldito WPA, la maldita Depresión, la maldita asistencia pública, la maldita pobreza, el maldito frío, los malditos apartamentos congestionados, las malditas miradas hambrientas en los rostros de sus malditos niños, viviendo una maldición sin que él pudiera hacer una maldita cosa.

Mami miró a Papi y nos miró a nosotros y pensó en su Puerto Rico, que si estuviéramos allá no se tendría que usar tanta ropa ni sentirse tan repleto de maldiciones, y cómo cuando ella era niña su mundo era uno de naturaleza verde, mojado por la lluvia suave.

Y Papi miró a Mami y se quedó mirándonos a nosotros, pensando *¿cómo pudieron atraparme así? ¿Por qué será que los amo tanto que*

hasta estoy dispuesto a excavar la maldita nieve para darles un pedaci-
to de oportunidad? ¿Por qué será que no puedo fugarme de aquí para
siempre, seguir corriendo?

Miriam, Jaime, José, Pablito y yo, nos quedamos ahí nada más mi-
rándolos y pensando en bolas de nieve, en Puerto Rico, en el verano
en la calle, e imaginando que íbamos a vivir así para siempre, sin
saber lo suficiente ni para sentirnos desgraciados.

De repente, me pareció que la cocina se sentía más caliente,
como que el estar todos juntos hacía el mundo más como lo queríamos que fuera. Papi se metió al baño, y podíamos oír todo lo que
hacía, y cuando acabó, jaló la cadena del inodoro y sabíamos que
ya saldría. Miré el reloj; era la hora para oír a "Jack Armstrong, All
American Boy" por radio.

José, Jaime y yo agarramos unas frisas* y, al estilo indio, nos acu-
rrucamos alrededor del radio, escuchando al All-American Jack y sus
aventuras, mientras que Papi comía su cena calladito. Papi tenía
ideas fanáticas acerca de la comida —cuando comía, no le gustaba
que lo molestara nadie. Al terminar de cenar, entró a la sala y se paró
ahí mirándonos. Nos sonreímos con él. Se nos quedó mirando.

De repente gritó, —¿Cuántos quieren jugar a la "Hora Amateur
de Major Bowes"?

—¡Qué chévere*! Sí, sí, queremos jugar, —gritó José.

—OK, primero voy a hacer turrón de mela'o, y al que gane primer
premio le toca escoger el pedazo más grande.

—Sí, ¡qué bueno, chévere!

Caramba, Papi, ¡qué bueno eres! pensé. *Eres el mejor papá del*
mundo, aunque no nos comprendas muy bien.

Cuando el turrón estuvo listo, todos nos fuimos a la sala. Papi
entró con la escoba, con una lata vacía montada en el cabo, un micrófono inprovisado. Se parecía igual al que usaban en la radio.

—Papi, ¿yo puedo ser el Major Bowes? —pregunté.

—Seguro, Piri, —y la palabra la tenía yo.

—Señoras y señores, —anuncié en voz importante—, esta noche
presentamos "La hora amateur de Major Bowes". Nuestro primer
número es...

—Espérate un momento, hijo, déjame buscar el ukelele, —dijo Papi—. Necesitamos música.

Todos aplaudimos y Papi regresó con su ukelele.

—La primera concursante que tenemos aquí es la Srta. Miriam Tomás.

—Ay, no, yo no quiero ir primero, que vaya otro, —balbuceó Miriam, escondiéndose detrás de Mami.

—Déjame ir yo primero, déjame ir yo —dijo José.

Todos aplaudimos.

—¿Qué va a cantar, señor? —le pregunté.

—Dile su nombre a la gente —me dijo Papi.

—Oh, sí, verdad. OK, presentando al Sr. José Tomás. Y ¿qué es lo que va a cantar, señor?

Le pasé la escoba con la lata a José y me senté. José cantó bien y todos aplaudimos.

Todos tomamos nuestro turno. Al final decidimos darle el voto al "gulugulu" de la canción de Pablito, y él pudo ser primero en escoger el turrón. Comimos dulces y bocaditos y pensamos, *¡qué bueno es estar todos juntos!* Mami seguro que pensó lo maravilloso que era poder divertirnos tanto aunque no estuviéramos en Puerto Rico donde la yerba está mojada de lluvia. Papi pensó en el frío que tenía que pasar mañana en el trabajo, hasta que se dio cuenta que mañana era domingo y no tenía que trabajar. Le repitió esto en voz alta a Mami, quien le respondió —Sí, —y la conversación se cambió al tema de la Navidad y cómo las cosas posiblemente se iban a mejorar.

Al día siguiente, los japoneses bombardearon Pearl Harbor.

—¡Dios mío! —dijo Papi nerviosamente—, ¡estamos en tiempo de guerra!

—Ay, Santo Dios, —respiró Mami.

Me volteé adonde Jaime. —Vaya, *bro*,* ¿cómo te cae eso?

—¿Qué sé yo? —respondió, moviendo la cabeza—. ¿Qué quiere decir eso?

—¿Tienes que preguntar, tonto? Quiere decir que se está armando una pelea, una pelea bien grande.

Temí que con la guerra las cosas se nos iban a empeorar. Pero no

fue así. Al cabo de unas semanas Papi consiguió trabajo en una fábrica de aviones. —¿Qué piensan ahora? —nos preguntó, con mirada
contenta—. Parece que vamos a poder echar pa'lante un poco.

Y las cosas en verdad nos fueron mejor, aunque había sido por
una maldita guerra. Tuvo que convocarse una gran pelea para que
pudiéramos empezar a vivir mejor. *Esto no tiene sentido*, pensé,
¿cómo puede uno entender esta mierda?

La verdad es que no lo pude entender, y al ratito, dejé de darle
casco. A pesar de todo, la vida de la calle no cambiaba mucho. Al frío
amargo siempre lo seguía el calor pegajoso; pasé el tiempo jugando
pelota de palo, canicas y *Johnny on the Pony*, robándole las pantaletas a las muchachas, y fumando marihuana. Guerra o paz —dime la
verdad, ¿no da lo mismo?

3

Jugándolo suave

Andar de vago por la cuadra es un tipo de ciencia. Siempre tienes mucho que hacer y mucho de nada que hacer. En el invierno, se puede bailar, visitar a amistades, ir al cine y otras cosas por el estilo. Pero el vacilón viene en el verano. Todas las cuadras se llenan de vida y parecen gatos con muchas patas, cundidos de pulgas. Se ve gente por todas partes. La gente se parquea en las entradas de los edificios, llenando los escalones como las gradas de un estadio, y la cerveza chorrea como si no existiera nada más de beber. Los músicos del Barrio martillan sus ritmos calientes en latas y congas y bongós. Y los niños juegan por todos los lados —en los escapes de incendio, debajo de los carros, en los callejones, los patios y los pasillos.

Dejamos rodar las canicas hasta la orilla del desagüe, tirándolas para que golpearan la canica del enemigo, apostando cinco y diez canicas que se podía alcanzar la distancia entre tu canica y la del otro. Estiramos al límite nuestros dedos flacos, ensuciándolos con el fango del agua gris de los charcos que abordaban la acera, no haciendo caso del desperdicio en la calle que dejaban los perros y los humanos.

No sabíamos lo peligroso que era ese canal. Había un muchacho

que le llamábamos el Bobito, que era todo jorobado y se le salía la
baba por la boca. Pobre Bobito, él hacía todo lo que se le mandara
hacer. Un día alguien le dijo que se bebiera el agua sucia de la calle.
Como siempre, él lo hizo, pero se enfermó y la ambulancia del Hospital de la Ciudad vino y se lo llevó. La próxima vez que vimos al Bobito, estaba en su casa dentro de un ataúd. Esa vez no parecía ser un
bobo; se parecía igual que cualquiera de nosotros, sólo que estaba
más muerto que una piedra.

Todos asistimos al entierro del Bobito. Después que murío nos
portamos mejor con él, como nunca lo habíamos hecho mientras estaba vivo. Pensé en la muerte, ese cuco* que de niño todos conocimos, el cuco que siempre venía por el otro, nunca por ti. Ahí, frente
al ataúd pequeño y barato de Bobito, me hice la promesa de que vi-
viría para siempre; no importaba lo que pasara, jamás moriría.

Por unos días después del entierro hablamos de cómo ahora Bobito yacía en un hoyo grande en la tierra donde se le iban a pudrir los
huesos y de cómo ninguno de nosotros le teníamos miedo a la muerte o de morir. Yo hasta les describí a todos la manera en que me iba a
morir y exhalar mi último aliento. Les dibujé la escena completa, ac-
tuándoles hasta el último detalle. Le pedí a un muchacho que me
aguantara la cabeza en su regazo mientras que yo les contaba cómo
sería el último rodeo en el rancho del más allá, una idea que tomé de
una película de vaqueros de Johnny Mack Brown. ¡Qué artista era
ese tipo! Terminé con un largo y estremecido suspiro, haciendo voltear los ojos cuidadosamente para que se le vieran la parte blanca,
dejando caer débilmente la quijada. Se oían los "Carajo, hombre,
qué actor más cabrón es este tipo". Me levanté de mi losa de muerte
en la acera, me sacudí el polvorín, miré a mi alrededor y dije, —Oye,
man, vamos a jugar *Johnny on the Pony*, uno—dos—tres.

A los trece o catorce años, empezamos un juego nuevo —robándole las pantaletas a las muchachas. Este juego se convirtió en parte
de nuestra vida callejera —una parte que a veces no era tan desea-
ble. Para establecer tu reputación, tenías que conseguirte a una muchacha. Pero yo no creía que se tenía que publicar cuántas vírgenes
había desvirgado o cuántas pantaletas habían caído al piso en las

azoteas o los patios. Además, temía que esos cuentos podían llegar a los oídos de Mami, cosa que me resultaría en una paliza rompe-culo. La verdad era que en estas sesiones de mete-embustes me convenía hacer el papel de misterioso ante mis compañeros, y disimular como si nada, y no comentar el con-quién o el cómo de lo que había hecho.

Todo era parte de hacerse un hombre, igual que tener una barbita para afeitarse o una licencia de chofer, una tarjeta del servicio militar o una cara de palo que te permitía entrar a un bar como un hombre hecho y derecho. A nadie le gusta un muchacho. Pero si eres un hombre: ¡vaya! Nadie te puede mandar que hagas algo, y ni siquiera deben intentarlo. Lo golpearías como Whiplash en la película de vaqueros, o lo acribillarías, como hizo Scarface en esa película de gángsters —Ayy, *crac, pow, pow*— una pistolita de hocico corto, una ametralladora, y un pobre bocón jodido se cae tendido.

Así era cómo me sentía. Y a veces las cosas que hacía, aunque parecieran ser toda la verdad, sólo eran una sombra pálida de lo que realmente sentía. Como el jugar pelota...

Estaba parado en el medio de la calle al borde del hoyo del desagüe que servía de *jonpleit*, esperando impacientemente que me lanzaran la pelota Spalding. Mi palo de escoba que servía de bate, se mecía de lado a lado.

—Dale, *man*, acaba de lanzar la pelota —grité.

—Cógelo suave, papo —dijo el lanzador.

Ya me tenía rabioso ese lanzador, y prometí estrellarle esa bola de goma contra los dientes cuando por fin decidió soltarla de sus manos.

—Dale, Piri, que se pierda esa pelota. Dale pa' que caiga por la Avenida Lexington.

—Sí, sí, mírenme.

La pelota por fin le salió de la mano del tipo. Rebotó una vez, como debía hacer, y cambió a una curvita. Era toda mía.

—Acábala, panín* —gritó mi amigo Bimbo.

Rechiné los dientes y corrí hacia la pelota. Sentí conectar el palo y la bola subió y subió como si jamás fuera a regresar. Tenía cara de *jonrón.* Un corredor pisó el *jonpleit* y por detrás venía yo segundos después. Mis compañeros del equipo extendieron las manos para felicitarme. Habíamos apostado doce bolos* en el juego. Nos dimos palmeadas, mostrándonos tipos suave hasta el tope. Hombre, ¡así era cómo queríamos ser!

Hacía calor y caminé a la bodeguita del Viejo para comprar un refresco frío.

—Oye, Piri —llamó alguien.

Miré, y era Carlitos, el pequeño Carlitos, que siempre estaba tratando de estar con nosotros, los grandes.

—¿Pa'ónde vas, Piri?

—Pa' la tienda, chiquitín. ¿Quieres un refresco?

—Chévere, gracias.

Carlitos era un muchachito bueno. Algún día pasaría por su infierno. Carlitos iba a ser un tecato, como la mayoría de nosotros también lo seríamos, pero eso todavía quedaba en el futuro.

Limpié el sudor de las dos botellas de Coca Cola y le di una a Carlitos. Me tragué un buche del refresco frío —tan frío que me hizo doler la garganta hasta detrás del pescuezo. Pero ¡qué bueno sabía! Me quité el pañuelo que tenía amarrado por la cabeza estilo Apache que llevaba para impedir que los chorros de sudor me cayeran a los ojos, y porque me gustaba —me hacía sentir un poco diferente a los demás tipos.

Cero, el jugador de segunda base, se asomó por la entrada de la bodega. —Vente, hombre, vuelve al campo —gritó.

—OK, OK, ya vengo —dije. Agarré el guante que me tiró el jugador del otro equipo y corrí al medio de la calle, eludiendo un carro que paró, *scriiiich*, a unas pulgadas de mí.

—Oye, ahí, cabroncito ¿por qué carajo no miras por donde estás caminando?

—Cógelo suave, *brother* —le dije, dándole una sonrisa de "*jódete, amigo*"—. Mira, yo estaba aquí primero que tú. Ésta es mi cuadra, y tú sólo estás aquí de paseo, y eso porque nosotros somos buena gente y te lo permitimos, *amigo.*

—¿Qué fue lo que dijiste, so canto de...?

Abrió la puerta de su carro —y rápido la volvió a cerrar al ver que de repente ambos equipos habían dejado el juego y todos tenían un bate de palo en la mano.

—Oye, amigo —le grité al carro mientras que se alejaba de nosotros—. ¿Qué fue lo que dijiste?

El tipo no dijo nada, y a nosotros se nos pegó un ataque de risa que casi nos moríamos.

—Vámonos, chicos —les dije—. Volvamos al juego.

Más tarde, en el camino a la casa, todos teníamos alguna excusa por haber perdido.

—Caramba, hombres —dijo Bimbo—, debimos haber ganado ese juego.

—Sí, —dijo Cero—, jugamos todos como putas viejas.

—La próxima vez los vamos a aplastar.

Pero no pudimos sacudir la agonía de haber perdido doce bolos. Dios mío, ¿sabes lo que nos costó juntar esos doce bolos entre todos nosotros? Cada maldita botella que pudimos robar de una tienda para vendérsela a otra. Todo el dinero guardado para ir al cine. Y todo el cambio que habíamos convencido a que nos aflojaran nuestras novias.

—Hombre, qué bien la hubiéramos pasado, con todo ese botín.

—Ah, que se joda, —dijo Paquito—. ¿Para qué llorar porque la leche se perdió?

—¿No quieres decir, la leche se cuajó, estúpido?

—Perdida, cuajada, no importa cómo lo digas. Perdimos.

Llegué a la entrada de mi casa y entré al pasillo oscuro. Subí la escalera y empujé la puerta del apartamento 3 y la dejé cerrar duro detrás de mí, *cataplún*.

—Oye, ¿qué es lo que te pasa a ti? —llamó mi mamá desde la cocina. Vino a ver qué era lo que pasaba—. ¡Qué muchacho! Dirían que nunca aprendiste a cerrar una puerta. Mira, vete pa'fuera y entra de nuevo, como lo hace la gente.

—Ay, Mami, todo te molesta.

—Tú me oíste.

—OK, OK, Ma.

Salí por la puerta, me quedé ahí parado un momento, y volví a abrir la puerta. Miré a Mami, gordita, ahí parada, con una mirada bien seria en su cara. Di la vuelta y con mucha exageración fui cuidadosamente cerrando la puerta, una pulgada a la vez. El esfuerzo de estas acciones exageradas se reflejaba en mis muecas. Luego puse mis dedos alrededor del pomo de la puerta. Tomé unos largos minutos para acabar de cerrar la puerta y vi que ya Mami no aguantaba la risa.

—¡Qué morenito más gracioso! —me dijo entre risas.

Empecé a reírme con ella y nos reímos por un tiempecito. Le di un beso y me fui al otro cuarto llevándome sus palabras llenas de amor.

—Oye, Ma, —llamé del cuarto—. ¿Cómo es que tú eres tan bonita, anh, por qué será eso?

—Ay, ¡qué negrito éste!

Me sentí bien feliz. Todavía le oía la risa suave, riéndose solita.

—Qué bueno es tener una madre como la mía... umm, ¿qué es esto? ¿Qué será eso que me huele tan bueno? —le pregunté en son de broma.

Salí en calzoncillos y entré a la cocina, con la cara toda torcida en una mueca chistosa, y moviendo la nariz como un conejo. Simulé flotar por el aire hasta llegar a las ollas. Levanté la tapa y los ojos se me saltaron. Miré de esquinita a Mami, y vi que se estaba aguantando las costillas, mi mamita gordita, con lágrimas saltándosele de los ojos, casi muerta de la risa. Caramba, ¡qué bueno era ver a Mami así de contenta! Estaba dispuesto a pasar el resto de mi vida haciéndole gracias si pudiera asegurar que se quedara feliz. Metí el dedo en la olla olorosa.

—¡Vete, vete! Quítate de encima de esa comida con esas manos sucias. Dios mío, qué mucho apestas, todo lleno de sudor, y...

—Ven, dame un besito, Mami; vente, vente. Es más, dame un besote.

—Quítate de aquí, estás apestoso y todo lleno de sudor. Métete en el baño y deja que el agua y el jabón te suavicen la piel, un buen rato pa' que se te quite mejor el sucio.

—Ay, Mami, tú sabes que tú me quieres como quiera que sea, limpio o sucio, blanco o negro, bonito o feo.

—Sí, tienes razón, hijo. Tengo que quererte, porque sólo una madre puede quererte a ti, tan negrito y feo que eres. Y, peor ¡estás todo sucio y apestoso de sudor!

—Ay, mírala, —le di una mirada de incrédulo— tratando de que no sepan que yo soy el gran amor de su vida. ¿No soy tu primogénito, el mayor, el más grande, el más fuerte?

—Bueno, pues sí, —me respondió Mami—, y también el peor. Vete pa'l baño, y date una buena lavada, o no vas a comer.

El agua en la bañera estaba caliente, y miré mi cuerpo desnudo de mis catorce años. Era bastante flaco. Debería engordar. Tal vez me ayudaría levantar pesas, como decía ese anuncio en el libro de cómics que te muestra un flacucho de 97 libras antes y después de levantar pesas. Hombre, qué bien me sentía en esa agua. Me hundí y aguanté la respiración lo más que podía. Pareció ser horas. Casi se me reventaban los pulmones cuando alguien me agarró por el pelo y me jaló para arriba.

—Oye, ¿qué tú te crees que estás haciendo? —grité. Podía distinguir la cara de mi hermanito Jaime entre medio del agua que tenía en los ojos.

—Pues, ¿qué te crees tú? Pensé que te estabas ahogando, burro.

Le eché un poco de agua encima. —Ajá, —me dijo—, ¿tú quieres jugar? Se agachó de repente y abrió la llave del agua fría en el lavamanos, llenando el vaso que usábamos para lavarnos la boca.

—Suave, suave, Jaime, sólo fue una broma. No me tires esa agua fría encima; me puede dar un catarro. Pórtate bien, Jaime.

Aguantó el vaso de agua helada por encima de mi cabeza.

—Vamos, hombre —le agregué—, no juegues. Oye, Mami, dile a Jaime que se deje de estar chavando.

Una gota de agua fría me cayó en la espalda. Me volví a meter por completo al agua, y el resto del agua fría me cayó encima. Brrr. Por poco salté del baño en un brinco.

—Jaime, cuando salga de aquí, te voy a meter un puño en la boca.

—¿Quién ha dicho?

—Lo digo yo, enano sinvergüenza.

Jaime volvió a llenar el vaso. —¿Qué vas a hacer? —me preguntó. No podía contenerme la risa.

—Nada, hermano querido, no voy a hacer nada.

—¿Te das por vencido?

—Sí, me doy por vencido. Ahora, vete pa'l carajo y salte de aquí.

—Mami, Piri está maldiciendo otra vez.

—Oye, caramba, ¡qué chota! —le dije, medio herido—. Un chota puertorriqueño.

Desde la cocina oímos a Mami, —Piri, acuérdate que ésta es una casa cristiana. No quiero que se digan cosas malas en una casa que le pertenece a Dios.

—Mami, yo no le dije nada a Jaime.

—Sí, te oí decir una maldición, —dijo ella.

—Pues, oíste mal. Yo dije "vete a jugar barajas y salte de aquí".

—Embuste, no fue así —interrumpió Jaime—. Piri dijo "vete pa'l carajo".

—Escucha, Ma, ¿lo oíste? Ándale, chota, —le dije a Jaime—. ¿Qué vas a decir ahora? Mírate en el espejo. Oye, Ma, —grité—, ¿no vas a regañarlo a él también?

—¿Para qué?

—¿Cómo que para *qué*? ¿No oíste lo que dijo?

—Yo no oí nada.

—Ma, estás sorda. Jaime dijo, "vete pa'l carajo".

—Piri, si vas a seguir maldiciendo, cuando venga tu padre te va a pelar ese culo flaco con la correa.

—Ay, Dios mío, ¡en esta casa no hay justicia!

Empecé a salirme de la bañera para darle una bofetada a mi hermano. Él no cedió ni una pulgada. Siguió aguantando ese maldito vaso de agua helada, y nos miramos bien amenazante. De repente nos empezamos a reír.

—OK, *man*, vamos a decir que es un empate, —le dije, y me hundí de nuevo en el agua. Jaime empezó a lavarse la cara y las manos. —Oye, Jaime, —le dije, en tono pensativo.

—¿Qué fue? —le salió la respuesta entre burbujas de jabón.

—Te has dado cuenta que cuando estás en la bañera y se te sale un peo, salen burbujitas, bluiiiiii, y cuando explotan, ay, ¡qué peste! Mira, mira, uno, dos, tres, cuatro, cinco, están subiendo.

—Uy, Piri, estás podrido, ¡qué peste, déjame salir de aquí!

No dije nada. Sólo observé su retirada y me sonreí: *te cogí de todos modos, ahora estamos en paz.* Oí que todos los muchachos corrían para saludar a Papi. Yo también tenía deseos de ir corriendo para darle la bienvenida, pero por algo no podía, y no era porque estaba en el baño. Aun cuando corría a encontrarlo, me sentía como raro, fuera de lugar, como sin derecho de compartir en la rutina de "Papi, Papi".

—Piri, ¿todavía no has terminado? —llamó Mami—. Tu padre acaba de llegar y tiene que usar el baño.

Papi, me pregunté, ¿por qué será que tú y yo nunca encajamos? ¿Será algo que se nos escapa saber? ¿O será algo que hice o algo que soy? ¿Por qué me siento excluído de lo tuyo? Es como si Mami tuviera que servirme de padre y de madre, como si tú y yo fuéramos familiares por accidente. Cuando le gritas a los otros muchachos por sus travesuras, siento la diferencia. ¿Por qué suena diferente cuando me gritas a mí? ¿Por qué conmigo pareces ser más duro, más feroz? Quizás soy yo el que estoy equivocado, Papi. Yo sé que a todos nos dan la misma cantidad de comida, nos compran ropas a todos —pero existe esta corriente entre tú y yo. Es como si las cosas no fueran iguales para mí. Cuando todos jugamos contigo, ¿por qué será que yo no puedo disfrutar ese tiempo de veras como hacen los demás? Y, cuando nos pegas a todos por hacer algo malo, ¿por qué será que el que lo siente más duro soy yo? ¿Será porque soy el mayor? ¿O será porque soy el más trigueño de la familia? Papi, tú no eres como el papá de Heriberto, ¿verdad? Tú nos quieres a todos igual, ¿verdad?

Continué en el ensueño, mientras con los dedos me jalaba el pene y miraba en lo que se retractaba de nuevo y flotaba como si fuera una morcillita.

Papi, para mí tú eres el mejor y el más querido padre en el mundo entero. Es que no entiendo por qué a veces me siento así. Que yo no te me puedo acercar. Caramba, sería una verdadera jodienda si Papi de veras no me quisiera, pensé. Pero dudaba que fuera eso cierto. La verdad es que para sentir amor no era necesario que la otra persona le gustara. Quizás esto era el detalle. No nos gustábamos, y por eso pensaba que no me amaba. Pero sí en verdad me amaba, entonces, ¿por qué llamaba a Miriam "mi cielo" y todos esos nombres de cariño, y a mí casi nunca me acariñaba? *A Miriam la tratan como si fuera princesa. Me gustaría darle un buen puño en las mismas narices. Como quiera, a mí no me importa si Papi no me ama, a mí me da lo mismo...*

Se abrió la puerta y entró Papi. Lo miré y se sonrió conmigo, doblándose para frotarme la cara con un puñado de agua.

Caramba, Papi, en verdad tú me amas como a los demás, ¿eh? ¿No es así? Papi jaló la cadena mientras orinaba por largo tiempo.

—Mira, Pa, yo me puedo quedar zambullido por mucho tiempo, mira, —le dije, y me hundí. Aguanté la respiración lo más que podía. Sentía que los pulmones se me reventaban, que se estaban quemando, pero quería mostrarle mi talento a Papi. Casi no podía aguantar más, pero tenía que enseñarle esto a Papi. Sentí luces dentro de mi cabeza que empezaron a dar vueltas y no pude permanecer más debajo del agua. Salté repentinamente del agua, escupiendo aire y agua a la vez, pero orgulloso y feliz.

—¿Me viste, Papi? —dije con voz entrecortada, sacándome el agua de los ojos—. ¿Me viste, Papi? Creo que estuve debajo del agua casi cinco minutos.

Contento, miré para arriba, pero estaba yo sólo. El baño estaba vacío. Me sentí como si se me hubiera perdido algo, algo esencial, y no pude distinguir entre el agua de la bañera y mis lágrimas agrias.

Con un nudo en la garganta, me sequé, me puse la ropa limpia, y salí a la cocina. Papi estaba parado al lado de la nevera. Caminé hacia el cuarto, pero no lo miré. Si yo no existía para él, él tampoco existía para mí.

—Oye, hijo, —me llamó. Me detuve y me quedé dándole la espalda—. Oí cuando por fin brotaste del agua. Chico, la verdad es que tienes los pulmones bien poderosos. Te apuesto que si te da la gana, podrías ser un gran nadador.

—¿De veras, Papi? —Me inflé de aire. Papi se había fijado en mi espectáculo tremendo.

—¿De verdad, Papi? Tengo los pulmones súperbuenos. Estoy un poco flaco, pero voy a levantar pesas.

Papi estaba perdiendo interés, alejándose. Pero, ¿a quién le importaba? Él tenía derecho de estar cansado. Necesitaba descansar después de tanto trabajar por su mujer y sus hijos. Yo no podía esperar que él fuera cariñoso conmigo todo el tiempo. De hecho, estaba bien que lo fuera con los demás muchachos; ellos eran chiquitos y necesitaban más besos y abrazos. Pero yo era el mayor, el primogénito, fuerte, y además, yo era un macho.

4

Territorio ajeno

A veces uno se siente como que uno no cuadra con nada. Como el ser puertorriqueño en un bloque de italianos. Después que mi nuevo hermanito, Ricardo, murió de algún tipo de microbio, Papi nos mudó de la calle 111 a territorio italiano en la calle 114 entre la Segunda y la Tercera Avenida. A mí me da que papi quería alejar a Mami de los recuerdos y la tristeza.

Me hacía mucha falta la 111, donde todo el mundo caminaba, hablaba, y se portaba igual que yo. A pesar de encontrarme en un mundo nuevo, todo marchó bien por un tiempo en la 114. Hubieron algunas malas miradas de parte de los tipos *"espagueti y salsa"*, pero no resultaron en gran problema. Hasta aquel día en que caminaba de la escuela a casa, ya casi llegando, cuando alguien me llamó:

—Oye, spic* sucio, ¡come mierda!

Las palabras chocaron contra mis oídos y me entraron ganas de maldecir a Papi por habernos mudado aquí. Empecé a voltearme lentamente, y la cara se me encontró con el dedo de un italiano, de más o menos mi edad. Andaba con cinco o seis amigos.

—Oye, mira, —me dijo —¿de qué nacionalidad eres?

Lo miré, tratando de decidirme rápidamente cuál nacionalidad debiera de escoger. Uno de sus amigos le dijo, —Fíjate, Rocky, este tipo es lo suficiente negrito como para ser un molleto*. ¿No es eso lo que eres?

Con la voz rabiosa pero tímida, le dije, —Soy puertorriqueño. Nací aquí—. Quería gritarlo a toda boca, pero sólo me salió un murmullo.

—¿Aquí mismo en la calle? —dijo Rocky, sardónico—. ¿Quieres decir que naciste aquí mismo en el medio de la calle?

Todos se rieron.

Los odiaba. Moví la cabeza de un lado a otro, negativo. —No, —dije en voz baja—, nací en un hospital, en una cama.

—Ummm, paisano, nació en una cama, —dijo Rocky.

No me gustaba la voz de ese Rocky Italiano. —En un hospital, —murmuré, mientras que con los ojos, traté de medir la distancia entre donde hablábamos y la entrada de mi edificio. Pero no lo podía intentar; los amigos de Rocky ya me tenían atrapado. De momento, me puse a pensar en muchachos que habían muerto por haberse mudado a un bloque ajeno.

—¿En qué hospital, paisán? —Rocky Malote siguió empujando.

—El Hospital de Harlem, —contesté, deseando con todas mis fuerzas que fueran las cinco de la tarde en vez de las tres, porque a las cinco llegaba Papi del trabajo. Miré por mi alrededor a ver si veía el rostro ayudante de algún adulto, pero los mayores estaban todos ocupados, cotorreando bla, bla, bla, en italiano. Son bien parecidos los dos idiomas, italiano y español, concluí. Mierda, eso nos debe hacer casi familiares, o algo así, ¿verdad?

—¿El Hospital de Harlem? —dijo una voz—. Tú ves, yo sabía que era un molleto.

—Sí, —dijo otra voz que aparentemente era la de un experto en asuntos de raza y de color—. En ese hospital es donde nacen todos esos bastardos prietos.

Noté que tres de los italianos adultos nos estaban mirando desde el otro lado de la calle. Por un momento me sentí a salvo, pero no duró —se sonrieron nada más y continuaron su conversación. No podía decidir si se habían sonreído porque el muchacho nuevo, de origen desconocido, estaba por recibir patadas en el culo, o si se en-

tusiasmaron al pensar que sus hijos le daban la bienvenida a un veci-
nito nuevo. Un señor mayor le señaló algo con la cabeza a Rocky,
quien se sonrió. Pensé *¿será una seña para el comienzo de mi entierro?*

—¿Verdad, no es así, chico? —Rocky siguió presionando—. ¿No
es ahí donde nacen toda la gente negra?

Noté que algunos de los muchachos de Rocky se estaban golpeando las manos, puño cerrado contra mano abierta. Decidí que estaban tratando de meterme miedo y afilé mi voz humilde, tratando de
proyectar orgullo. —Hay todo tipo de gente que nacen ahí. Gente de
color, puertorriqueños como yo, y... hasta *"come-espaguetis"* como
ustedes.

—No jodas, ésa es una mentira sucia, —y, *pángana*, sentí el puño
de Rocky reventarse contra mi boca—. Spic culo cagado, jodón.

Me sentí más y más mareado y los puñetazos empezaron a volar
de todas partes, todos dirigidos hacia mí. Tiré puños de vuelta, *pin*,
pan, y parece que choqué con alguien, aunque hubiera sido mejor
para mí si no lo hubiera golpeado, porque me habían empezado
todos a caer a patadas.

Oí los gritos de la gente en italiano e inglés pero no pude decidir
si las voces me castigaban por devolver la pelea, o por haber golpeado a aquel tipo. Pero, no, las voces me estaban tratando de ayudar.

Con acento italiano, un hombre dijo, —¿Qué les pasa a ustedes,
zánganos? Dejen tranquilo a ese joven. —Mirando por un ojo ya
casi cerrado de la hinchazón, vi a unos italianos que a bofetadas me
quitaban sus hijos de encima. Uno hasta le metió una patá en el culo
a uno de los títeres. Si no hubiese sentido tanto odio, tal vez hubiera
estado agradecido.

—¿Estás bien, muchacho? —preguntó un hombre.

—¿Dónde vives, nene? —preguntó otro.

—¿Está herido el bambino? —preguntó una mujer.

No miré a ninguno de ellos. Me sentía mareado. No quería abrir
la boca para hablar, porque estaba luchando por no vomitar. Quería
que me vieran una cara de palo. Me retiré del grupo de desconocidos. Llegué a mi entrada y empecé a subir las escaleras.

—Oye, spic, —llegó un grito desde el otro lado de la calle. Empecé a virarme hacia la voz, pero cambié de idea. Mi nombre no era *spic*. Reconocí la voz; era la de Rocky. —Nos volveremos a encontrar, spic, —me gritó.

Quería hacer algo para mostrar fuerza, como escupir en su dirección. Pero, para poder escupir tienes que tener saliva en la boca, y mi boca estaba seca y adolorida. Me quede ahí, de espaldas a todos ellos.

—Oye, tu viejo, ¿será el súper de ese maldito edificio?

Una voz añadió, —Ven acá, ¿tienes hermanas bonitas? Quizás así te dejamos vivir en este bloque.

Otra voz cucó, —Ay, Jesús, ¿y desde cuándo es bonita una de esas gevas negras?

Oí su risa. Di la vuelta y los miré. Rocky hizo una señal grosera, poniendo su mano izquierda en el doblez de su brazo derecho, dándole vuelta al puño cerrado en el aire.

Otra voz dijo, —¡Que se joda! Vamos a cubrirle la cara a la puta con una bandera y la chingamos en el nombre de la patria.

Sólo podía pensar en cómo quería matarlos dos o tres veces a cada uno. Al fin encontré un poco de saliva en la boca y la escupí en su dirección y entré al edificio.

Mami estaba cocinando y el olor a arroz y habichuelas dominaba el olor del queso parmesano que provenía de los otros apartamentos. Abrí la puerta de nuestro nuevo apartamento. Traté de caminar rápido y pasarle al lado a Mami sin que me viera, para limpiarme un poco, pero me vio de todos modos.

—Dios mío, Piri, ¿qué te pasó? —gritó.

—Sólo una peleíta en la escuela. Tú sabes cómo es, Mami, como yo soy nuevo en la escuela y... —me reí sin querer. Entonces dije forzadamente, —Pero, Mami, le di una paliza a dos muchachos, y uno era más grande que yo.

—Bendito, Piri, yo trato de criar a esta familia de manera cristiana. A no pelear. Cristo dice que debes dar la otra mejilla.

—Seguro, Mami—. Me sonreí y me fui a bañar, sintiendo coraje con Papi por habernos traído aquí a este territorio de los *espaguetis*.

Suavecito, me pasé los dedos por la cara y pensé en lo que todavía me esperaba, tener que caminar día tras día de la casa a la escuela y de la escuela a la casa.

Me senté a comer. Traté de escuchar a Mami hablar de la vida cristiana, pero en realidad no la oía. Lo único en que podía pensar era en tener que salir de nuevo a esa calle. Decidí ahí mismo que iba a salir tan pronto terminara de comer. Tenía que hacerlo, sintiera miedo o no; los tipos como yo teníamos que mostrar que teníamos "corazón".

—Vengo después, Ma, —le dije después de comer—. Voy a salir ahí a la entrada.

Caminé la mitad de la distancia, di la vuelta, y regresé al apartamento. Toqué a la puerta.

—¿Quién es? —preguntó Mami.

—Soy yo, Mami.

Abrió la puerta. —¿Qué pasa, negrito? —me preguntó.

—Nada, Mami, que se me olvidó algo, nada más. —Entré al dormitorio, vacilé un rato y cogí un libro de cómics y volví a salir. Pero esta vez aseguré que la cerradura de la puerta estuviera abierta, por si acaso tenía que entrar corriendo. Salí a la entrada, caminando suavecito como si nada, sintiendo más valor con la cerradura abierta.

No había señas de Rocky ni sus matones. Después de un rato, vi a Papi bajar por la calle en mi dirección. Caminaba como si le hubieran dado una carga de palos. Él odiaba su trabajo de pico y pala con el WPA, un programa de construcción que había establecido el gobierno. No podía ni oír mencionar el WPA sin que le diera una fiebre. *¡Qué extraño!* pensé, *Papi es como yo, claramente puertorriqueño, pero cuando él camina por aquí nadie lo molesta. Quizás la gente mayor se llevan mejor que nosotros los jóvenes.*

Papi estaba subiendo las escaleras de la entrada. —Hola, Papi, —saludé.

—¿Cómo te va, hijo? Oye, te ves un poco achocado. ¿Qué te pasó?

Miré a Papá y empecé a decírselo todo a la vez, pero me detuve porque empecé a sentir miedo en mi voz, y no era bueno revelar eso.

—Más despacio, hijo, —dijo Papi—. Cógelo suave. —Se sentó en el escalón y me hizo señas de que hiciera lo mismo. Él escuchó y yo hablé. Me aumentó la confianza. De estar estremecido por lo que había ocurrido con los italianos, me convertí en hasta mejor boxeador que Joe Louis y Pedro Montañez combinados, con Kid Chocolate de postre.

—Pues, eso fue lo que pasó, —concluí—. Y parece que esto sólo es el comienzo. Caramba, no tengo miedo, Papi, pero no hay nada más que italianos en este bloque, y no hay nadie igual que yo, solamente habemos tú, yo y nuestra familia.

Se le veía la tensión a Papi. Movió la cabeza de lado a lado, y murmuró algo acerca de otra familia puertorriqueña que vivía a unas puertas de nosotros.

¿De qué me servirá eso, a menos que no sea para tener quien me rece en español cuando me maten?

Afuera dije, —Hombre, ¡qué chévere! Dentro de poco tiempo empezará un montón de nosotros a vivir aquí, ¿verdad?

Papi balbuceó algo y se levantó. —¿Te vas a quedar aquí, hijo?

—Sí, Papi, un ratito más.

Desde aquel día crecí ojos por todas partes de la cabeza. Cada vez que salía a la calle por cualquier cosa, miraba directo hacia el frente, detrás de mí y por ambos lados, todo a la misma vez. A veces me encontraba con Rocky y sus muchachos —ese tipo nunca estaba a solas— pero nunca hicieron otra movida en contra de mí. Se sonreían nada más, como si fueran un montón de gatos callejeros, conscientes de que podían agarrar a su ratón cuando lo quisieran. Así era que me hacían sentir —como un ratón atrapado.

Rocky y sus amigos se inventaron un jueguito para mí, llamado el "Un dedo cruzando el cuello haciendo señas de degollar", seguido por palabras suaves como, —*Falta poco, spico*—. Yo nada más los miraba vacíamente y continuaba caminando adonde iba.

Me encontré deseando que esos tipos asistieran a la misma escuela que yo, que quedaba en la frontera entre su territorio y el mío. Ahí yo tenía amigos con quienes podía contar. Pero no podía pedirles a dos o tres amigos que invadieran el bloque de Rocky para joderlos de verdad. Ya se lo había pedido y se me habían negado. No los podía culpar. Hubiera sido homicidio total, y pienso que ellos calcularon, mejor un muerto que cuatro.

Logré conseguir que los días pasaran sin que sucediera nada, lo cogía suave y le pasaba por el lado a Rocky y sus muchachos como si no estuvieran ahí. Un día los pasé y nadie dijo nada. Dejé de contener la respiración. Chévere, no me vieron. Entonces alguien gritó en una voz chillona, de muchacha, —*Yoohoo, paisano, te vemos...*, —seguido por una lata de leche evaporada lanzada hacia mí, *tin, tan*. Con cara de palo, caminé diez pasos, y entonces me eché a correr como loco.

Esa mierda la continuaron por un mes. Trataban de intimidarme. Cada vez que arrojaron algo hacia mí, fue solamente para darme un susto. Decidí que la próxima vez que los jodones me tiraban algo, yo iba a aparentar un malote y no iba a correr. Esa próxima vez sucedió a la semana. Mami me había mandado al mercado italiano en la calle 115 y la Primera Avenida, al corazón del territorio italiano, esa tierra de las patadas. Consciente de esos datos, fui de todos modos, caminando con el estilo que había copiado de los tipos negros que había visto, meciéndome de lado a lado y dando pisadas duras. ¡Esos tipos negros eran tan suaves que, al caminar nada más, producían un sonido extraordinario!

Después de diez minutos, estaba de regreso con la compra de Mami. Llegué a la esquina de la Primera Avenida y la 114 y casi choqué con Rocky y sus amigos.

—Miren, muchachos, —dijo Rocky—, ¡miren quién está aquí!

No me gustaban los sonidos que le salían de la boca de Rocky. Y no me gustaban las sonrisas come-mierdas que empezaron a cubrirles las caras de los demás muchachos. Pero pensé, *No más, no más. No voy a correr más.* Miré a mi alrededor, esperando un milagro. Yo siempre buscaba milagros.

—Oye, paisán, —dijo un tipo—, veo que estás comprando cositas nuestras, ¿eh? A mí me da que tú quieres ser italiano, hombre.

Antes de poder morder esa lengua larga que tengo, dije, —Yo no sería una *guinea** ni aunque me lo dieran de gratis.

—¿Queeé? —dijo Rocky, verdaderamente sorprendido. No lo podía culpar; yo mismo estaba sorprendido. Con el dedo empezó a escarbarse el oído, como si no me hubiera entendido bien. —¿Queeé? Vuelve a decirme eso.

Sentí un filo mojado, caliente, que me cortaba la pierna. De tanta vergüenza de tener tanto maldito miedo, me había orinado encima. Y con eso se me quitó el miedo; pensé *"Pa'l carajo con todo"*. Le di una mirada de malote a Rocky y le dije, —Ya me oíste, te dije que yo no sería un guinea* aunque me lo dieran de gratis.

—¡Hijo de la gran puta, te vas a cagar en tu madre de las patadas que te vamos a dar! —dijo uno de los muchachos, Tony, que tenía el mal hábito de preguntarme si tenía hermanas *se-ño-ri-tas*.

—Mátame a patadas tú solito, si tienes corazón, hijo de la gran puta, cabrón, —le grité. Hasta me sentí un poco contento, ese alivio que se siente cuando uno muestra tener corazón.

Tony Boca Grande tiró un puño y yo le tiré uno de vuelta. En ese momento oí que toda la compra de Mami se caía, *paf, paf*, por la calle. El puño se me conectó con la boca de Tony. Tanto fue su coraje que me tiró con un puño desde más de un metro. Bailé y puyé, haciendo pasitos elaborados. Boca Grande le puso fin a todo eso al meterme un puño en la boca. Oí los aplausos de los otros italianos, —Sí, pártelo en dos, dale duro a ese spic—. Entonces cogí a Tony y le di otro puño en las narices y le saqué sangre. Parpadeó y aspiró, como si estuviera olfateando, sin tocarse la nariz con las manos. Recordé las palabras de Papi, *Hijo, si alguna vez te encuentras peleando con alguien y tú lo golpeas en la nariz y él sólo parpadea y olfatea, sin tocarse la nariz, puedes hacer una de dos cosas: pelear como loco o correr como loco, porque ese tipo es un peleador.*

Boca Grande se me tiró encima y nos agarramos y empujamos y jalamos y empujamos un poco más. *Papi*, pensé, *no voy a huir. Yo también soy un peleador*. Me alejé un poco de Tony, y volví a tirármele encima, dándole un puño en la barriga. Soltó el aire de cantazo, y me golpeó la nariz con la cabeza. Yo también hice como para olfatear. *Papi, mira, no me toqué la nariz con las manos*. Le pegué

otra vez a Tony, contra ese mismo punto débil. Se dobló de la cintura y cayó de rodillas.

Boca Grande se levantó lo más rápido que pudo. Sorprendido,
pensé *¡Este tipo sí que tiene corazón!* Y corrí hacia él como si mi vida
dependiera del hecho. Pero, espérate, él agarró un puñado de granitos de asfalto molido que unos trabajadores habían dejado por ahí.
Traté de esquivarme; lo que debí haber hecho fue cerrar los ojos. Los
granitos arenosos me pegaron en la cara y se me encendieron los ojos
del dolor. Grité y me tapé los ojos con una mano, mientras que la
otra tiraba puños ciegos al aire. Oí a Rocky, que dijo, —Canto de
mierda, no tenías que pelear sucio con el spic; lo podrías haber jodido peleando limpio! —Yo no podía ver nada. Oí el sonido de un
puño chocando contra algo, y luego la voz de Boca Grande: —¿Para
qué carajo me estás golpeando a mí, pendejo? —seguido por la voz
de Rocky—, Putana*, te debería tumbar los dientes.

Entre un grito y otro, sentí que me agarraban. Empecé a tirar
puños. *Me van a matar,* pensé. Entonces oí muchas voces. —Tranquilo, muchacho— y —No te va a pasar nada— y —Por Dios, ¡no te
estrujes los ojos! Ay, coño, ¡tienes los ojos llenos de esa mierda!

Y yo pensé, *Ahí sí que lo dijiste como es, coño, y duele que jode.*

Ahora oí la voz de una mujer, —Llévenlo al hospital—. Y un
viejo preguntó, —¿Cómo fue que pasó?

—Mami, Mami, —lloré.

—Vente, chico, —Rocky dijo, y me cogió por la mano—. Déjame
llevarte a tu casa—. Luché por el derecho de estrujarme los ojos.

—Cógele tú la otra mano, Vicente, —dijo Rocky. Traté de rascar-
me los ojos. Sentí el filo de mis lágrimas cortándome las mejillas.

—Vente, muchacho, no te vamos a hacer nada malo, —Rocky trató
de asegurarme—. Te lo juro por mi madre. Te queremos llevar a tu
casa, nada más.

Tuve que creerlo. Tratando de no mostrar el dolor, dejé que me
condujeran a mi casa. Empecé a preocuparme de que si ahora me
iba a quedar ciego y salir como el Sr. Silva, quien con su hijo sirvién-
dole de guía, iba de puerta en puerta vendiendo toallas de cocina y
escobas.

—¿Estás bien, chico? —me preguntó Rocky.

Con lo que me quedaba, respondí, —Sí.

—Ajjj, —balbuceó Boca Grande.

—Por ser molleto, tiene bastante corazón, —dijo otro.

Por ser un spic, pensé.

—Por ser cualquiera, —dijo Rocky—. Aquí estamos, chico. Cuidado con las escaleras.

Me cargaron arriba. —¿Cuál es el número de tu apartamento? —preguntó Rocky.

—Uno-B, en el fondo, en la primera planta, —dije, y me guiaron en esa dirección. Oí que tocaron a la puerta, y luego escuché que los pasos se alejaron corriendo. Oí la voz de Rocky,

—No chotees, ¿OK, chico? —Y me encontré solo.

Se abrió la puerta y Mami dijo, —Bueno, Piri, entra.

No me moví. No podía. Después de una larga pausa, pude oír el miedo en la voz de Mami. —¡Dios mío! —dijo por fin—, ¿qué te pasó? —Entonces me miró más de cerca—. ¡Ayyyyyy, *Dios mío!*

—Estaba jugando con unos muchachos, Mami, y se me metió tierra en los ojos. —Traté de que la voz no mostrara el dolor que sentía, que lo pudiera aguantar como hombre.

—¡Dios mío! ¡tus ojos!

—¿Qué pasa, qué es lo que pasa aquí? llamó Papi del dormitorio.

—¡Está ciego! gritó Mami. ¡Está ciego!

Oí a Papi tumbar todo lo que estaba de por medio para correr adonde nosotros. Miriam empezó a llorar. Las lágrimas de ciego, adoloridas, me saltaban de los ojos. —¿Qué quieres decir con eso, que está ciego? —dijo Papi, al entrar a la cocina como un huracán—. ¿Qué pasó? —La voz de Papi temblaba del miedo junto con coraje.

—Jugando, Papi.

—¿Qué quieres decir, jugando? —La voz de Papi sonaba diferente cuando se le calentaba la sangre.

—Jugando, nada más, Papi.

—¿Jugando? ¿Jugando te llenaste los ojos de toda esa tierra? Me apuesto que fueron ese grupo de malditos muchachos italianos que

te cayeron encima otra vez. Dicho y hecho —nos vamos a mudar de
este maldito vecindario, fuera de este maldito bloque, lejos de esta
maldita mierda.

Coño, me dije, *Papi está maldiciendo pa'rriba y pa'bajo*. Pude oír
los golpes que siempre se daba en la pierna cuando tenía coraje.

—Hijo, tú vas a señalarme quiénes son.

—¿Señalarte a quién, Papi? Yo estaba jugando y...

—*¡Déjate de estar hablando y llévalo al hospital!* —gritó Mami.

—Pobrecito, pobre Piri, —Miriam me sobaba según me hablaba.

—¿Estás seguro, m'hijo? ¿Jugando na' más?

—Coño, Papi, dije que sí.

Plap; tanto era el miedo y el coraje que tenía Papi, que lo descar-
gó en una bofetada. Me cogió en una mejilla.

—*¡Bestia, animal!* —le gritó Mami—. *Él está ciego, ¿cómo le pue-*
des pegar?

—Lo siento, hijo, lo siento, —murmuró Papi, casi llorando. Se
fue corriendo al dormitorio, gritando, —*¿Dónde están mis pantalo-*
nes?

Mami me agarró las manos que trataban de limpiarme los ojos.
—Caramba, no te estrujes, no te estrujes, —me dijo, besándome. Le
dijo a mi hermanita que le buscara un trapo y lo mojara con agua
fría.

Papi entró corriendo a la cocina. —¡Vámonos, hijo, vámonos! Ay,
Jesús, no te quise pegar, de veras, no te quise pegar, —me decía, al
rozarme la cabeza con su brazo grande, agarrando suavemente unas
greñas de pelo.

—Aquí está el trapo, Mami, —dijo Miriam.

—¿Pa' qué es eso? —preguntó Papi.

—Para ponérselo por los ojos, —respondió Mami.

Oí *blapt*, y cayó el trapo mojado contra la pared. —No podemos
ponerle na' a los ojos, porque quizás se le pongan peor. Vente, hijo,
—dijo Papi, nerviosamente, levantándome con sus brazos fuertes.
Me sentí como un bebé, como que ya el dolor era menos. Quería
quedarme en sus brazos, pero le dije, —Suéltame, Pa, ya no soy un
nene.

—Cállate la boca, —contestó en voz baja—. Yo sé que no eres un nene, pero es más rápido así.

—¿A cuál hospital lo vas a llevar? —preguntó Mami.

—Al que quede más cerca—, y con eso, salimos por la puerta. Me cargó por el pasillo y afuera a la calle, donde la luz del sol me causó un relámpago rojo de dolor al atravesar la mierda que tenía en los ojos. Oí voces en la entrada y en la acera, —¿Es ése el muchacho?

—Sí. A lo mejor se va a quedar ciego.

—Vamos a coger un taxi, hijo.

Podía sentir su amor en la voz. Oí a Rocky gritar desde el otro lado de la calle —¡Ánimo, chico! Recuerda lo que... —Lo demás no lo pude oír, gracias a las piernas largas de Papi que nos llevaban corriendo a la esquina de la Tercera Avenida. Mandó a parar un taxi y nos fuimos volando hacia el Hospital de Harlem. Sentí que el taxi hacía muchas paradas y daba muchas vueltas.

—¿Cómo te sientes, hijo?

—Arde que jode.

—Vas a quedar bien, —me dijo, y después de una pausa, añadió, —Y no digas maldiciones.

Oí tocar las bocinas de los carros y el ruido de un tren que volaba por la vía elevada de la Tercera Avenida. Estábamos de nuevo en territorio puertorriqueño; se podía oír nuestro idioma.

—Hijo.

—Sí, Papi.

—No te estrujes los ojos, por el amor de Dios—. Me aguantó las muñecas flacas con una mano y todo se calmó entre nosotros.

El taxi llegó al Hospital de Harlem. Oí el sonido de monedas y de la puerta que se abría, a Papi dándole las gracias al chofer del taxi por haber llegado tan rápido. —Espero que el muchacho esté bien, —dijo el chofer.

Voy a estar bien, pensé. *No voy a quedarme como el Sr. Silva.*

Papi me volvió a coger en sus brazos y empezó a correr. —¿Dónde está el salón de emergencia, por favor? —le preguntó a alguien.

—A la izquierda, y luego todo directo, —dijo una voz.

—Muchas gracias, —respondió Papi, y se echó a correr de nuevo. Cuando paramos, preguntó, —¿Éste es el salón de emergencia?

—Sí, señor, —respondió una muchacha—. ¿Qué pasa?

—Mi hijo tiene los ojos llenos de asfalto y arena.

—¿Qué fue? —Oí la voz de un hombre.

—Un joven con arena de asfalto en los ojos, doctor.

—Déjelo aquí con nosotros, señor. Póngalo aquí y váyase usted con la enfermera. Ella tomará sus datos. ¿Es usted el padre?

—Correcto, doctor.

—OK, póngalo ahí.

—Papi, ¡no me dejes solo! —lloré.

—Cállate, hijo, no te voy a abandonar. Sólo voy a llenar unos papeles, y vuelvo en seguida.

Indiqué que sí con la cabeza, y me llevaron para adentro en una cama rodante. Cuando la cama paró, alguien me metió una aguja. Empezó a darme sueño y empecé a pensar en Rocky y en sus muchachos, y en la bofetada de Papi y qué bueno era Papi, y cómo ya no me dolían los ojos...

En el cuarto donde me habían puesto, desperté ciego, en la oscuridad. Las únicas luces estaban adentro de mi cabeza. Me toqué los ojos con las manos y sentí los vendajes. —Déjatelos quieto, m'hijo, —dijo una voz de mujer.

Quería preguntarle a la voz si me habían sacado los ojos, pero no me atreví. Temí que me dijera que sí.

—Déjatelos quieto, m'hijo, —volvió a decir la enfermera, quitándome las manos de los vendajes—. Estás bien. El doctor te puso las vendas para que no entrara la luz. Ya pronto te las quitaremos. No te apures por nada, m'hijo.

Quise que me dejara de llamar *m'hijo*. —¿Dónde está Papi? —pregunté, tratando de portarme como tipo suave.

—Afuera, m'hijo. ¿Quieres que te lo mande a buscar?

Consentí con la cabeza. Oí los pasos de unos zapatos al alejarse, una puerta abrir, un murmullo, y unos zapatos regresando hacia mí. —¿Cómo te sientes, hijo? —preguntó Papi.

—Me duele que jode, Papi.

—Sólo será por poco tiempo, hijo, y luego te quitarán las vendas. Vas a quedar bien.

Observé, *Papi no me dijo que no maldijera.*

—E hijo, pensé que ya te dije que no estuvieras maldiciendo, —agregó.

Me sonreí. No se le había olvidado. De repente me di cuenta que lo único que llevaba puesto era una cotona del hospital. —Papi, ¿dónde está mi ropa?

—Yo la tengo. Me la voy a llevar pa' casa y...

—¿Qué estás diciendo, Papi? —dije, medio asustado—. Tú no me vas a dejar aquí. Mal rayo me parta si me quedo—. Ya estaba sentado en la cama, tratando de ver cómo iba a escaparme. Papi me agarró y me volvió a acostar. Ya no le sentía el coraje ni el miedo en la voz, sino que le resonaba suave, contento, como la voz de Mami.

—Oye, tú, —me dijo—, métete ese culo en la cama o te van a tener que poner un vendaje ahí también.

—Pero, Papi, —supliqué—. No me importa. Pégame todo lo que quieras, pero llévame a casa contigo.

—Vaya, pensé que me habías dicho que ya no eras un nene. No tienes miedo de quedarte solo, ¿verdad?

Por dentro había un gritó de *sí, sí, sí*, pero respondí, —No, Papi, es que Mami se preocupa y se enferma y tú sabes cómo es...

—No, hijo, no. Eso no me convence, —interrumpió Papi, riéndose.

Me quedé callado.

—Sólo será por un par de días. Todos te venimos a ver y te traemos cosas.

Ahora sí que me empecé a interesar, pero disimulé como si nada. —¿Qué tipo de cosas?

Sonaba como si papi se hubiera encogido los hombros y había extendido sus brazos grandes y me contestó con sorpresa de que le hubiera preguntado. —Este..., frutas, y dulces... y helado. Y a lo mejor Mami te trae una sopita de pollo.

Moví la cabeza de un lado a otro, —Papi, tú sabes que a mí no me gusta la sopa de pollo.

—Entonces no te traemos sopa de pollo. Te traemos lo que quieras. ¿Qué es lo que quieres, carajo?

—Quisiera todo lo que primero mencionaste, Papi, —dije en voz bajita—. Pero en lugar de sopa, quisiera... —contuve la respiración por un momento—, unos patines.

Papi dejó salir un silbido. Los patines costaban como $1.50 y eso era suficiente para comprar arroz y habichuelas para más de unos cuantos días. Conquistado me dijo, —Está bien, hijo, los tendrás tan pronto llegues a casa.

Pero él había accedido demasiado rápido. Moví la cabeza de lado a lado rechazando esa condición rogándole que me diera los patines ahora. No era todos los días que recibía un gulpe tan serio, como para poder pedirle algo tan caro como unas patines. Y yo los quería ahora mismo.

—Por el amor de Dios, —protestó Papi—, no puedes usarlos aquí adentro. La verdad es que aquí cualquier delincuente te los puede robar—. Seguí meneando la cabeza de un lado al otro. Por fin, Papi bajó la voz, y en tono de "ganaste", balbuceó por fin, —Te los traigo mañana, pero no me pidas nada más.

—Gracias, Papi.

—No pidas más nada.

Los ojos estaban empezando otra vez a dolerme como loco. El chiste se estaba acabando con nuestro jueguito. Hice una mueca.

—¿Te duele, hijo?

—No, Papi, además, yo lo puedo aguantar—. Me puse a pensar en lo mucho que me parecía a un tipo en una película, enfrentado por unos indios salvajes que lo habían amarrado a una estaca y lo estaban quemando, y que igual que yo, lo aguantaba todo como un campeón.

Papi ya estaba más aliviado. —Sí, solamente duele al principio.

Me tocó el pie con la mano. —Pues, me voy, hijo... —Me frotó el pie cariñosamente, y me dio una palmadita en el muslo. —Pórtate bien, hijo—, y se marchó. Oí abrir la puerta y a la enfermera que le decía que me iban a mudar a otro cuarto porque ya estaba fuera de peligro.

—Hijo, —volvió a llamar hacia adentro—, Hoy te portaste como todo un hombre.

Sentí un orgullo jodón.

—Papi.

—¿Sí, qué es?

—No te olvides de los patines, ¿OK?

Papi se rió. —Está bien, hijo.

Oí cerrar la puerta.

5

Asistencia pública

A los dos días, ya estaba de nuevo en casa, y sentado con mis patines en la escalera de la entrada de mi edificio. Ni me había quedado ciego ni había choteado a Rocky. Había cruzado la barrera. Podía caminar por estas calles bravas sin que nadie me hiciera daño; entre toda la mierda, reconocieron que verdaderamente yo tenía corazón.

Me estaba quitando los patines cuando Rocky se me acercó.

—¿Cómo estás, chico? ¿Me acompañas a la Segunda Avenida pa' ir y robarnos unas almejas?

—Quizas otro día.

Siguió caminando y mientras se alejaba le miré la espalda. No era difícil poder imaginar una amistad entre nosotros. Pero aun así, quería que Papi nos mudara de este bloque. Tiré los patines por encima del hombro y subí por la entrada, pensando que los italianos no serían tan malos si hablaran español. En el pasillo oscuro, pensé en lo feo que son las palabras *spic* y *guinea*. Miré los patines, y me remordió la consciencia un poco al pensar en cómo se los saqué a Papi.

Con un empujón abrí la puerta. Oí los ruidos de coraje: *Maldito sea Dios, mujer, pa'l infierno con todo. No puedo soportar más de esta*

mierda. Por el amor de Cristo, ¿no puedes entender? Soy como cual-
quier otro hombre, un mojón que lo tienen ahí colgado. Había llegado
de nuevo a mi casa. Entré. *Jesús, Papi,* pensé, *así como tú hablas es*
como me siento. Guardé el pensamiento en mi corazón; Papi estaba
dándose palmadas en el muslo.

—Pero, mi amor, —dijo Mami, y vi en la mirada de Papi que su
ira se le estaba suavizando un poco.

—Tú no ves, —decía él—, estoy aplastado entre la Asistencia Pública y el WPA. Estoy cansado, mujer, tan cansado de fingir que toda
esta mierda no está pasando.

Como siempre, cuando Papi hablaba en inglés, Mami parecía entender solamente un poco de lo que decía.

Papi, Papi. Grité por dentro el nombre de mi creador. En el otro
cuarto, mi hermana estaba llorando.

—Maldito sea Dios, maldito sea Dios, maldito sea Dios... —Papi
siguió recitando los *malditos seas,* hasta parecer ser el único disco en
el mundo.

Papi, Papi, imploré. Sus gritos se habían convertido en una plegaria, y el tono de los llantos era menos de entendimiento que de
miedo.

¿Cómo pueden mis dioses Mami y Papi rebajarse así y demostrar
tanto coraje? Esto sólo debe reservarse para los desconocidos, pensé.

—¡No soporto más! —gritó Mami—. ¡No soporto más!

¿Por qué están peleando si se aman? Ese amor también nos pertene-
ce a nosotros.

—Me voy de aquí, —por fin gritó Papi.

Coño, Papi, no digas eso.

—Vete pa'l infierno, si quieres, —le respondió Mami.

Papi empezó a caminar hacia la puerta, pero el cuerpecito gordo
de Mami se le adelantó, y con las manos cubrió la cerradura. —*No*
go —dijo en inglés, en un tono de amor.

Papi, pensé, *¿ya no amas a Mami?*

Papi se volvió para adentro y salió corriendo metiéndose al cuarto
del fondo. Sin darse cuenta, por poco me tumba. Le metió un puño

a la pared que, ya débil y decaída por sus años, tembló bajo la presión de tanto coraje. Se pudo oír escapar los granitos al romperse el yeso y la pintura.

Los demás nos quedamos en la cocina, escuchando los sonidos de las pisadas de Papi, que caminaba para arriba y para abajo. De repente oímos que Papi abría la ventana de atrás; estaba bajando por el escape de incendios. Mami empezó a gritar, —¡Me voy, me voy!

No te vayas, Papi, pensé. *No te vayas, Mami.*

Miriam empezó a llorar, y el chiquito balbuceaba de que quería una chupeta. *¡Carajo!* pensé. *Toda esta mierda que está pasando y este pendejito se pone a chillar por una chupeta.*

—¡Me voy, me voy! —gritó Mami. Salió de la cocina dando zapatazos.

Coño, Mami, ese disco está rayado.

Oí abrir la puerta. —Mami, no te vayas, —llamé—. Oye, Ma, no te vayas. ¡Mami!

Mami cerró la puerta y se fue. Corrí al cuarto y me asomé por la ventana abierta. —Papi, Papi. Mami se va, —grité. Pero el escape estaba vacío.

Regresé a la cocina y me puse una sonrisa en la cara. Mi hermana y mis hermanos me devolvieron la sonrisa. *¡Qué jodienda! ¿Por qué tiene que ser tan cagado este mundo? ¿Por qué me obligan a escoger un lado u otro?*

Al cabo de una hora más o menos, Mami y Papi regresaron. No se hablaron mucho. Mami nos cocinó la comida y nos mandó a la cama. Me quedé despierto un rato tratando de aclarar la confusión que me causaban las peleas repetidas de Mami y Papi, hasta que me quedé dormido. Al ratito, me desperté al oír los gemiqueos de mi hermanito. Mami entró al cuarto y arrulló como una paloma, "Cuuucurucú", y el nene dejó de llorar. Ella regresó a su cuarto. Chilló el colchón al subirse a la cama, pero después se oía un largo silencio. Al ratito, oí a Papi y a Mami hablándose. Algo de que Papi había perdido el trabajo con el WPA. Estaba diciendo que no le importaba si el cabrón de jefe era el que mandaba, Papi no le iba a comer mierda a nadie. Me volví a dormir.

El próximo día Mami me dijo, —Hijo, no quiero que vayas a la escuela hoy. Necesito que vayas conmigo a la oficina de la Asistencia Pública para que me ayudes a explicar que tu papa perdió su trabajo con el WPA.

Después de una hora nos apeamos del tranvía y caminamos al edificio feo marrón de la Asistencia Pública. Subimos al segundo piso y entramos a una sala enorme, el tamaño de Madison Square Garden, que estaba repleta de gente. La mayoría eran puertorriqueños y negros; algunos eran italianos. Parecía que cada madre había traído a un hijo que le sirviera de intérprete.

Mami y yo nos acercamos a un escritorio que tenía un letrero **INFORMACIÓN** y donde estaba sentada una mujer delgada. Mami sacó la tarjetita amarilla de la Asistencia Pública y se la dio a la mujer, quien se la arrancó de la mano sin subir la mirada. Todavía sin mirarnos, le dio otra tarjeta con un número a Mami, y con un dedo flaco, hizo señas para donde Mami debiera sentarse para esperar que el investigador llamara su número. Mami se sonrió con la mujer delgada; la mujer ni le devolvió esa cortesía —*una sonrisa desperdiciada*. Le saqué la lengua a la mujer; ella no me vio —*una mueca desperdiciada*.

Nos sentamos. Resultó ser una larga espera. Traté de cultivar mi paciencia. Escuché todos los sonidos alrededor de mí —las plegarias, las defensas, el coraje— y en mi mente dividí los sonidos en conversaciones separadas.

—Pero es que Ud. no comprende, Sr. King, —le dijo una mujer a un investigador muy comprensivo—. No es que mi marido no quiera trabajar; es que no puede. Ha estado enfermo, y...

—Sra. Romero, yo sí comprendo, pero repetidas veces le hemos pedido que se someta a un examen de un médico, y cada vez rehusa.

—Ud. comprenderá que es un hombre ogulloso, Dios mío, tan orgulloso que se levanta hasta cuando no debe, casi cayéndose. No le gusta que la enfermedad lo tumbe. Cuando él está sano, no hay quien le haga frente. Pero de la manera que está ahora, hasta yo misma puedo hacer que se acueste de nuevo. Sr. King, no le pido por él, sólo por los niños y por mí. No es por él; él los odia a todos ustedes y a todo esto. A veces grita, "Voy a cogerme un revólver... yo no nací para pedir... ¡ningún jodido hombre nació para estar de limosna! Voy a cogerme un revólver y cogeré lo que pueda para vivir."

—Chis, —aconsejó Sr. King nerviosamente—. Él dice tales cosas porque tiene los nervios agotados, está sobreexcitado.

¿Que querrá decir "sobreexcitado"? Parece ser una palabra que se usa para describir a alguien que se ha vuelto loco.

—Por favor, por favor, —dijo la mujer—. Mi esposo está enfermo. Está enfermo y es orgulloso: no lo acabe Ud. de matar. ¿Por qué será que no puede Ud. confiar en él, en nosotros? No queremos que nos den algo por nada y no queremos sentirnos avergonzados por el hecho de ser pobres. No nos haga sentir así. Por favor.

—Veré lo que se puede hacer.

—Uf —dijo la mujer, disgustada, y entonces agregó rápidamente—, No, no, disculpe, no quise decir eso, Sr. King. Sí, por favor; trate de hacer lo mejor que pueda. Trate...

Cambié la mirada a otro lugar. Sus peticiones eran demasiado semejantes a las de mi gente: siempre andando con manos extendidas, pero sintiéndonos avergonzados al mismo tiempo.

—¿Qué me dice Ud., señor? —preguntaba una mujer negra a otro investigador. Se le oía el acento moreno-americano a la mujer—. ¿Que *yo* estoy cogiendo asistencia de ustedes pero que *no es legal*? Ya les dije que mi marido voló, dejándome con mis muchachos en una situación horrible. Mierda. Si ese hijo de la gran puta se atreve a asomarse con ese culo flaco por mis alrededores, le voy a dar una tremenda patá' en el culo que hasta las cejas se le van a menear.

—Sra. Powell, —dijo el investigador impacientemente—, sabemos que él está viviendo en su casa. La verdad es que la última vez que yo estuve en su casa, lo oí saliéndose por la ventana mientras que Ud. me abría la puerta del frente.

—Ay, Dios mío, ¿cómo puede Ud. decir semejante cosa? ¿Por qué son ustedes tan sospechosos?

—Sencillísimo, Sra. Powell. Oí cuando Ud. le decía a su marido que estaba yo por la puerta. Le oí su respiración... eh... él bebe mucho, ¿verdad?

—Se lo juro por mi madre, Sr. Rowduski, jamás en mi vida he
visto a ese hombre tocar ni siquiera una cerveza negra, por lo menos
mientras vivía conmigo. Yo sé que el hombre no es gran cosa, como
para inspirar orgullo de él, pero coño, hay muchos por ahí que son
peor. Además, es el único que yo he conocido como hombre.

El investigador (de ninguna manera convencido) siguió, —Él
tiene un carro, ¿verdad?

—¿Carro? ¡Dios mío! Lo más cerca que estuve de un carro fue
una vez que tomamos un taxi y casi no tuvimos con qué pagarlo. No,
hombre; el tranvía, la guagua* y el subterráneo son más a nuestra velocidad, —respondió la Sra. Powell—. La verdad es que la mayoría
de nosotros caminamos a pie, —añadió.

Y con eso, la Sra. Powell montó una defensa que hubiera rendido
orgulloso a cualquier abogado litigioso. Me fascinaba su acento.
Pero me cansé de escuchar y empecé a pensar en las muchas veces
que Mami y yo habíamos estado en las oficinas de Asistencia Pública
como ésta, y en todas las escenas que se habían desarrollado ahí. Me
acordé de la vez que los policías sacaron a unos padres de familia a
gritos, arrastrándolos, y también de la mujer que se acostó con sus
tres hijos en el piso en el medio de la oficina, repitiendo una y otra
vez que si no le daban asistencia, iba a vivir con los investigadores
hasta que viniera Cristo. Yo me había preguntado cuánto tiempo
sería eso, porque desde niño, siempre estoy oyendo que Él vendrá
pronto.

De repente sentí que Mami me jalaba por el brazo. —Vente, Piri,
—me dijo—, acaban de llamar mi número.

Seguí a Mami hasta un escritorio y me quedé de pie a su lado
mientras que ella se sentó a la señal del dedo que apuntaba el investigador. Él le hizo a Mami un montón de preguntas que todas querían decir "¿Cuál es el problema?" Se las traduje al español a Mami,
todo el tiempo pensando en cómo esos cheques de cartulina tiesa de
la asistencia pública le traían sangre de vida a tantos. Entonces
Mami me mandó, —Dile que tu padre perdió su trabajo porque el
patrón le tenía antipatía.

Me acerqué más al escritorio del investigador. *Swss, swss*. Las rodillas de mis pantalones de pana, viejitos y gastados, rozaron una contra la otra. Empecé a hablar en inglés, *"My mother says that my father lost his job because his boss did not like him."*

—Ya entendí eso, hijo, —respondió el investigador—. Comprendo un poco de español, aunque no lo hablo. Mira, pregúntale a tu
mamá en español por qué tu papá no se vino con ustedes hoy.

Se lo traduje a Mami, quien dio una mirada que reflejaba su alto
nivel de tensión, y luego dijo algo.

—Mami dice que Papi está buscando trabajo que no sea con el
WPA.

—Ah, sí, entiendo, —dijo el investigador, y comenzó a leer un
montón de papeles que tenían todos los datos personales de nuestras
vidas, escritos todos en un inglés perfecto donde cualquiera los podría ver. Después de un ratito dijo, —Dile a tu mamá que si tu papá
encuentra trabajo, nos lo deja saber.

Se lo dije a Mami. Indicó que sí con la cabeza.

—Por favor, señora, dígame de nuevo, ¿qué es lo que necesita?
—preguntó.

Mami volvió a mandarme, —Piri, dile que necesitamos sábanas,
frisas, un matre*, zapatos para los nenes, abrigos y unos pantalones
para ti.

Carajo, pensé, *no le supliques a ese maricón, no te le arrodilles
más, Mami.* Pero dije: —Mami dijo... —y lo repetí todo en inglés.
Me doblé hacia Mami para alcanzarle el oído y le dije calladito,
—¿Le puedo decir que también necesito unos guantes? —Ella indicó *sí* con la cabeza, y añadí los guantes a la lista.

El investigador escribió muy rápido las cosas que necesitábamos.
Me pregunté si los recibiríamos igual de rápido. Cuando dejó de escribir, nos dio una sonrisa amable y le devolvió a Mami su tarjeta
amarilla. —No se apure, señora —dijo en voz baja, y a la misma vez
extendió el brazo para coger el próximo número.

Mami le dio las gracias y se levantó muy despacio, como si ya estuviera vieja y gastada, aunque en realidad tenía como sus treinta años.
Bajamos las escaleras y dejamos atrás el edificio marrón feo. Cogimos el tranvía y observamos pasar la Tercera Avenida. Al pasar por La

Tienda de Animales de Don José, empecé a pensar en todo el intercambio que teníamos nosotros. Don José me daba una paloma por cada tres latas de "carne bif*" de la Asistencia Pública que yo le traía. Recogía las latas de carne bif que habían botado la gente en los lotes vacíos y en basureros porque ya no encontraban cómo cocinar la jodida carne y estaban cansados ya de comer lo mismo día tras día. A veces me encontraba quince latas y regresaba a casa con cinco palomas. Pero después de comer sopa de paloma, paloma frita, paloma con arroz, arroz con paloma y paloma con paloma, hasta la novedad de eso se agotó.

Pasamos también por la tienda de ropa usada, y pensé en todo el comercio que Papi le daba a esa tienda y a otras similares. Cuando se trataba de comprar ropa, no había un comerciante viviente que podría estafar a Papi. Él conocía todo acerca de la tela, y sabía los precios en todas las tiendas de Harlem. Siempre le daban su precio, porque prometía mandarle más clientes a la tienda si le daban un buen precio —pero si Papi no recibía el precio que pedía, les amenazaba con que iba a aconsejar a los demás clientes a que no patrocinaran esa tienda de pillos. Por lo tanto, cuando los dueños veían llegar a Papi, se hacían de la vista larga.

El tranvía paró en la calle 114 y nos apeamos; Mami quería ir a la marqueta*. La marqueta se extendía de la calle 110 hasta la calle 116 por la Avenida Park. La marqueta se desbordaba en ambos lados de la calle y por el medio también. No había nada que no se pudiera encontrar ahí. Siempre estaba llenísima de vendedores o compradores, y se oían hablar muchos diferentes idiomas. La mayoría de los vendedores eran judíos, pero hablaban español como puertorriqueños.

Mami y yo entramos a la marqueta. Los vendedores estaban voceando que sus mercancías eran mejores y más baratas que las demás, pero las caras sospechosas de los clientes les contestaban con *Embustero*. Mami pellizcó unos tomates y el vendedor le dijo con desprecio,

—¿Doña, usted quiere comprar, o nada más va a pellizcar? —Mami siguió pellizcando, y al fin y al cabo, compró cada tomate que había pellizcado. Mami nunca discutía con nadie.

Para mí era más divertido ir a la marqueta con Papi. Él regateaba hasta el último centavo y a veces salía ganando. A los comerciantes les parecía gustar el tira y jala con los clientes, aunque siempre estaban buscando cómo joderlo a uno. En una bolsa de manzanas ponían cuatro manzanas buenas por encima y otras que ya estaban demasido maduras abajo. Papi llamaba esta práctica la venta de mercancía irregular a precios de primera clase. Papi se les agallaba, con tal de conseguir una compra de primera clase a precio irregular.

Papi no le respondía a las palabras amistosas de los vendedores, *¿Cómo estás, amigo?* Decía que las palabras *cómo está* eran lo primero que los vendedores aprendieron para poder ganarse la confianza de la gente y luego estafarles en su propio idioma. A veces pensaba que a Papi no le gustaban los judíos de la misma manera que a mí no me gustaban los italianos.

6

Si no tienes corazón,
no tienes nada

Nos mudábamos de nuevo —nuestro nuevo aparta-
mento estaba en El Barrio, *Spanish Harlem*, en la Calle 104 entre las
avenidas Park y Lexington.

El asunto de mudarse a una cuadra nueva era un salto grande
para cualquier joven en Harlem. Te sacan de tu territorio —ganado a
la fuerza— y te meten en una cuadra donde nadie te conoce y donde
cada muchacho en cierta medida es enemigo. Aun cuando la cuadra
pertenece a tu propia raza, de todas maneras eres el desconocido y
tienes que demostrar que eres un machote con corazón.

Cuando las gomas del camión de la mudanza pararon al frente de
nuestro nuevo edificio, el número 109, ya estábamos todos ahí, espe-
rándolo: Mami, Papi, Miriam, Pablito, Jaime, José y yo. Me hice que
no me daba cuenta de unos tipos que nos estaban estirando el ojo,
especialmente a mí, pues yo era de edad para las pandillas. Leí sus
caras y percibí desconfianza total, mucha sospecha y una chispa de
odio creciente. Pensé, *esto no significa nada. Estos tipos solamente
son unos entrometidos.* Pero recordé lo que me había pasado en mi
vecindario anterior, aquella historia que terminó teniendo que quedarme en el hospital.

Este bloque me parecía ser bien bravo. Eso no me molestaba

tanto; mi territorio anterior había sido guapísimo también. *Yo sí soy bravo*, dijo una voz de adentro. *Ojalá sea lo suficientemente bravo. Tengo mucho corazón y soy rey dondequiera que vaya. Soy un matón hasta el fin. No solamente que puedo vivir, pero que voy a vivir. No soy cobarde. No voy a flaquear, ni morir. Voy a caminar como malote; voy a saberlo todo, voy a ser suave, como la brisa.* Mis pensamientos volaban y chocaban, tratando de organizarse en un patrón nuevo que me serviría de reputación. Despacio, di una vuelta y con los ojos medio cerrados, miré a los que mandaban en este mundo nuevo, y con un meneo suave de los hombros, seguí a los trabajadores que entraban al pasillo del número 109. Con eso, me alejé de la mente la guerra que, seguramente, estaba por venir.

Al próximo día empecé en mi nueva escuela, que se llamaba Patrick Henry, y sentí que me perseguían ojos extraños, miradas maliciosas.

—Oye, papi, —dijo una voz que pertenecía a un muchacho que más tarde averigüé lo conocían como Waneko—, ¿dónde está tu territorio?

Usando el mismo tono que Waneko, respondí, —Aquí mismo donde estoy, papi, ¿qué pasa?

—¿Malote, eh? —Se sonrió un poco.

—No, no por completo. Soy bueno cuando estoy tranquilo, pero malote cuando me corresponde.

—¿Cómo te llamas, chico?

—Eso depende. Piri cuando estoy suave, y Johnny Gringo cuando es hora de meter patadas.

—¿Cómo te llamas ahora? —empujó.

—Dímelo tú a mí, hombre, —respondí, haciendo mi papel como un campeón.

Miró a su alrededor, y sin palabra alguna sus muchachos se le acercaron. Muchachos que yo después conocería, pelearía, odiaría, amaría, cuidaría. Coloraito, Bimbo, Luisito, Indio, Carlito, Alfredo, Crip y otros más. Me puse tieso al pensar, *hombre, parece que es tiempo de tirar patadas, Piri. Hazlo con corazón.*

Sentí las nudilleras improvisadas que llevaba en mi bolsillo, el mango de la tapa del basurero. Era perfecto para diminuir los riesguitos diarios que corría —varios riesgos pequeños en vez de uno grande.

Waneko, sintiéndose seguro en su posición de juez, dijo, —Te digo ahorita, panín.

No respondí. Tenía miedo, pero puse cara de palo. Pensé, *chévere, panín.*

El momento de nombramiento no tardó en llegar. Tres días después, como a las seis de la noche, Waneko y sus muchachos estaban sentados en las escaleras de la entrada del número 115. Mi acceso al número 109 estaba cortado. Por un instante pensé, *Escápate por las escaleras del sótano y por el patio de atrás —sálvate mientras estés todavía enterito.* Pero entonces pensé, *Caramba, cobarde vivo, héroe muerto. Yo no soy ningún cobarde. No voy a pedir clemencia.* Seguí caminando, sintiendo un tumultuoso ardor por dentro pero fingiendo ser suave y alegre a la vez. *Sigue caminando, hombrecito, sigue rodando sin miedo. ¿Cómo te irán a llamar?*

—¿Qué me dices, Sr. Johnny Gringo? —preguntó Waneko, arrastrando sus palabras.

Piensa, hombre, me dije, *usa la cabeza para escaparte de los puntapiés. Haz que te crean.*

—Dicen por ahí que ustedes, los Suavesones de la 104 tienen mucho corazón, —empecé—, pero esto no lo sé con seguridad. Ustedes saben que hay muchas calles donde un montón de tipos se juntan en un grupito porque a solas, ningunos se atreven a pelear uno contra uno. —Mi esperanza era que Waneko me diera una pelea justa, pero la cara no le cambió.

—Quizás nosotros no lo vemos así.

Chévere, man. El cabrón está cayendo en mi trampa. ¡Veremos quién sale jodido primero, beiby! —No estaba hablando contigo, —continué—. De donde vengo yo, el presidente es presidente porque tiene corazón pa' bregar* con estas cosas.

La cara de Waneko se le veía incómoda. Había picado en el anzuelo y ahora se sentía como un pescado chupapiedras. Sus muchachos retiraron su amenaza. Ya no estaban tan interesados en caerme a patadas, sino en ver el resultado del enfrentamiento entre Waneko y yo.

—Así es, —respondió Waneko.

Me sonreí con él. —Mira, tú estás tratando de averiguar quién soy yo, y ahora a mí me interesa saber quién eres tú.

Waneko esperó un momentito antes de responder, —OK.

Supe que había ganado. Cierto, tendría que pelear, pero con un solo tipo, no diez o quince. Si perdía, quizás me golpeaban de todos modos, y si ganaba, me podían caer encima también. Traté de corregir este detalle con mis próximas palabras. —Yo no te conozco ni a ti ni a tus muchachos, —le dije—, pero ellos me parecen ser bastante chéveres. No parecen ser cobardes.

A propósito excluí a Waneko cuando dije "ellos". Ahora sus muchachos se encontraban en una clase diferente. Lo había separado de su grupo. Tendría que pelearme él solo, para probar a sí mismo y a sus muchachos, y más que nada a su territorio, que tenía corazón. Se apartó de la entrada y me preguntó, —¿Una pelea justa, gringo?

—OK, —respondí—, echa pa'lante, y que salga como salga.

Pensé, *tengo que ganarle bien, pero no tan bien como para quitarle todo su prestigio. Este tipo tiene corazón.* Se me tiró encima. *Déjalo que saque sangre primero*, pensé, *pues la cuadra es suya.* Empezó a chorearme sangre de la nariz. Sus muchachos lo aclamaban, y su corazón se regocijó. —Gasta a este pendejo, —gritó alguien.

OK, beiby, ahora me toca a mí. Me tiró un puño. Lo agarré inocentemente y con la frente le aplasté la nariz. Se le cruzaron los ojos. Quiso arañarme los ojos, pero su dedo fue a parar en mi boca —*cronch*— lo mordí duro. Al retirárseme, le di un puño en la boca, y él me devolvió una patada en el pecho.

Nos separamos; chorros rojos me salían de la nariz, el pecho me latía rápidamente, pero lo de su dedo —bueno, eso no era problema mío. Le metí muchos puños duros al cuerpo, él me agarró, y nos caímos a la calle. Yo luchaba por ser aceptado, él por rechazarme, o peor, por aceptarme bajo sus propios términos. Me sonreí con él. —Tienes corazón, beiby, —le dije.

Me respondió con un puño a la cabeza. Gruñí y empecé a golpearlo con fuerza, más duro. Para que no hubiera malentendidos, tenía que respaldar mi oferta de paz con fuerza brutal. Lo golpeé en las costillas. Le froté las orejas con mis nudilleras mientras nos agarrábamos. Intenté de nuevo, —Tú bregas bien.

—Tú también, —contestó entre los dientes, descargando presión. Y ahí en ese instante se acabó la pelea. No se dijo nada más. Nos separamos, con miradas amenazantes. Mi corazón voló —*Ya estableciste tu reputación. Quítate del medio, Calle 104. Abre tus alas, ahora soy yo uno de tus pollitos.*

Después de cinco segundos me iniciaron, presentándome al grupo selecto de la calle. Ahora ya no habían más miradas vacías; me aceptaban de corazón.

—¿Cuál es tu otro nombre, Johnny Gringo?

—Piri.

—OK, Piri, ¿quieres unirte a mi pandilla?

—Seguro, ¿por qué no?

Pero la verdad era que había pertenecido a su pandilla desde el día de la mudanza cuando les di esa mirada suave. *¡Qué chévere soy!* pensé. *Pude haber acabado a Waneko en cualquier momento. Soy un malote, soy puro corazón. ¡Echando pa'lante!* Coño, claro que yo había tenido miedo, pero eso ya se acabó. Había cruzado la barrera; y éste era mi bloque ahora.

Sin embargo, nunca me podría relajar. En Harlem siempre se vivía al borde de perder la reputación. Se necesitaba nada más que una situación donde perdieras corazón.

Había tiempo en que todo marchaba bien. Pero como es la vida, siempre tenía que ocurrir algo. Era entonces que nos poníamos a bregar. Hubo una vez que estaba reclinando contra la barandilla de la entrada de mi edificio, con Luisito, Waneko, Indio y los demás muchachos, cuando apareció Crip, el que era pequeño, trigueño y lisiado desde nacimiento, corriendo. Crip nunca corría si podía caminar, por eso supimos que se trataba de algún problema. Habíamos estado metiendo embustes de lo malote que éramos en las peleas, en el amor, exagerando lo que era y lo que no era. Dejamos de hablar todos a la vez, esperando que Crip nos pusiera al tanto de lo que estaba pasando.

—Ay, esos hijos-de-la-gran-puta, por poco me matan, —se quejó.

—Cógelo suave, hombre, —aconsejó Waneko—, ¿qué te pasó?

—Solamente estaba caminando por el territorio de esos cabrones los Jolly Rogers. Y me encontré con un par de sus gevas, que eran tan simpáticas que le toqué el culo a una y le pregunté que si quería echar un polvito*. Imagínate, na' más por eso empezó a llamar a sus panas. —Según iba hablando, Crip actuaba todas las movidas de su escape por los pelos. Movimos las cabezas con simpatía, pero sin mostrar que estábamos impresionados —él no llevaba seña alguna en el cuerpo. Una carga de patadas no te deja en condiciones de caminar, y hasta menos de correr. Pero él era uno de nuestros panas, y tenía que ser respaldado. Todos miramos a Waneko, el presidente, quien se volvió donde mí, —¿Qué nos aconsejas, consejero de guerra?

Estábamos todos con ganas de pelear. —Estamos listos, —dije en voz baja—, vamos a terminar esta mierda.

Esa noche nos citamos con los Jolly Rogers. Nos pusimos las chaquetas que tenían las iniciales de nuestro club, Los TNT —Los Dinamitas. Debajo del puente de la Avenida Park en la 104, Waneko y yo nos encontramos con Picao, Macho y Cuchi de los Jolly Rogers. Ésta era la frontera que demarcaba los dos territorios. Aunque eran ellos puertorriqueños también, esto no tenía nada que ver, lo que importaba aquí era la lucha para conservar la reputación de ser los más bravos.

—¿Cómo vamos a pelear? —le pregunté a Macho.

Picao, quien yo percibía ser de poco corazón, chilló, —Palos, navajas, pistolas zip*, ustedes escojan.

Lo miré como si fuera mierda y le dije, —Exactamente como lo pensé, no tienes suficiente corazón pa' pelear a puño limpio.

Macho, el presidente, se encojonó y me contestó, —¿Cómo que no tenemos corazón? OK, vamos a bregar con las manos entonces. ¿Mañana a las diez de la noche aquí?

—Está bien. Propongo diez muchachos por ambas partes, ¿OK?

—Está bien, —y se volteó a retirarse con sus panas.

La próxima noche, juntamos a nuestros muchachos. Llegaron todos, a excepción de uno —el *fucking*** Crip. Nos había mandado a decir que no podía asistir a la juntita de las diez de la noche. A su hermanita, Lina la flaca, le celebraban su cumpleaños con una fiesta. Cogimos turnos mentándole la madre por haber parido a un maricón como ése.

La estrategia era sencilla. Nos encontraríamos en el túnel de la Avenida Park, y cada pandilla pelearía con espaldas a su propio bloque, para eliminar la oportunidad de ser atacados de por atrás. Las gevas de los TNT se quedaron sentadas en las entradas, vigilando que no viniera la policía o que los Jolly Rogers no nos sorprendieran con otro plan.

Llegaron a las diez de la noche y vimos a los Jolly Rogers entrar al túnel de la Avenida Park. Nosotros también caminamos en esa dirección. Macho tenía corazón —él no nos esperó en el túnel, sino que cruzó la línea y se metió a nuestro bloque. Se me trincaron las tripas, como siempre me pasaba antes de una batalla, y me sentí la respiración saliéndome en chorritos cortos. Me había cubierto las manos con pañuelos para no cortarme los nudillos con los dientes de los Jolly Rogers. Nos dividimos de dos en dos. Entonces vi al tal Gigante, un Jolly Roger enorme, feísimo, mirándome de arriba abajo.

—Brega ya, hijo de la gran puta, —le grité.

Y él, con más gusto que una puta, se me tiró encima. Sentí que su puño me jodió el hombro. Me alegré, porque con el primer golpe siempre se me aflojaban las tripas tensas. Me agaché y le metí un puño en la barriga. Por una pulgada, no me rompió la quijada. Respondí con dos puños a las tripas, pero me cogió con un cantazo por el lado de la cabeza que me dejó los ojos ardiendo. Me le tiré encima y lo agarré con fuerza, mientras oía los ruidos de puños y patadas y del dolor. Algunos golpes eran bofetadas, otras me dolían poquito. Con la cabeza le choqué la quijada del Gigante. Parpadeó, y tiró un puño, duro que me cogió en la nariz. Sentí que me bajaba algo, y como sabía que no tenía gripe, tenía que ser sangre. Respiré duro para adentro, y tiré derechazos e izquierdazos y le partí los labios a Gigante. Ahora él también sangraba. *Chévere*.

Todos estaban bregando con fuerza. Alguien se metió en medio de nosotros. Era Waneko, que empezó a bregar con Gigante. Me hice yo cargo del Jolly Roger a quien Waneko había dejado abandonado. Era Picao. Aunque había estado peleando desde el principio, sospeché que había sido sin mucho esfuerzo. Me contenté. ¡Qué ganas le tenía yo a ese maricón! Él no se retiró, esperándome. Sentí dolor un par de veces, pero tenía tantas ganas de achocarlo que no me importaba ni un carajo que me golpeara. Entonces sucedió lo deseado. Cogí a Picao en la barbilla con un puño, y lo vi caerse de fondillo y se quedó ahí tendido.

Me sentía como un rey embriagado, y con deseo de pelear con cualquiera. Tenía la fiebre. Estaba por agarrar a Gigante otra vez —Waneko lo estaba gastando— cuando una de nuestras gevas abrió la boca, chillando como una sirena, —¡Cuidado, TNT's, ahí vienen más!

Vimos que llegaban más Jolly Rogers de la Avenida Madison. Estaban gritando como locos y amenazándonos con bates de jugar pelota.

—Vámonos, —gritó Waneko—. ¡Estos cabrones quieren librar una masacre!

Todos paramos de pelear y ambas pandillas se quedaron mirando al grupo de asesinos que corrían por la calle hacia nosotros. Empezamos a buscar salida de ahí cuando algunos de los Rogers nos trataron de detener. Waneko sacó una navaja y empezó a tirar tajadas a cualquier Jolly Roger que pudiera coger. Yo me metí la mano al bolsillo para sacar las nudilleras improvisadas del mango del basurero y le di un golpe a un tipo que sujetaba a uno de mis panas. Se agarró las narices fracturadas y se fue gimiendo por el túnel.

Volamos de ahí, hasta llegar a un edificio. Me sentí mal que esos cabrones nos obligaron a huir, pero seguí corriendo. Llegué al número 109 y subí las escaleras de dos en dos. —Adiós, hijos de la gran puta, —les grité por encima del hombro—. ¡Cantos de cabrones, no tienen corazón! —Choqué la puerta al entrar, agradecido que Mami la había dejado abierta, porque unas pulgadas detrás de mí venían corriendo dos o tres Jolly Rogers, golpeando el aire con los bates.

—¿Qué pasa? —agitó Mami.

Afuera, los Jolly Rogers estaban golpeando la puerta con sus bates, llamándome a que saliera si tenía corazón. Les grité, —Salgo ahora, hijos de la gran puta, déjenme que busque mi pistola.

La verdad es que yo no tenía una, pero la satisfacción de oír los pasos espantados alejándose me hizo sentirme bien chévere.

—¿Qué pasó, muchacho? —preguntó Mami, con una voz temblorosa.

Me reí. —Nada, Mami. Solamente estábamos jugando Ringolevio*.

—¿Y qué te pasa con la nariz? Está toda embarrada de sangre, —dijo mi hermana.

Le di una mirada de malote. —Me di un golpe, —dije, y volviéndome hacia Mami, le pregunté—, Oye, Mami, ¿qué hay de comer? ¡Jesús, qué hambre tengo!

Al día siguiente, estaba de nuevo pasando el macho con mis muchachos, hablando de lo que sabíamos y de lo que no sabíamos, compartiendo nuestros éxitos y fracasos. Eso era parte de lo que significaba pertenecer —lo bueno y lo malo, todo se compartía.

Hablamos de todo un poco, de lo normal, hasta que llegamos al tema de los maricones, que al menear los culos de lado a lado, hacían que hasta una mujer verdadera se viera ridícula. Se relataron unos cuentos improbables acerca de las hazañas de unos maricones. Entonces un verdadero machote, Alfredo, dijo, —Oye, hombres, vamos a subir al apartamento de los maricones a ver si les sacamos dinero.

Todos nos miramos. Él era un poco mayor que nosotros —no por mucho, pero lo suficiente para haber vivido los días adicionales que se requieren para aprender a bregar con todo lo que venga.

—¿Bueno, qué dicen, muchachos? —nos miró—. Coño, no me digan que no se atreven ir.

Con ojos inquietos, pies escarbando la tierra, dedos metidos en la nariz —así estábamos todos, esperando ver quién sería el primero en decir, —Sí, hombre, vámonos.

El machote castañeó los dedos, con mirada de *Hijos de la gran puta, ¿cuál es el cobarde?* Nadie, hombre. Sin decir una palabra brincamos de la entrada, y sonriendo, nos echamos a caminar hacia el edificio de los maricones, arrastrando los pies y mirando de un lado al otro.

El apartamento, que quedaba en el quinto piso, daba frente a la calle. Las paredes del pasillo estaban cubiertas de lata y con la mano, di un golpe, *pam-pa-pam-pa-pa-pam-pa-pa*, al pasar. Tenía miedo pero no iba a mostrarlo. *¿Tú sabes lo que es una mamada? ¿Has oído de los actos que se hacen con los maricones?* Dios mío, había oído decir que habían patos con bichos* más grandes que el tipo machote que se lo metía. *Ay, mierda, no voy a metérselo a ningún maricón hijo de puta. Uy, no voy a embarrarme la pinga* de mierda, ni por todos los chavos* del mundo.*

—Sí, hombre, te dan una buena mamada, —dijo alguien.

—Sarito, —pregunté—, ¿no encuentras que esos maricones son los hijos de puta más enfermos que has visto? —mientras en realidad pensaba, *No quiero ir, ¡no quiero ir! Coño, imagínate, que te jalen el bicho como si fuera un jodido sorbete*. No quiero ir —pero tengo que ir, porque si no, pa'fuera, ya no pertenezco más al grupo. Y ¡necesito pertenecer al grupo! Pon cara de palo, como que no te molesta.*

Las miradas de los muchachos reflejaban mis pensamientos. Ninguno parecía estar muy contento. Pues entonces, ¿por qué seguíamos con el plan de subir al apartamento de los maricones? Porque queríamos pertenecer, y para pertenecer había que hacer lo que fuera necesario.

Simulamos conversaciones leves, de la marihuana, del vino barato, de la música suave del tocadiscos, de todo el dinero que nos íbamos a ganar —pero ni una palabra del pago inicial que tendríamos que dar todos. Estaba curioso de cómo carajo iría a reaccionar. Quise que otro se arrepintiera para que yo también pudiera salirme de la situación, pero yo no iba a acobardarme primero.

Nos acercamos al apartamento. Subí las escaleras hasta llegar al quinto piso, y nos preguntamos si el infierno quedaba en el quinto piso y no debajo de la tierra. Caminamos al revés hacia el apartamento. Alfredo tocó a la puerta e hizo un sonido.

—¿Quién es? —preguntó una voz de mujer.

—Soy yo, Antonia, ábreme ahí.

—¿Quién es, Antonia? —se oyó otra voz de mujer.

—Es Alfredo, —dijo la primera voz.

—Bueno, déjalo entrar, —dijo la segunda voz.

Se abrió la puerta y vi que las voces de mujer les pertenecían a unos hombres.

—Adelante, muchachos, —nos dirigió Alfredo.

El apartamento tenía un olor dulce a perfume y polvo de mujer. Observé el apartamento. Estaba limpio, impecable —igualito a como una buena ama de casa lo mantendría.

—¿Quiénes son éstos, amigos de Alfredo? —preguntó el primer maricón.

—Muchachos, ésta es Antonia, y ésta es Concha, y a la que está en la cama le dicen La Vieja. —Los primeros dos maricones tenían eso de veintipico de años; la Vieja tendría treinta o cuarenta.

—Me llamo Waneko.

—Soy Luisito.

—Indio.

—Piri.

Antonia se sonrió y gesticuló que lo siguiéramos a la sala. Ahí sí que se me abrieron los ojos. ¡Qué sala más chévere! Tenían un tocadiscos, un sofá rojo bellísimo y un bar con botellas relucientes de un aguardiente potente. Las luces eran rojas y azules y verdes.

—Siéntense, —dijo Concha.

Obedeciendo, nos sentamos, mirándonos las caras con sonrisas come-mierda. Antonia puso a tocar unos discos y le subió el volumen. Se oyeron unos rayazos porque la aguja no había caído dentro de la zanjita. —Ay, coño, —dijo Antonia—, esta aguja no sirva pa' na'.

Concha dio una sonrisa de nena y dijo, —Si la aguja ya no sirve, se consigue una más afilada—. Antonia se rió. Al principio a mí no

me entró el chiste hasta que Antonia se meneó y dijo, —Mientras
más afilado, mejor; mientras más largo, más mojado.

Se nos notaba el disgusto en las caras a todos menos en la de Alfredo, que por poco se reventaba de la risa.

—¿Alguien quiere algo de tomar? —preguntó La Vieja desde la
cama. Estaba toda estirada como una reina del cine. Todos asentimos con la cabeza, *sí*. Lo bueno de hacerlo con alcohol —mata todo
tipo de mal sabor.

La escena se desarollaba como algo fuera de la realidad. Corrió el
tiempo y también el licor. Me estaba emborrachando —pero todavía
estaba consciente de lo que estaba pasando. Escuché las conversaciones.

—Era como un animal, —Antonia le contaba a Concha—. Le
dije que por favor lo cogiera suave, pero ese hijo de la gran puta, me
lo empujó tan pa'dentro que por poco me muero. Tanta confianza
que le di, y yo tan chiquita y él tan grande, pero como estábamos a
solas en la casa... Por mucho tiempo no pude caminar sin que me
doliera. Y después de eso, cada vez que nos encontramos solitos, él
me lo hacía. También me enseñaba a hacer otras cosas. A él le gustaba poner su *d'eso* en mi boca. Las cosas siguieron así por un tiempo,
pero sin aviso ninguno se fue y a mí me hizo falta lo que me hacía, y
me puse a buscarme a otro. Ahora dejo que el *super* me lo haga; él
me da dinero, y yo lo visito en su cuarto en el sótano todos los días.

—¿Tú crees que eso es mucho? —Concha protestó—. A mí me
violaron cuatro muchachos una noche...

—No vengas como si eso fuera tan importante, puta, —dijo Antonia—. Tú puedes aguantar eso y cincuenta veces más.

—No entiendes, —insistió Concha, con un tono herido—. Yo estaba mala* y aunque a algunas mujeres no les molesta hacer el amor
cuando están así, yo no soy una de ellas. Me incomoda demasiado.

Si tuviera los ojos cerrados, hubiera jurado que los que hablaban
eran gevas de verdad.

El whisky se me había subido a la cabeza y los otros sonidos locos
se nublaron sin ocultarse completamente. Cerré mis ojos y escuché

refranes dulces en un ambiente decididamente no natural. Olí una dulzura mezclada con acritud en el aire, un olor inconfundible —la yerba: esas hojas verde-oscuras que habían sido liberadas de sus semillas. Al quemarse, el olor fuerte se te pega encima aun después de salir de ese ambiente.

—¿Quieres un poco? —escuché decir una voz cercana.

Abrí el ojo un poquito. Vi una mano, y entre sus dedos tenía un pito* de marihuana. Sin mirarle la cara, cogí el pito entre los dedos. Oí la voz femenina decir, —Te va a gustar esta yerbita. Es muy buena.

Sentí el tamaño del pito. Era gigantesco. Me lo acerqué a los labios y ahí mismo se me esfumó la indecisión. *Se me iba, se me iba, se me fue.* Me iba a arrebatar*. Respiré. Aguanté la nariz, me tapé la boca. Me iba arrebatando, arrebatando... Y de repente se acabó el pito, y lo que quedaba era una colilla quemada.

Los pensamientos empezaron a volarme por la cabeza, pensamientos de otros tiempos. Las palabras chocaban en una carrera loca. *Oye, mundo, ¿sabes que estas calles bravas son como una máquina sacadineros, que te quita, te quita más y te sigue quitando todo, hasta que te quieres olvidar de los días? Pero también tiene cosas buenas esta vida, hombre. Andar junto con tus muchachos y sentirte como un rey. Estar dispuesto a hacer cualquier cosa, aun cuando tengas tanto miedo que el sudor se te brota por todo el cuerpo y el corazón valiente se te quiere escapar por los poros... ¡Hombre! Te encuentras con tus muchachos y juntos se buscan una fiesta donde pueden bailar toda la noche. Caminas por esas calles y te sientes alto y fuerte. Te das cuenta que la gente te está mirando y el brinco de tu paso se intensifica. Con suavidad, dejas que tu cigarrillo se te cuelgue entre labios apretados, sin encenderlo, y cuando hablas, tu voz suena suave y profunda. Te rozas los hombros con tus muchachas al pasar cerca de ellos. Desde las bodegas, los restaurantes y las ventanas abiertas se oye verterse la música y te sientes pero requetechévere con la grandeza de los sonidos. Puedes ver el edificio de cinco pisos, todo desbaratado, donde se está llevando a cabo un baile. De costumbre, das un vistazo suave* por todo lugar para asegurar que no anden Jolly Rogers por ahí, que vayan a empezar a joder con su mierda. Pero no hay nadie así, y tú y tus muchachos suben las escaleras, y el sonido de los zapatos al golpear las largas y muertas escaleras de madera dejan la impresión de ser un ejército joven en camino a la guerra. Son nada más que nueve muchachos, pero cada uno es un verdadero machote. Puedes pensar en cuántos panas tienes y ver que tienes de sobra.

La cosa se encuentra en el quinto piso. El piso gime y se queja bajo el peso de los suavesones, meciéndose todos al ritmo de la música. Ves que la puerta del techo está abierta y hueles el humo de la marihuana, un olor a hojas quemadas. Tú y tus muchachos se miran, ya sabiendo que todos tienen la misma idea, y suben juntos a la azotea. Los pitillos, escondidos en los sombreros, aparecen por todas partes. Pronto no se oye nada más que la música y el SSSSS de los tipos fumando, fumando y fumando.

Te llega esa inmovilidad, como una goma elástica que se te aprieta por la frente. Sientes la nuez de la garganta hacer un acto de sube y baja —gulp, gulp, gulp— y ahora estás chévere, ¡coño! Eres fino, suave. Te sientes liviano como el aire, con tu cabeza así. Te gusta la agudeza de tus oídos al escuchar el mambo que sube por las escaleras. Oyes cada nota claramente. Puedes distinguir entre un instrumento y otro —bongós, congas, flauta, piano, maracas, marimba. Meciéndote con todo el cuerpo y alma, mantienes el ritmo, y de repente estás en el medio del piso con una muchacha; y la música está suave y ella es aun más suave, y bailas muy sensual con ella, sintiendo todo su calor. ¡Viva, viva, viva!

En ese momento llegan los Jolly Rogers y todos empiezan a bregar. Tus muchachos están peleando y tú te metes con ellos. Las botellas vuelan, pegándole a todo menos a las paredes. Sientes que alguien te mete un maldito puño en la maldita boca y se te parte el maldito labio y pruebas el sabor dulce de tu propia sangre —y de repente estás contento de haber venido. Estás contento que fumaste yerba, estás contento de que alguien te metió un puño en la boca; estás contento porque tienes otra oportunidad de probar que tienes corazón. Gritas con cora-

je y la boca se te llena de "¡hijos de la gran puta!" y tiras con los puños.
¡Ay, chévere, a ése se le rompió la nariz!

Todos están gritando; se oyen ruidos de las patadas que llueven
sobre los caídos; se oyen los gritos de las muchachas, "Policííííí-aaaa-
aa", por las ventanas abiertas. Entonces se oye la sirena de la policía,
como el aullido de una perra. De repente se acaba la pelea totalmente
y todos respetamos la ley. Abandonamos todos el lugar como si hubiera
habido un incendio. Aunque el odio entre nosotros todavía existe, el
odio que le tenemos a la policía es aun mayor.

Se escapan todos en diferentes direcciones, por las azoteas, por los
patios. Te sientes tan bien porque sabes que cuando los policías suban
esos cinco pisos van a encontrar nada más que un tocadiscos tocando
un bolero triste puertorriqueño titulado, "Adiós, hijos de la gran puta".

¡Coño! Pero lo mejor es regresar caminando a tu cuadra, y relatar
los cuentos de cuánto corazón se mostró en la pelea. Revives las mira-
das admirantes y el calor de golpes recibidos y dados. Y cada tipo re-
gresa a su apartamento para dormir un poco, sus sueños endulzados
con la seguridad de haber mostrado tener corazón. Sí, hombre, la ver-
dad es que jodimos bien a los Jolly Rogers... sooommm, sooommm...

Volví al presente.

Todavía estaba en el apartamento de los maricones; las luces
rojas, azules y verdes todavía estaban prendidas. Oí tocar un disco de
Charlie Christian, quien tocaba la guitarra. Alfredo estaba bailando
con Antonia. Indio me metió otro pito en la mano. Me lo fumé hasta
que no quedaba nada, cerré los ojos y me quedé dormido.

Me desperté porque alguien me estaba tocando donde sólo yo o
una muchacha debieran de tocar. Volví a la realidad con el cuerpo
bien relajado. Sentí que me bajaban el zíper del pantalón y unas
manos frías me sacaban el bicho. Me lo empezaron a jalar pa'rriba y
pa'bajo. Abrí los ojos a una escena de sombras nubladas y miré al
dueño de los dedos fríos. Era Concha.

Traté de levantarme y huir de aquellos dedos que me apretaban,
pero no pude; estaba paralizado. Empecé a empujar esos dedos que
me tenían agarrados, pero sólo apretaron con más ardor. Traté de

que no se me parara el bicho pero ese sinvergüenza se paró independientemente. Aunque a mí no me gustaba esta escena, al bicho sí le
interesaba. Yo estaba inmóvil.

Miré la locura que se desenvolvía delante de mí. Antonia se los estaba chupando a Waneko y a Indio a la misma vez. Alfredo estaba
metiéndoselo a La Vieja. Los alambres de la cama chillaban como
un millón de ratones. Waneko tenía los ojos cerrados y estaba respirando duro. A Indio se le veía la cara pálida y azorada y como en
espera de algo, pero ya su cuerpo se le movía al ritmo de las barbari-
dades que le cometía Antonia. A mí el cuerpo se me puso tenso,
igual como el de Indio. Coño, ya era demasiado tarde. Se me trincaron las tripas y sentí un calor mojado. Vi que el bicho se me desapareció en la boca de Concha. Me asustaba esa lengua áspera aunque a
la vez me estaba dando placer. *Me gustan las gevas, me gustan las
muchachas, me gustan las mujeres,* canté por dentro. Me sentía raro,
un poco mareado, débil, vago, agotado y tambaleando. Casi me puse
a gritar. De repente oí sonidos de chupar y todo ahí se me terminó.

Concha se fue. Quedé solo, débil y confundido. —Toma, nene,
—dijo alguien, ofreciéndome un pito de marihuana. Cogí el pito y
me levanté. Olí el olor a mierda y oí que Alfredo decía,

—So canto de maricón sucio, ¡te me cagaste encima!

—Sí, perdóname, —dijo La Vieja—, es que no me pude contener.

—¡Pato sucio!

Coño, necesitaba aire fresco. Oí los últimos sonidos del coraje de
Alfredo que le pegaba golpes a la vieja, *blap, blap, blap,* y el gemido
del maricón, —¡Ayyyyiii, no me pegues, no me pegues!

Subí a la azotea y me llené los pulmones de aire fresco lo más que
pude. Me hubiera gustado lavarme la nariz para sacarme la peste.
Me sentía bien y mal a la misma vez. Me sentía fuerte, pero desan-
grado. No me había gustado la escena, pero si un tipo quiere vivir
una vida plena entonces lo tiene que hacer con todo el corazón;
tiene que desear esa vida, sentirla. No es fácil resisitir la presión con
una mano mientras que con la otra te aguantas los pantalones. A

veces uno tiene que inventarse las reglas del juego por el camino y tienes que bregar con lo que haya o lanzarte de una ventana del piso más alto.

Encendí el pito. Coño, la escena completa fue un sueño, como si no hubiera sucedido. Me asomé por la orilla de la azotea y dejé caer bombas imaginarias a la gente abajo. Me sentía bien, como si estuviera volando, como si estuviera navegando un barco de velas.

Decidí ir andando por la Quinta Avenida y para abajo, hacia el centro de Manhattan y a las calles donde habían edificios grandes de los ricos con porteros suaves. Donde habían hombres ricos que eran aun más suaves. *¡Qué buena idea ésa*, pensé, *poder vivir frente al Parque Central!* Traté de no sentirme demasiado celoso. Después de todo, como dice la gente, el tener dinero no es todo —sólo el 99 por ciento de la vida y el otro por ciento era la muerte, nada más. Y lo único seguro que tenía la vida, era la muerte.

Crucé la Quinta Avenida y entré al campo abierto del Parque Central. ¡Qué magnífica sensación! Caminé rumbo a las lomas y escogí una grama verde debajo de un árbol chévere y me acosté boca arriba, saboreando el cielo azul entremezclado con las hojas densas. Se desvaneció así la tarde. Sin mirar, sentí alrededor de mí, mis manos andando en busca de un palito o una hoja de esa yerba del Parque Central para chupar, como lo hacen en las películas de vaqueros.

Coño, ¡que chévere, pensé, acostado aquí na' más, como si éste fuera mi mundo entero! Algún día voy a comprar este país que es el Parque Central —y todos podrán entrar, pero solamente si prometen no masticar más de un palito o una hoja de esa yerba del Parque. Considerándolo otra vez, decidí que no todos podrían entrar, sólo personas igual que yo. Junto a los letreros de "No Se Permiten los Perros" habría también uno que dijera "Sólo Se Permiten Personas Como Yo". Quitaría el letrero, "No Pise la Grama". Y ya que haría eso, también tumbaría los que dicen "No Se Permiten los Perros" y "Coloquen el Desperdicio de Su Perro en la Cuneta". Quizás pondría uno que dijer, "Coloque el Desperdicio de los Humanos en la Cuneta". Hombre, si

éste va a ser el país del Parque Central, mejor hacer las cosas bien
desde el principio. Déjame ver, "No Se Permiten las Peleas", o mejor:

AQUÍ SE PERMITEN PELEAS DESDE LAS:
9:00 P.M. A LA 1:00 A.M. DE LUNES A VIERNES
1:00 A.M. A LAS 6:00 P.M. LOS SÁBADOS
NO SE PERMITE PELEAR LOS DOMINGOS.
DÍA DEL SEÑOR.

7

La escuelita roja

Cuando eres niño, todo tiene un significado especial. Yo siempre podía encontrar algo que hacer aunque sólo fuera el no hacer nada. Pero asistir a la escuela, eso era otra cosa. La escuela era una jodienda. Odiaba la escuela y a todos sus maestros. Odiaba las miradas frías de los maestros y las largas horas que éstos me quitaban de la vida, desde las nueve de la mañana hasta las tres y media de la tarde. Mi preferencia era estar afuera, no importa el tiempo. Los que trabajan y estudian son puros pendejos, nada más.

Cada día comenzaba con la lucha de sacarme de la cama para ir a la escuela. Mami tocaba el mismo disco rayado todos los días: —Piri, ya es hora de que te levantes, es hora de ir a la escuela. —Y yo tocaba el mío: —Ay, Mami, yo no me siento muy bien. Creo que tengo fiebre o algo.

La conclusión siempre era igual: yo me levantaba e iba a la escuela. Pero no siempre permanecía ahí. A veces, me presentaba para que la maestra me marcara presente y entonces empezaba el juego de escaparme del salón. Era como fugarme de alguna prisión. Esperaba hasta que la maestra nos diera la espalda, y entonces me salía del asiento —y estilo gusano, me arrastraba de barriga hacia la puerta. Los otros muchachos me podían ver y hacían todo lo posible por

no reventar a carcajadas. A veces, para tratar de llamarle la atención
a la maestra, un jodón hacía un ruido. Cuando sucedía esto, yo me
quedaba bien quieto, acostado entre las filas de pupitres, hasta que la
maestra se volviera a lo que él o ella estuviera haciendo.

Llegaba a escondidas a la puerta, la abría con cuidado, y ¡*suooom*!
¡Estaba libre! Éste sí que era un juego cheverote, poder salir a la vista
de las otras clases, sin ser detectado por los demás maestros o los mo-
nitores.

Una clase que a mí no me gustaba se llamaba *Clase al aire libre*.
Era para muchachos flacos, de bajo peso. Un par de veces al día por
media hora, teníamos que tomar una siesta, y de comer nos daban
leche extra y gelatina de fruta y mantequilla de cacahuate en un pan
de trigo integral. La maestra, Srta. Shepard, parecía una uva reseca-
da. Un día levanté la mano para pedir permiso para ir al baño, pero
ella no me prestó atención. Después de un rato, el dolor era tanto
que llamé, —Srta. Shepard, ¿puedo salir del salón?

Me miró e indicó que no con la cabeza.

—Pero tengo que usar..., Srta. Shepard.

—Acabas de usarlo hace poco, —me dijo.

—Lo sé, Srta. Shepard, pero tengo que usarlo otra vez.

—Pienso que es pura tontería, —dijo la puta vieja—. Tú nada
más quieres una excusa para jugar en los pasillos.

—No, Señorita, solamente quiero mear.

—Pues, aguántalo, porque no puedes salir.

Tanto tenía que orinar que las lágrimas se me formaron en los
ojos, correspondiendo con las gotas que a la misma vez empezaban
su espectáculo mojado al bajar por mi pierna. —Pues, voy de todos
modos, —y empecé a caminar hacia la puerta.

La Srta. Shepard se levantó y me gritó que regresara a mi asiento.
No le hice caso.

—Vuelve al asiento, joven, —berreó—. ¿Me oíste? Regrésate...

—¡Jódase! —balbuceé. Alcancé la puerta y sentí que sus manos
me agarraron y sus uñas se me engancharon al dorso del cuello de la
camisa. Mi camisa limpia, lavada un millón de veces, se despedazó
en sus manos.

No le pude ver la cara con claridad cuando di la vuelta. Sólo pude pensar en esta camisa rota que ahora me dejaba con nada más que dos. La culpa la tenía esta bruja de que mis pantalones estuvieran mojados y que los mea'os calientes me chorreaban por la pierna. Podía oír los demás alumnos riéndose y el latido de la rabia de sentirme avergonzado. No consideré que fuera una mujer, sino que lancé para golpear. Y le di un pequeño puñito.

—¡Ayyyy, me golpeaste! —gritó, más de sorpresa que de dolor.

Pensé, *Embustera, canto de mentirosa jodona. Sólo te di un puñito.*

—¡¡Me lastimaste, me golpeaste!! ¡Auxilio, socorro! —gritó a todo volumen.

Yo me desaparecí. Hombre, corrí como loco por el pasillo abajo y ella se me vino detrás, gritando, *Auxilio, auxilio.* Sentí miedo y no podía pensar en nada más que volver a donde se hallaba Mami, a mi casa, mi cuadra, donde nadie me pudiera hacer daño. Corrí hacia las escaleras y las encontré bloqueadas por un hombre, el Director. Angulé hacia las escaleras de atrás.

—Deténganlo, deténganlo, —la querida Srta. Shepard gritó, mientras apuntaba hacia mí con su dedo—. Él me golpeó, ¡me golpeó!

Miré por encima del hombro y vi que el Director le hablaba rápidamente a la maestra y luego se me vino detrás, gritando, —¡Alto, alto! —Brinqué las escaleras y descendí, como si fueran todas un escalón grande. El Director corría rápidamente y yo lo oía maldiciendo, ya casi encima de mí. Llegué a la puerta del piso principal que le abría al comedor y salté por encima de los bancos y las mesas, tratando como loco de lograr que el Director tropezara y se rompiera una pierna. Oí un suprimido grito de dolor del Director, al golpearse en las espinillas con un banco.

Volví a mirar sobre mi hombro y le vi la cara. La mirada decía que me iba a caer encima; que no iba a escuchar mi versión de la historia; que yo no tenía versión. Decidí no ser capturado.

Por poquito me rompo las piernas yo al correr hacia la puerta que conducía afuera, a la libertad. Y con las dos manos por delante, le pegué a la barra de latón que abre la puerta. Detrás de mí oí un cantazo al chocar el Director con la puerta. Seguí corriendo por la cuadra pa'bajo, y me pude robar un vistazo. El Director estaba a unos pies de mí, su cara rabiosa y enrojecida. La gente se quedaban mirando a la partida desigual.

Llegué a mi edificio, y corrí a toda velocidad por el pasillo, pidiendo socorro a toda boca. Mis vecinos abrieron las puertas de los apartamentos, revelando las cabezas con ojos azorados, gente de todos colores. —¿Qué pasa? —preguntó una mujer puertorriqueña—. ¿*Was happening?* —preguntó otra señora morena.

—Me quieren dar una carga en la escuela y éste es uno de ellos, —soplé, apuntando hacia el Director, que apenas entraba al pasillo.

—No, no, no, no, señor, no permitiremos que te haga daño, hijito, —dijo la mujer morena, la Sra. Washington. Me empujó suavemente para esconderme detrás de ella con una mano, y la otra mano se la puso en la cara del Director, quien bramaba hacia nosotros.

El Director, bloqueado por las 280 libras de la Sra. Washington y por la mirada de *Ni se atreva a tocar a este muchacho*, paró de repente y sopló, —Ese... muchacho... golpeó a una maestra. Lo tenemos que castigar. Ante todo, la disciplina escolar es...

—Cójalo suave, hombre blanco, —interrumpió la Sra. Washington—. No hay nadie que va a castigar a este muchacho. Yo lo conozco y sé que es un muchacho bueno —por lo menos bueno en comparación con lo que sale de este barrio basurero— y Ud. no le va a hacer nada a él a menos que no me pise a mí primero.

La Sra. Washington estaba hablando como una malota. Me robé una miradita desde mi sitio escondido detrás del fondillo tremendo de la Sra. Washington.

—Señora, le aseguro, —dijo el Director entre pausas para respirar—, que no pienso hacerle daño en el sentido físico. Y si Ud. conociera todos los factores, estaría de acuerdo que el joven necesita ser castigado. Como el Director de su escuela, es mi mejor deseo tener siempre presente el bienestar de los jovenes. Já, já, já, —agregó—, Ud. sabe, como dice el refrán, "Una puntada a tiempo ahorra nueve luegito". Já, já, já... jrrrmmp.

Entendí que donde me quería poner esa puntada era en la cabeza.

—Le aseguro, señora, —continuó, con una sonrisa suavecita—, no tenemos ninguna intención de hacerle daño físico.

De nuevo me robé una miradita desde el dorso de la Sra. Washington. —Sí, eso es lo que me dice ahora, —inyecté—. Y ¿qué de todas las veces que Ud. lleva a los muchachos a su oficina por cualquier mierdita y con ese dedo, empieza a puyarlos hasta que ya no pueden aguantar más?

El pasillo se había llenado de gente. Todos estaban escuchando, y yo lo sabía. —Sí, pregúntele a cualquiera de los muchachos, —añadí—. Ellos se lo dirán. —Con carita arrepentida miré al gentío que se había formado. Algunos murmuraban cosas despreciables, mientras le daban miradas al Director para comunicarle que en esta tierra ya no le quedaba mucho tiempo más para vivir.

Sintiendo que un linchamiento estilo Harlem estaba por suceder, le dije, —Y—Ud—no—me—lo—va—a—hacer—a—mí. Voy a coger mi pistola cuarenta y cinco y...

—Cállate la boca, muchachito, —dijo la Sra. Washington—, no estés hablando así. Nosotros los adultos lo vamos a arreglar todo. Y nadie te va a puyar el pecho con el dedo, —y le dio una mirada de piedra al Director, al agregar—, ¿verdad?

La sonrisa falsa del Director fue la más débil del mundo. —Le, le, le... aseguro, señora, que este joven tiene una labia para la prevaricación que jamás he visto.

—¿Qué quiere decir con eso? —preguntó la Sra. Washington, sospechosamente.

—Este, quiero decir que tiene una buena imaginación, señora. Ajá, sí, ajurmpf.

—Eso es mentira, Sra. Washington, —dije—. Él siempre le está diciendo eso a los muchachos. Le preguntamos lo que quería decir a la Sra. Wagner, la maestra de historia, y nos dijo que significaba ser mentiroso. Él está diciendo que yo soy un mentiroso.

La mirada del Director parecía decir *Sinvergüenza*, *cabrón*, pero solamente se sonrió y no dijo nada.

La Sra. Washington estaba diciendo, —Si aquí se va a puyar a alguien, el puyamiento lo vamos a hacer nosotros—, y le dio una miradá amenazante al Director. El gentío lo miró igual. Se podían percibir los inicios de ruidos con más fuerza, que significaban, *¿Es así que nos tratan a los muchachos en la escuela?* y *Pues, ¿qué más podemos esperar, si a esta gente blanca no les importa un carajo un muchacho nuestro?* y luego murmullos de *Si se atreven a tratar al mío así, les voy a...*

El Director, con una sonrisita, empezó a retroceder.

Escuché la voz de Mami, —Piri, Piri, ¿qué está pasando?

—Todo está bien, Sra. Tomás, —le aseguró la Sra. Washington—. Este hombre estaba tratando de golpear a su hijo, pero no lo dejamos, porque le dije que le partiría la cabeza en dos si lo intentara.

—La Sra. Washington desplazó su peso hacia el frente. —Carajo, ¡todavía me quedan ganas de hacérselo! —añadió.

El Director, recordando que "una retirada a tiempo es una victoria", se marchó discretamente de una vez.

Todos trataron de calmar a Mami. Me sentí como si todos ahí fueran familiares. Dejé que Mami me llevara arriba a nuestro apartamento. Al pasar, todos me palmearon la cabeza.

—Mañana te presentas a la escuela con tu padre, —dijo Mami.

—No, Mami, —dije—, Ese Director me va a puyar el pecho con ese dedote que tiene.

—No, muchacho, no lo hará. Tu padre irá contigo y todo se arreglará.

Solamente moví la cabeza, y pensé *¡qué bueno sería si la Sra. Washington pudiera ir conmigo!*

8

Negociantes

Como una brisa chévere, me caía bien vivir en el edificio número 109. Conocía a casi todo el mundo en la cuadra, y si no, ellos me conocían a mí. Cuando iba a la barbería, José, el barbero, me preguntaba, —¿Estilo nuevo o un recorte?

A él le gustaba un recorte porque dentro de tres minutos nada más podía ganarse sus cincuenta centavos. Pero yo siempre le daba mucho que hacer, y le decía, —Dámelo todo, con la parte de atrás cuadrada.

—Ay, coño, —refunfuñaba y empezaba a cortarme el pelo y a respirar con aliento apestoso encima de mí, de maldad, mientras que yo, también de maldad, no le hacía caso.

El ser muchacho, nada más, sin ser diferente de todos los otros muchachos, se sentía bien. Aun cuando dormías en casa de otro, era casi como estar en tu propia casa. Todos los residentes del Barrio tenían en común la experiencia de los hijos, las ratas y las cucarachas. La vida estaba llena también de momentos felices —cuando desde las ventanas de los apartamentos viejos escupíamos encima de los peatones que pasaban abajo, sin que ellos sospecharan nada, o cuando le disparábamos a algo con una honda o con los rifles BB Red

Ryder. O cuando vigilábamos a los vecinos, mientras peleaban con las ventanas abiertas o hacían el amor con la cortina medio abierta.

En el verano caluroso, lo mejor era dormir en la escalera de incendios. A veces me desvelaba toda la noche pensando en todas las cosas buenas que haría cuando fuera adulto: comprar ropa bonita para vestirme de campeón urbano, regresar a la cuadra y comprarles cuchifritos a todos los muchachos, poner un montón de vellones en la vellonera, y ayudarle a cualquiera que lo necesitara, ya sea un tecato o un cura. Yo sí tenía sueños grandes; éstos no costaban nada.

Por la mañana, me paraba en la Calle Lexington en el Barrio, rascándome con un dedo que tenía metido en el roto del bolsillo del pantalón, mientras que zumbaba, —¿*Chain, Míster?**, le pongo las botas bien limpias, sólo le cuesta quince centavos. ¿*Chain, Míster?* —Era difícil brillar zapatos y aun más difícil asegurar que otro tipo ambicioso, que se levantara más temprano que uno, no me quitara de la esquina. Tenía que estar dispuesto a joder a un tipo; esa esquina no era mía solamente. Tenía que ganármela cada vez que brillaba zapatos en ese lugar. Cuando encontraba a un cliente, jugábamos los dos nuestros respectivos papeles. El cliente, alto y distante, se sonreía, —Dame un brillo, joven, —y yo le respondía—, Sí, señor, le voy a dar uno, que se va a tener que ponerse unas gafas para poder contemplar el reflejo.

Con las rodillas guayándoseme contra la acera arenosa, adoptaba un aire serio, de comerciante. Cuidadosamente pero con confianza, sacaba mis trapos, el betún y los cepillos. Y suave como una brisa, mi cliente recibía el tratamiento completo. Le subía el ruedo del pantalón —Así no se le embarra con betún—, le enderecé las medias, le daba unas palmeaditas en el zapato, asegurándole que estaba en buenas manos, le soltaba los lazos y se los volvía a amarrar. Entonces me limpiaba la nariz con un dedo delicado, cogía mi cepillo, y raspaba la primera capa sucia de mugre. Abría la botella de anilina —se la untaba, le sobaba el zapato, lo limpiaba, y otra palmeadita. Entonces abría la lata de betún —con tres dedos se lo untaba, *pit-a-pid-pat-a-pid.* Cuando él no estaba mirando, escupía en el zapato, untaba

más betún, y lo dejaba secar, palmeaba la suela del zapato, me sonreía con el Sr. Propina Grande (mi esperanza), y —El otro, señor.

Repetía el proceso entero con el otro zapato. Luego cogía el cepillo y frotaba los pelos muy duros contra la palma de mis manos, científicamente, para calentarlos, para que se derritiera la cera del betún
negro y rindieran un brillo suave y sin pelotas. Miraba disimuladamente de lado para ver si el Sr. Propina Grande estaba observando
mis métodos modernos de limpiar botas. El jodón estaba mirando. A
menos que no me observara, yo no seguía.

El zapato empezó a brillar un poco —más saliva, más betún, más
cepillo, un poco más saliva, un poco más betún, y mucho pasarle el
trapo. Repetí lo mismo con el otro zapato. Cuando el Sr. Propina
Grande empezó a escarbar en su bolsillo, me preparé para el punto
culminante de mi acto.

Justo cuando él dijo, —Quedó bien el brillo, joven, —yo le dije—,
Espérese, no he terminado todavía, señor. Tengo un servicio especial, —y metí los dedos pintados de negros del betún a un rincón oscuro de mi caja de limpiabotas, y saqué un frasco de *Lanolina
especial para la mejor conservación del cuero*.

Le unté un poquito, dos o tres gotas, pausando lo suficiente antes
de decir confiadamente, —No se puede untar demasiado, porque
daña el brillo. Tiene que ser así mismo—. Entonces con firmeza
agarré el trapo, como un conductor maestro con su batuta, y cantu-
rreando al compás de un ritmo contento que palmeaba en los zapatos, le puse un *suisssss* final aquí y ahí, y ¡mira! —terminado.
Sudando del esfuerzo de mi creación, lentamente comencé a levantarme de las rodillas, doblado de la tensión, mi mano extendida disimuladamente con la palma para arriba, y murmuré, —Quince
centavos, señor—, pero con una mirada como quien dice, *Pero ¿no
piensa que vale mucho más?* El Sr. Propina Grande dejó caer una pe-
seta y un vellón (30 centavos) en el plato de ofrendas, y le dije, —Mil
gracias, señor, —pero pensé, *Cógelo suave*, mientras que al retirarse,
me le quedé mirando a su espalda.

¿No era maravilloso trabajar para vivir? Calculé cuánto tiempo de

brillar zapatos me tomaría para ganar mi primer millón. Demasiado.
Tendría yo eso de 987 años de edad. Robándomelo quizás lo conseguiría más pronto.

En Harlem, el robar era algo casi natural —y usualmente algo
hecho acompañado. Algunos de estos robos ocurren de tal manera
hasta poder calificar como un hecho de la naturaleza. Por ejemplo,
un caluroso día del verano decidimos empezar un sindicato de vendedores de limonada. Harlem se derretía bajo el fuego del sol. Las
entradas de edificios y las escaleras de incendios se quejaban bajo el
peso de tantos seres humanos, gente llena de sudor, que buscaban
cómo salir de sus apartamentos, que parecían hornos. Sentados en
la entrada del número 109, estábamos leyendo cómics, cuando
Luisito dijo, —Oigan, mira lo que dice aquí en el *cómic* acerca de
estos muchachos que montaron un sindicato para vender limonada y...

—¿Ganaron dinero? —pregunté.

—Sí.

—Vámonos, vénganse.

—¿Pa'dónde, Piri?

—A ganar dinero.

—¿Cómo?

—Bobo, como en el cómic. Vamos a vender limonada.

—No tenemos los chavos pa' comprar los ingredientes.

—OK, entre todos, ¿cuánto tenemos?

Ocho muchachos se rebuscaron los bolsillos. Entre todos juntamos catorce centavos.

—Ay, no nos alcanza, no podemos, —dijo Luisito.

—Sí, podemos. Escuchen. Vamos todos al supermercado.

—OK, ¿y entonces qué?

—Bueno, es auto servicio, ¿verdad? Compramos una libra de azúcar y por el lado nos robamos todos los limones y el Kool-Aid que podamos. *Man*, ¿sabes cuántos limones y cuánto Kool-Aid se pueden
robar ocho tipos?

—Sí, pero...

—Pero ¿qué?

—Pero una libra de azúcar no será suficiente.

OK, OK, compramos dos paquetes de Kool-Aid y nos robamos todo el azúcar que podamos, junto con todo lo demás. Pero primero vamos todos a casa para ponernos chaquetas, porque debajo de las camisetas, fácilmente se notan cinco libras de azúcar.

Unos minutos después, ocho tipos, todos sudando dentro de sus chaquetas que brillaban con el nombre de su club, los TNT, entraron al supermercado de uno en uno. De repente, todos engordamos en la forma de bolsas de cinco libras de azúcar y paquetes de Kool-Aid que llevábamos escondidas debajo de nuestras chaquetas.

—Vamos a largarnos de aquí, panas.

—Oye, —preguntó Crip—, ¿No vamos a pagar por las bolsas de Kool-Aid?

—¿Pa' qué? Si vamos a robar, vamos a hacerlo hasta el fin, ¿no creen?

Todo marchó bien, hasta que Luisito, con sus bolsillos repletos de paquetes de Kool-Aid y limones y una bolsa de cinco libras de azúcar, decidió llevarse también un jarro de vidrio.

—¡Oye, tú, muchacho! Suelta eso, —gritó el gerente.

Todos nos quedamos paralizados. Entonces vimos al gerente, que corría hacia Luisito.

—¡Píntense*, muchachos! —grité, y todo se puso a sálvese quien pueda. Algunos dejaron caer el azúcar y habían paquetes de Kool-Aid tirados por toda la tienda, pero no agarraron a nadie. Después que regresamos a la cuadra, salimos al patio de atrás y contamos lo que habíamos cogido.

—¿Cuánto tenemos, Piri?

—Deja ver... catorce, diecisiete, veinticuatro, veintisiete... veintisiete paquetes de Kool-Aid, catorce limones, y cinco bolsas de azúcar, cada una de cinco libras.

—Y un jarro de vidrio, —añadió Luisito.

—Unhunh, —le dije—, y por poco nos agarran las joyas por tú coger eso—. Él había sido el único que se había robado un jarro de vidrio, junto con todo lo demás, y por eso nos llevaba una. Nos sonreímos con él pa' quitarle el coraje a las palabras. A pesar de todo, él había hecho lo mandado, y más, como hacían los soldados chéveres en las películas de la guerra.

—OK, vámonos, —les dije—. El negocio está abierto.

A la hora, habían cuatro quioscos de limonada esparcidos por el barrio, dos tipos atendiendo cada uno. Hicimos tantas ventas, a cinco centavos el vaso, que pronto se nos acabó la limonada. Nos juntamos para contar nuestra plata.

—¡Coño, qué mucho!

—Sí, tenemos $4.75, $5.25, $8.00... ¡vaya! ¡Tenemos $8.35, $8.37!

—¿$8.37? ¿Cómo salió en $8.37? —Crip preguntó—. Lo estábamos vendiendo a cinco centavos el vaso.

—Oh, ése fui yo, —dijo Luisito—. Mi geva sólo tenía dos centavos, y le vendí medio vaso.

—Pues, no dejes que suceda eso de nuevo, —dije—. Un vellón, o nada.

—Coño, pero si es mi geva...

—OK, sólo para las novias, y les damos el vaso entero por dos centavos, ¿OK?

—Sí, bien, eso está chévere.

—OK, ¿y ahora qué hacemos?

—Pues, se nos acabó el Kool-Aid y todo lo demás, —dije—. Debemos conseguir más.

—Sí, —dijo Waneko—. Y esta vez tenemos dinero para pagarlo.

—¿Pa' hacer qué? —salté—. ¿Te estás poniendo zángano o qué? Si lo pagamos, ahí se quedan las ganancias.

—Tienes razón. ¿No hay otro supermercado A & P más arribita de ése? —Luisito señaló, y dentro de unos minutos ocho negociantes pasaron a escondidas sin pagar por la entrada del tren en la Calle 103 y la Avenida Lexington.

El negocio de la limonada, como el robarse las botellas de leche y entregarlas a cambio de dinero, eran cosas de menudo. Los verdaderos sueños de nosotros abarcaban resultados mayores. Un día estaba en la bodega* con Luisito y Crip, comprando algo para Mami —cogiéndolo fiado, como siempre. Vi al bodeguero meter una bolsita de papel adentro de un saco de arroz. No se dio cuenta que yo lo había visto.

La bodega era un depósito final para los que vendían números y concluí que la recolecta del día se encontraba en esa bolsa. Sería mucho dinero. Le di un codazo a Luisito. —Vaya, hombre, ¿viste eso? —murmuré. Él también lo había visto; los dos nos hicimos los disimulados.

Afuera, hicimos un plan para robarnos esa bolsa. Esto sí que sería un guiso* bueno, y luego habría un viaje a Coney Island, el cine, comida, muchachas —coño, conseguiríamos todito. Al día siguiente, como a la una de la mañana, le quitamos las barras a la ventana de atrás de la tienda. Luisito y yo fuimos a buscar el dinero, y Crip se quedó de guardia.

Una vez adentro de la tienda, decidimos coger todo lo que encontráramos: cigarrillos, dulces, la registradora, todo.

—Avancen, dense prisa, —Crip llamó desde afuera—. La jara puede venir por ahí en cualquier momento.

—Cógelo suave, hombre, casi estamos terminando, —murmuré. Encontramos $40 en la registradora. *Ahora, vamos a buscar adentro de ese saco de arroz*, pensé. —Oye, Luisito, —murmuré al meter la mano en el saco de un quintal de arroz y habichuelas—, bastante arroz y habichuelas para los Marine Tigers*.

—Coño, Piri, date prisa, —llamó Crip.

Jesús, pensé, *el tipo está muerto del miedo. Entonces, ¿por qué carajo se vino con nosotros? Si algo atrae la jara, va a ser el ruido de sus jodidas rodillas chocándose una contra la otra.*

—Oye, ¿está abierta la ventana de atrás? —preguntó Luisito.

—Sí, —respondí.

—Chévere, —vino la respuesta.

—Avancen, muchachos, —se oyó el grito urgente de Crip—, aquí viene la policía. Me voy—. Y con eso, se desapareció.

—Caramba, —dije, ahogándome con las palabras—, esos policías lo van a ver correr y se van a dar cuenta de lo que está pasando. Vámos a largarnos de aquí.

Salimos por las barras dobladas de la ventana de atrás, bajando por el tubo del desagüe, y nos volamos de ahí. A Luisito se le habían caído los cigarrillos, y yo dejé abierta la gaveta del dinero. ¿Cuántas indicaciones de culpabilidad podrían dejar tres ladrones quinceañeros? Al salir, pensé, *A las dos de la mañana no hay gentío para poder escondernos, y todavía estamos a dos cuadras de casa.* Imaginaba que podía ver los focos, las linternas de los policías asomándose por la puerta de la bodega, alumbrando los cigarrillos en el suelo y la gaveta del dinero abierta. Podía verlos llegar a la ventana del fondo y darse cuenta de las barras dobladas. Ahorita mismo estarían patrullando el área buscando tipos con pinta de sospechosos, como nosotros.

Alcanzamos a Crip.

—Quédensen en las sombras, —le murmuré a Luisito y a Crip—, y no estén haciendo ruidos duros al caminar.

Pero Luisito tenía herraduras en los zapatos, y cada paso que tomó hacía un *clic-clac-clic-clac.*

—Dios mío, Luis, quítate esos zapatos.

Crip se congeló. —¡Ahí están! —dijo, apuntando al carro de policía que subía por la calle.

Nos tragó la oscuridad de un callejón que tenía una verja alta y pudimos observar el carro con su luz roja montada en la capota. La luz me tenía hipnotizado, como en las películas del cine, donde la cabeza de una gran serpiente se mueve en círculos, y al que la serpiente se le quede mirando, se queda inmovilizado.

—¿Qué vamos a hacer? —preguntó Crip—. Hombre, ¿qué hacemos?

—Mira, —gritó uno de los guardias—, hay alguien en ese callejón.

—Alumbra con la linterna.

—Sí, un momentito.

Arrastré la vista por ese callejón negro y medí la verja, casi dos veces más alta que yo. *Lo intentaré,* pensé. *Tengo mis tenis y soy fuerte: puedo correr y fugarme mejor que muchos. Y si puedo yo cruzar esta verja, se pasarán ellos la noche entera buscando a sus madres.*

—Panitas, vamos a tratar de cruzar esa verja, —dije.

—No la puedo alcanzar, —dijo Luisito—. Voy a tratar de escaparme por el frente. Una vez que salga, sólo una bala me puede parar.

—Jesús, tengo más miedo que el carajo, —dijo Crip.

—Cobarde, —dije, pero yo también tenía miedo.

—OK, —dijo Crip—. Estoy dispuesto, Piri, yo también intentaré la verja.

La luz del carro patrullero alumbró el callejón. Se puso tan clarito que parecía ser de día. Luisito salió corriendo por la calle, corriendo a toda velocidad.

—¡Ahí va uno! —gritó un policía.

—Ahora, —dije en voz baja, y *suuuuum*. Corrí hacia la verja como si la fuera a traspasar, como Superman. Me trepé, y gracias a Dios, con los dedos encontré la orilla de arriba y pude cruzar al otro lado. Oí un tiro y pensé, *Oigan, policías, ustedes están supuestos a decir, —Alto en el nombre de la ley. No están jugando justo, cabrones.*

Me dejé caer al suelo al otro lado de la verja y paré a ver si oía a Crip. Oí los gritos de los policías y los pasos de Crip al correr, y luego el choque de metal contra metal. Miré por un roto en la verja. Crip había tropezado con las latas de basura. Los policías entraban al callejón. Crip se levantó para tratar de saltar la verja otra vez. *Vuela, Crip, carajo, vuela, Crip* —pero no tenía suficiente espacio para correr. Los pies de Crip subieron, y sentí el golpe de su cuerpo al chocar contra la verja, sin alcanzar la orilla de arriba.

Sentí que Crip estaba acostado en el suelo, y pude oír que estaba respirando duro. No porque tenía miedo sino porque no sabía volar.

—No te muevas, muchacho, —le dijo un policía.

Empecé a correr. —Crip, —grité—, no les digas nada. Eres un menor, ¿comprendes? Eres un menor.

—Cogí al otro, —dijo una voz de guardia—. Con éste son dos.

Corrí, llorando todo el tiempo, por los patios y las azoteas, y escalé verjas y escaleras de incendio. Sentí las lágrimas mojadas y saladas en la boca. Me sentí como si estuviera en una guerra y acababa de perder a mis mejores compañeros. —¡*Fucking* jara! —dije en voz

alta—. Debí haberme quedado ahí con Crip y Luisito. Debí haberle
tirado piedras a esos maricones jaras. —*Debí, debí, debí...*

Subí a mi casa y muy calladito me metí en la cama. Estaba todo
sudado y tenía el olor del espanto encima. Traté de dormir mientras
que esperaba oír el *tun-tun* a la puerta que diría que mis muchachos
me habían choteado. *Debí haberme quedado ahí. Padre Nuestro que
estás en los cielos... Espero que esos tipos no choteen... No, no lo
harán, no.*

Hombre, ¡que ni se atrevan!

LOS SUBURBIOS

Este Long Island* no es nada como Harlem,
y con todos sus árboles verdes,
no es nada como tu Puerto Rico.

9

Babilonia
para los babilonios

En 1944 nos mudamos a Long Island. Papi estaba ganando buen dinero en la fábrica de aviones, y había ahorrado suficiente dinero para hacer un pago inicial por una casa pequeñita.

Mientras preparábamos todas nuestras pertenencias para el camión de mudanzas, me quedé ahí parado, con rabia por dentro, mirando el movimiento y la bulla. Observé que mis dedos bregaban con la tapa de una caja que contenía la vajilla. Traté de no expresar el resentimiento que sentía con la decisión de Papi. En Harlem estaba en mi ambiente natural; éste era mi tipo de vida. No quería mudarme a Long Island. Mi amigo Crutch* me había dicho que por allá vivían muchos gringos, y que a ellos no les gustaban ni los morenos ni los puertorriqueños.

—Piri, —me dijo Mami.

—Sí, Mami.

La miré. Coño, mami se veía cansada, desbaratada. Ella seguía pensando en Pablito todo el tiempo. Ella lo llevó al hospital para que le sacaran las amígdalas —no fue gran cosa— y Pablito se había muerto. Recuerdo que Mami se quedó repitiendo de cómo Pablito había llorado, *¡No me dejes, Mami!* —y ella le había dicho, *No te pre-*

ocupes, nene, es sólo por un día. Pablito... empujé su nombre fuera de mi mente.

—Dios mío, ayúdanos un poco, hijo.

—Mami, ¿pero por qué tenemos que mudarnos de Harlem? No hay ningún lugar mejor que éste.

—Caramba, ¡qué idea! —dijo Mami—. ¿Por qué hablas así? Tu padre y yo pudimos ahorrar suficiente dinero. Queremos que ustedes tengan mejores oportunidades. Es una vida mejor la del campo. No es como Puerto Rico, pero habrán árboles y pasto y escuelas buenas.

—Sí, Ma. ¿Pero hay puertorriqueños por allá?

—Seguro que sí, la Sra. Rodríguez y su familia, y Otilia, —¿te acuerdas de ella? Vivía en el piso de arriba.

—Estoy hablando de que si hay muchos hispanos, Mami, como aquí en el Barrio. ¿Y morenos?

—Muchacho, hay de todos. —Mami se rió—. Hay hasta gordos y flacos, grandes, pequeños. Y...

—OK, Mami, —dije—, ganaste. Dame un beso.

Así fue que nos mudamos a Babilonia, una urbanización en la costa sur de Long Island. Mami tuvo razón con lo de los árboles y el pasto. Y la escuela también era bien bonita. Los pupitres estaban nuevos, no todos dañados como los de Harlem, y los maestros tenían cara de ser amigables y no tan severos como los de Patrick Henry School.

Hice amistad con algunos de los muchachos gringos. Hasta traté de competir para el equipo de béisbol. Aunque habían muchos gringuitos de ambos sexos observando la competencia, sentía que yo era el único que a la vez trataba de ser *aceptado* por el equipo. Dejé caer un bombo* en el campo de afuera y me gritaron, *Búscate un canasto.* Pero al batear, los excluí a todos de mi mente y le tiré a esa pelota con toda mi fuerza y conecté con un *jonrón.* Oí los gritos de los fanáticos pero fingí no haberme dado cuenta de ellos.

Jugué mi papel hasta el fin, y las semanas se convirtieron en meses. Aunque todavía extrañaba a Harlem, no llegué a ver mi barrio por seis meses. Pensé que quizás esta vida por acá no era tan mala, como me había advertido Crutch. Decidí tratar de ir al baile que daban en el gimnasio al mediodía. Un gringo italiano, Ángelo, me había dicho que tocaban música caliente. Saqué los dos centavos de entrada de mi bolsillo y me eché a caminar hacia el gimnasio.

—Dos centavos, por favor, —dijo una muchacha blanca bajita.

—Aquí los tienes.

—Gracias, —se sonrió.

Le devolví la sonrisa. *Coño, hombre, Crutch estaba equivocado.*

El gimnasio estaba reverberando de energía juvenil y de la música. La canción que tocaba era un mambo. Me dejé ir con el ritmo. ¡Qué bueno rendirse a un ritmo natural! *Quizás hay otros mundos además de las calles bravas,* pensé. Miré a mi alrededor y vi a algunos de los muchachos que conocía un poco. Algunos me hicieron señas de saludos, yo se las devolví. Noté que la mayoría de los blancos no bailaban bien el mambo, eran tiesos. Vi a una muchacha, a quien los demás llamaban Marcia o algo así. Era bonita con un cuerpo bonito, de pelo negro con una suavidad blanca de piel que hacía un contraste agradable. Caminé adonde ella.

—Hola.

—Umm, ¿qué? Oh, hola.

—Es la primera vez que vengo aquí.

—Pero yo te he visto por ahí. Tú estás en la clase de inglés con la Sra. Sutton.

—Sí, es verdad. Pero yo quise decir que es mi primera vez aquí en el baile del gimnasio.

—También estuve en el campo de béisbol cuando le pegaste a esa pelota y voló un kilómetro.

—Eso fue suerte, nada más, —dije, diciendo la palabra *suerte* en español.

—¿Qué es eso? —me preguntó.

—¿Qué?

—Lo que tú dijiste, *suer-te,* —dijo, imitando mi acento.

Me reí, —Hombre, eso es español.

—¿Tú eres español? Yo no lo sabía. Este, tú no te pareces como yo pensé sería un español.

—No, no soy español de España, —le expliqué—. Soy puertorriqueño de Harlem.

—Oh, pero tú hablas el inglés muy bien, —dijo.

—Te dije que nací en Harlem. Por eso no tengo acento hispano.

—No, tu acento es más como el de Jerry.

¿Qué es lo que pasa aquí con esta tipa? pensé. Jerry era un moreno que hace poco se había mudado a Bayshore.

—¿Conociste a Jerry? —preguntó—. A lo mejor no llegaste a conocerlo. Oí que se había mudado a otra parte.

—Sí, yo conozco a Jerry, —dije en voz baja—. Él se mudó de aquí porque dejó encinta a una muchacha. Yo sé que Jerry es moreno y sé que tengo su acento. En Harlem, casi todos nos robamos los acentos, los estilos u otras cosas de las vidas el uno al otro. Y se dice *suu-errteh*. Suerte. Significa *luck*.

—*Cristo, Crutch, me tienes la mente toda jodida. Me sigue pareciendo que esta tipa está tratando de decirme algo feo de manera agradable falsa. Voy a averiguar.*

—Me parece que te llamas Marcia, o algo así, ¿verdad?

—Unjá, um, sí.

—Me llamo Piri. ¿Quieres bailar?

—Pues esta pieza casi se acabó.

—Esta bien. ¿Y la próxima?

—Bueno, es que... este... pues, la verdad es que mi novio es un poco celoso y... pues, tú sabes cómo es...

La miré y ella se estaba sonriendo. Dije, —Caramba, ¡qué lástima! Seguro, yo sé cómo es. En su lugar, yo me sentiría igual.

Ella se sonrió y encogió los hombros, bien bonita. Quería creerla. La creía. Tuve que creerla. —En otra ocasión, ¿eh?

Se sonrió de nuevo, dobló la cabeza hacia el lado, y de respuesta, se arrugó la nariz.

—Bueno, ¡cógelo suave! —le dije—. Nos veremos por ahí.

Se sonrió de nuevo, y me alejé de ella, sin gustarme lo que estaba sintiendo, y pensando que *coño*, Crutch tenía razón. Luché en contra de ese sentimiento. Pensé que tal vez todavía yo no estaba acostumbrado a estar en medio de todos estos gringos, y que a pesar de todo, no eran tan malos como imaginábamos. Miré sobre mi hombro y vi que Marcia me daba una mirada medio rara. Cuando se fijó que la miraba, su cara cambió con rápidez. Se sonrió de nuevo. Le devolví la sonrisa. Estaba indeciso:

> *Tienes razón, Crutch.*
> Estás equivocado, Crutch.
> Tienes razón, Crutch.
> Estás equivocado, Crutch.

Quise salir afuera y coger un poco de sol. Caminé hacia la puerta.

—Hola, Piri, —llamó Ángelo—. ¿Adónde vas? Apenas está empezando el baile.

—No me gusta el aire de adentro, está congestionado, —mentí—. Pensé ir adonde El Viejo, el heladero en la Calle Main.

—¿Quieres decir, El Griego?

—Sí, ése es el lugar.

—Espera que vaya a mear, me voy contigo.

Consentí con la cabeza y seguí a Ángelo al baño. Lo esperé afuera, mientras tanto miré bailar a los muchachos. Mis pies zapatearon con el ritmo, y me moví más cerca del gimnasio, hasta casi estar adentro de nuevo. De repente, por encima del ritmo regular de la música, oí la voz de Marcia, —Imagínate el atrevimiento de ese aparato negro.

—¿De quién están hablando? —preguntó alguien.

—De ese muchacho nuevo, el moreno, —dijo otra voz.

Parecía que estaban dos o tres parados directamente dentro de la entrada del gimnasio. No los podía ver, pero tenía la certidumbre de que era a mí que tenían en la boca.

—Vámonos, Piri, —dijo Ángelo.

Casi ni lo oí. —Oye, panita, —dijo—, ¿qué te pasa?

—Escucha, Ángelo, escucha lo que están diciendo, —dije fríamente.

—¿...quieres decir que así mismo? —preguntó uno de los muchachos.

—¡Así mismito, —dijo Marcia—, como que si yo fuera una negra! Bueno, él fue que me empezó a hablar primero, ¿qué podía hacer, sino ser cortés y a la misma vez no animarlo?

—Carajo, primero ese bastardo de Jerry y ahora él. Nos están invadiendo los molletos, —dijo una voz finita.

—Ahí sí tienes razón, —dijo otro tipo—. ¡Qué nervios tienen! Mi papá dice que si se les dan una pulgada a esos monos, quieren coger una yarda.

—Él no es tan malo, —dijo una voz tímida—. Es un tipo cortés, y parece ser buen atleta. Y además, oí decir que es puertorriqueño.

—Já, já... probablemente se pasa por puertorriqueño como no puede pasar por blanco, —dijo la voz finita—. Já, já, já.

Me quedé ahí parado pensando a quién golpearía primero.

Marcia, te voy a partir la quijada a ti primero.

—Vámonos, —dijo Ángelo—. Esos odiosos hijos de la gran puta son tan orgullosos que no encuentran a nadie que sea lo suficiente bueno para ellos. Especialmente esa puta Marcia. Ella y su grupito se creen que tienen los culos pintados de oro.

—¡¡...ay, no, de veras!! —dijo una muchacha—. Yo oí decir que él es puertorriqueño, y que ellos no son como los negros...

—No hay diferencia, —dijo la voz fina—. Sigue siendo prieto.

—Vente, Piri, vámonos, —Ángelo me jalaba—. No les prestes atención.

—Parece que se creía ser otro Jerry, —dijo alguien.

—De verdad, me sacó a bailar, —dijo Marcia con indignación—. Tuve que decirle que mi novio...

El resto de las palabras hostiles se desvanecieron mientras me alejé de ese lugar y salí adonde brillaba el sol. Caminé más y más rápido. Crucé el campo de béisbol, y luego corrí lo más rápido que pude. Quería escaparme de las cosas que me volaban por la mente. Me dolían los pulmones, no de correr, sino de no poder gritar. Después de un rato, me senté y miré el cielo. ¡Qué alcanzable se veía! Entonces oí una voz: —Piri, carajo, por Dios, quemaste la tierra corriendo—. Miré hacia la voz, y vi a Ángelo. Estaba respirando duro, sin aliento. —Oye, no dejes que te molesten esos pendejos, —me dijo, arrodillándose junto a mí—. Yo sé como te sientes.

En mi más cortés y agradable manera, le dije, —Hazme un favor, gringo blanco puto, regrésate a tu gente. Yo no sé ni por qué estás aquí, a menos que sea para aliviarte de culpabilidad... coño, *man*, ¡vete de aquí, déjame quieto! Los odio. Te odio a ti. Los odio a todos ustedes, gringos blancos, chingones de madre.

—Lo siento, Piri.

—Sí, gringo, dime que tú sientes lo mío. Vete, puñeta, no me jodas. ¡Vete, gringo, lárgate!

Ángelo se sacudió la cabeza y se levantó lentamente. Me miró con tristeza por un segundo, y se fue caminando. Miré el cielo de nuevo y le dije, *Jamás voy a regresar a esa jodida escuela. ¡Que se la metan por el culo!*

Tienes razón, Crutch.

10

Pero no para mí

Le tenía odio a Long Island, y cuando podía, regresaba a Harlem a festejar, fumar yerba, pelear y buscar muchachas. En el tren que me llevaba a Harlem, observaba pasar las casas chéveres, que con su arquitectura, parecían ser de una pintura, y a los niños limpios; me piqué la memoria y se me volvieron a llenar los pensamientos de cosas que no me gustaban.

Este Long Island era como un país extranjero. Se veía tan bonito y tan limpio, pero se hablaba un idioma que yo no alcanzaba comprender. Los gringos hablaban de cosas que no podía entender; la verdad era que ellos tampoco me podían entender a mí. Sí, así era; ellos no captaban mi manera suave de hablar, y yo siempre me sentía sólo al borde de pertenecer. No importa cuánto me rompiera el culo tratando de ser uno de ellos, jamás iba a pertenecer, ellos no me dejarían. Quizás no podían. Quizás ellos mismos no pertenecían.

Mami también tenía sus problemas. Un día me dijo que Papi tenía otra mujer.

—¿Qué estás diciendo, Ma?

—Dije que tu padre tiene otra mujer.

—No, Ma, no es verdad. ¡Hombre! Papi es sólo para ti.

—No, hijo, ya yo lo sé. Se llama Ruth ella.

Yo también lo sabía, pero estaba dispuesto a mentir hasta la muerte para que Mami no lo creyera, para que no tuviera que soportar más de la cuenta. Mami se estaba muriendo. Pienso que ella lo sabía al igual que yo, pero era diferente para los dos. Yo quería que ella viviera. Ella no quería vivir.

—No, Ma, no es así, —mentí, y nos miramos silenciosamente, ambos sabiendo que sí, así era.

Conseguí un trabajo como asistente de cocina en el Pilgrim State Hospital que queda en Brentwood en Long Island. Tenía la idea loca de que podría ahorrar un poco de dinero y alquilarme un apartamento en Harlem, quizás para todos: Mami, y los muchachos también.

El trabajo del hospital era una mierda y el pago era una mierda, pero me ofrecía un poco de independencia. Había un comedor para los empleados donde podía almorzar. Un día, mientras abría la puerta del comedor, una muchacha salía. Era rubia y bien bonita. Le aguanté la puerta.

—Gracias, —me dijo, con una sonrisa plena.

—Con gusto, —me sonreí. Nos miramos.

—¿Eres nuevo aquí? —preguntó.

—Sí, apenas empecé hoy.

—Es un sitio grande, ¿verdad?

—Grandísimo.

—¿Eres de por aquí?

—Sí, de West Babylon, pero originalmente del Barrio.

—¿De dónde?

—Del Barrio. ¿Nunca has oído mencionar el Barrio? Hombre, muchacha, es el lugar más chévere del mundo. Todo el mundo se las pasa vacilando bien ahí.

—¿Eso queda en Nueva York? —mostró interés.

—Seguro, el Barrio Latino de Harlem.

Esta tipa me estaba interesando. —¿Quieres un café, para poder contarte todo lo del Barrio?

Se sonrió y aceptó, —Gracias.

Seguí aguantando la puerta, como cualquier caballero galán de

Harlem lo hubiera hecho, y nos sentamos en una mesa. Pero, espérate. Sentía algo... cada ojo en ese comedor estaba fijado en nosotros. Me sonreí y dije, —Parece que todos aquí te conocen.

Ella se rió y dijo, —Si no a mí entonces a ti.

Se llamaba Betty. No me acuerdo de su apellido. Empezamos a salir juntos. No nos importaban las miradas. Yo la llevé al Barrio para que conociera a mi pueblo. Nos divertimos en cantidad; mis muchachos la hicieron sentirse bienvenida, sin ninguna tensión, y se quedó a gusto con nosotros.

Todo siguió lo más suave por un tiempo. Hasta que una noche, cuando estábamos de regreso de Nueva York, oí un murmullo repetido que venía de dos tipos que estaban sentados al lado derecho y un asiento detrás de nosotros. Pasaron unos minutos antes de que percibí que ellos estaban hablando de un *algún molleto*.

—¡Mira a ese maldito molleto con una muchacha blanca! —dijo una voz.

—*Chis*, —dijo otra voz—, te puede oír.

Miré hacia la voz.

—¡Que me oiga, so negro hijo de la gran puta! —dijo el tipo, dándome una mirada directa.

¡Ese *maldito molleto* y ese *negro hijo de la gran puta* —era yo! Salté de mi asiento y a través de la nube de mi rabia oí que mi voz gritaba, —¡Este mundo está lleno de mierda! —e —Hijos de la gran puta.

Quería matarlos, pero Betty me restringió, y alguien sacó a los tipos del carro y los metieron en otro vagón y vi que se apearon en la próxima estación.

Nos apeamos en Babylon y encontramos un campo e hicimos el amor. Con furia, con odio, descargué mi locura en ella. Ella comprendía y seguía diciendo, —A mí no me importa lo que piensan; te amo, te amo.

Pero por dentro, sentía estas palabras que se repetían, *Te odio, coño, te odio... no, no a ti, sino a tu maldito color. Dios mío, ¿por qué estoy en el medio?*

Después de terminar de hacer el amor, estábamos muy cansados y nos quedamos ahí acostados un rato. Ella quería hablar de nosotros, pero el concepto de "nosotros" era una locura. La llevé a su casa. Fue la última vez que la vi.

Al día siguiente, le dije a Mami, —Ma, me voy pa'l Barrio para vivir.

—Pero hijo, por Dios, quédate aquí. ¿Qué es lo que te pasa, por qué te quieres ir?

—Ma, no me puedo quedar más. No me llevo con nada por acá, no importa lo que yo haga. Nada me cae bien a mí, yo no le caigo bien a nadie. No me gusta Long Island y los gringos y este mundo lleno de mojones. No puedo identificarlo, pero siento que por mudarnos fuera de Harlem, algo malo está pasando con todos nosotros —con Papi, José, Jaime, Miriam y conmigo, con todo el mundo. Mami, a veces pienso que los únicos que se han ganado el derecho de ser felices son los muertos.

Miré a Mami, y la vi tan desbaratada, tan cansada. Había cambiado desde que murió Pablito.

—Mira, Ma, voy a regresar a Harlem y ahorrar un dinerito pa' poner un apartamento, y tú te vienes a vivir conmigo, ¿OK?

Mi mamita chiquita me miró con tristeza, y sobándome la cara, me dijo, —Cuídate, m'hijo. ¡Que Dios te bendiga y que te cuide y te guarde!

—Gracias, Mami. Ya verás, ganaré muchísimo dinero y todos regresaremos a Harlem. Hasta Papi, si quiere.

Le di un abrazo grande a Mami. Su pequeñez me hizo querer llorar por dentro, recordándome de los días que yo la veía tan alta. Me obligué a pensar, *Ponte duro, man, ya eres un hombre grande.* Al salir por la puerta, miré hacia atrás, —Adiós, Ma.

—Adiós, m'hijo. Escríbeme.

—Claro que sí, Mami.

Bajé por el camino a la carretera principal. Sabía que Mami estaba parada en la puerta, vestida, como siempre, con ropa de segunda mano. No quería mirar hacia atrás, pero lo tenía que hacer de todos modos. —¡Ma!

—Sí, hijo.

—Este Long Island no es nada como Harlem, y con todos sus árboles verdes no es nada como tu Puerto Rico.

—Comprendo, hijo.

—Estaré bien, Ma. Dame tu bendición.

—¡Que Dios te bendiga, que Dios te bendiga, que Dios te bendiga!

No volví más a mirar para atrás.

HARLEM

No era correcto estar avergonzado
  de lo que uno era.

Sería como odiar a Mami por el color que ella era
  y a Papi por el color que no era.

11

Receta para cómo ser un negro sin tratar de serlo

Habían transcurrido tres meses desde que me fui de casa. Andaba realengo por ahí, durmiendo en pasillos fríos, y con hambre casi todo el tiempo. Mi corazón se sentía como que se quería dar por vencido. *Quizás debería irme al Bowery*, pensé, pa' calentarme con un poco de vino barato con los demás borrachones.*

No, decidí, todavía me quedaba algo en claro, algo que tenía sentido y contaba —yo mismo. Nada más que yo —y por eso era imprescindible salirme de este cagado ciclo negativo.

Era invierno, y yo no portaba nada más que una chaqueta deportiva muy liviana. El soplón de viento frío me aplastaba la piel contra el pecho. Entré a un bar en la 103 y Tercera Avenida, tratando de no parecer un pela'o congela'o. En frente de la vellonera estaba parado un moreno con una tipa grande, robusta. El tipo batía los ritmos con los dedos mientras que la geva se lo disfrutaba, moviéndose, no toda, sino las partes que contaban.

Me sonreí. —¿Hace frío, no? —dije, y añadí—, Me llamo Piri.

—Ahí sí que tienes razón, chico, —dijo—. Yo me llamo Pane y ésta es mi hermana Lorry.

Con la mirada le seguí el dedo que señaló adonde ella.

—¡Qué frío! —balbuceé, hablándole a nadie en particular.

—¿Quieres tomar algo, chico?

Traté de no parecer demasiado ansioso. —OK, chévere, *man* —dije de paso. Pane sacó una botella de su bolsillo trasero y me la dio—. ¿Puedo jalar duro? —pregunté, alzando la botella a mis labios.

—Dale —dijo, y me entró el calor del afecto de mis nuevos amigos.

Después de media hora, apareció otra botella, y me dieron otro buen trago; me empecé a sentir bienvenido, no me sentía tan solo. Sin darnos cuenta, las horas se fueron volando. Yo hablé mientras que Pane y su hermana escucharon y sentimos una buena conexión. Entonces iban a cerrar el sitio y de repente supe que la vida se me iba a enfriar dentro de muy poco. Pane estaba tomado, pero no estaba borracho. Le dio un codazo a Lorry y dijo, —Vámonos.

Yo me quedé ahí sentado.

Ellos se levantaron y se retiraron de la mesa. Al llegar a la puerta vi que Lorry le dio un codazo a su hermano y le dijo algo en voz baja. Él movió la cabeza, se viró hacia mí y me miró. Yo le señalé *adiós* con la mano, esperando que su mirada significara lo que yo pensaba.

—Oye, muchacho, ¿cómo dijiste que te llamas?

—Piri... algunos me dicen Johnny.

—¿Tú tienes donde dormir?

—Pues, no— dije. Hice una lista mental de todos los sitios donde había dormido desde que me fui de casa: al principio, en apartamentos de amigos, después con familiares hasta que la bienvenida se agotó, luego en las azoteas, debajo de las escaleras, en sótanos y entradas, en carros estacionados.

—Pues, nosotros no tenemos mucho espacio, pero puedes compartirlo, en confianza, —dijo Pane—. Tendrás que dormir en el piso, porque solamente tenemos un cuarto para todos nosotros, Lorry, sus dos niños y yo.

—Chévere, *man*, muchísimas gracias, —les dije. Casi me sentí como que mi suerte estuviera por cambiar. Me fortalecí para enfrentar el frío, y con prisa caminamos calle abajo. A un par de cuadras, entre Park y Madison, descendimos unas escaleras y entramos a un sótano. Sentí que me saludaba el calor del horno y me sentí agradecido como si fuera éste el cheque de la asistencia pública que hubiera llegado dos días tarde. Pane, con manos un poco torpes, encontró la llave y abrió la puerta que daba a un cuartito pequeño. Noté que habían dividido el sótano en varios cuartos aun más pequeños y en una cocina, la cual compartían con otros. Lorry se sonrió conmigo y me dijo, —Pues, no es mucho, papito, pero, ¡es mejor que nada!

—Gracias, —me sonreí, con sinceridad—. Mil gracias, Lorry.

Extendió una frisa en el piso entre la cama grande donde ella dormía con sus dos hijos y el sofá, donde dormía Pane. Me acosté boca arriba, con las manos cruzadas debajo de la cabeza. El cuarto era tan pequeño que podía tocar la cama y el sofá a la misma vez. Casi dejé que me envolviera un sentido de seguridad.

Dentro de unos minutos Pane estaba en un sueño profundo, asistido por el whisky. En la oscuridad medio clara vi que Lorry me estaba mirando. —¿No puedes dormir, papito? —preguntó.

—No, —respondí.

Poquito a poco fue haciendo espacio para mí en su cama grande, calientita, y así como si nada, me subí encima de ella e hicimos el amor —y digo "amor" de tan agradecido que estaba, y porque también, yo en verdad deseaba su cuerpo cálido con la misma intensidad que ella deseaba el mío. Consideramos todo de lo más natural, lo más bueno, al menos lo más inocente y puro posible dentro del contexto de Harlem, Mi Dulce Hogar. Y así fue que ella se hizo mi mujer. No importaba que yo solamente tenía dieciséis años y ella treintitrés. Su modo de querer, de cuidar, no tenía edad; podía ella ser más joven o más vieja, según lo quisiera yo.

Pasaron los meses. Conseguí un trabajo —Lorry inspiró esa movida al darme dinero para transportación y un almuerzo todos los días. Cada semana le daba algunos pesos y le di todo el amor que pude. Sin embargo, me empecé a sentir demasiado metido en nada y que era tiempo de seguir pa'lante. Entonces perdí el maldito trabajo.

Decidí que ya no podía quedarme con Lorry. Había tenido a una muchacha puertorriqueña por el lado, que vivía en una de las subdivisiones del sótano. Era una tipa bien bonita, con un hijo, pero sin marido. No quería que Lorry se sintiera acomplejada, pero yo no la podía amar como ella lo quería, y una noche me fui. La muchacha puertorriqueña acababa de conseguirse diez dólares, y estaba hablando de todo lo que le iba a comprar al nene. Tenían gran necesidad de comida y ropa. Me fijé dónde había puesto su cartera y esperé hasta que se fuera a la cocina para prepararle algo de comer a su hijo. Entonces entré a su cuarto, cogí el billete y me fui al Bronx. Yo tenía unos amigos por allá. A uno de ellos le di cinco dólares y me dejó compartir su apartamento por unas semanas, en lo que pudiera conseguirme un trabajo.

Unos días después de haberme llevado los diez dólares, me encontré con la muchacha. Ella sabía que había sido yo. Me formó un bochinche para que le devolviera el dinero, que lo necesitaba para su hijo. Le dije que yo no se lo había cogido y me marché, echándola por el lado al pasar. No tuve que mirarle los ojos para sentir el odio que me tenía. Pero entre ella y yo, como siempre, tenía que ser yo. Además, había comprado una yerbita con los cinco dólares que me sobraron y había hecho unos pitillos grandotes, que me dejaron bien establecido en el negocio de ventas. De repente me entró un pensamiento bueno: tan pronto tuviera un poco de sobra, le devolvería sus diez pesos.

Busqué trabajo, pero sin mucho ánimo. Entonces vi este anuncio en el periódico:

SE NECESITAN HOMBRES DE EDAD 17–30
GRAN OPORTUNIDAD
APRENDAN MIENTRAS TRABAJAN
GANEN MIENTRAS SE ENTRENAN
Vendedores de puerta en puerta de mercancías del hogar
Garantizado por la revista *Good Housekeeping**
Salario y comisión
603 E. de la Calle 73. 2º Piso
9:00 A.M.

—Escucha, Luisito, esto parece bueno, —le dije a mi muchacho—. Vamos a pasar por ahí mañana por la mañana. Coño, con
nuestro don de labia será más fácil que el carajo conseguirnos ese trabajo de esclavo.

—Chévere, Piri. Hombre, si tenemos a todo Harlem de territorio,
donde conocemos a mucha gente. Te apuesto que en comisiones
nada más podemos ganarnos cien dólares o más.

Al día siguiente Luisito y yo nos presentamos en la oficina. Entramos y una muchacha nos dio un papel con un número y nos dijo
que tomáramos asiento. Mi número era el 16 y el de Luisito, 17.
Hombre, Luisito y yo brillábamos de limpio. Nos habíamos vestido
con la mejor ropa que teníamos, planchadita como una navaja, y los
zapatos nos brillaban más que la cabeza de un calvo con una libra de
brillantina.

—El número 16, por favor, —llamó la muchacha.

Le di una guiñada a Luisito, quien me dio la señal V de victoria.

—Por aquí, señor, por la puerta a su izquierda, —dijo la muchacha.

Entré a la oficina y estaba sentado ahí un gringo. Subió la mirada,
y al verme me dio la sonrisa más grande que jamás había visto en mi
vida, como si yo fuera un familiar perdido.

—Entra, entra, —me dijo—, toma asiento —así mismo, siéntate
ahí mismo. Bueno, señor, llegó usted bien temprano. Así es que nos
gusta aquí en nuestra organización. Sí, señor, la puntualidad es el
primer mandamiento en la Biblia del vendedor. Así es que, estás interesado en vender nuestras mercancías para el hogar —garantiza-
das, por supuesto, por la revista *Good Housekeeping*. ¿Has tenido
alguna experiencia en ventas?

—Pues no exactamente, señor, pero... este... cuando era niño
—es decir, más joven—, vendía bolsas de papel en la Marqueta.

—¿Dónde?

—La Marqueta, en la 110 y la Avenida Park. Corre desde ahí hasta
la 116.

—Umm, comprendo.

—Y a mi mamá le gustaba tejer tapetes. Yo se los vendía de puerta en puerta, y gané bastante buena plata. Sé cómo hablarle a la gente, señor, este...

—Sr. Cristiano, Sr. Haroldo Cristiano. ¿Lo ves? —y señaló con un dedo delgado a un pedazo de madera con su nombre tallado—. Já, já, já, —agregó—, igualito como llaman a los seguidores de nuestro Señor Jesucristo. ¿Eres cristiano tú?

—Sí, señor.

—Apuesto que eres un buen católico. Yo nunca falto a la misa de los domingos, ¿y tú?

—No, señor, trato de nunca faltar. —*¡Ay, bendito!* pensé. *Por poco digo que soy pentecostal.*

—Bueno, bueno, vamos a ver... —el buen católico Sr. Cristiano sacó unos formularios.

—¿Cómo te llamas?

—Piri Tomás: P-i-r-i.

—¿Edad?

—Este, diecisiete. Nací el 30 de septiembre de 1928.

Sr. Cristiano contó con los dedos de una mano: —Veintiocho, treinta y ocho... ejem, apenas cumpliste los diecisiete en septiembre.

—Correcto. El periódico dice de —diecisiete a treinta años.

—Oh, sí-sí, tienes razón. ¿Dónde vives?

No le podía dar mi dirección en Long Island; quedaba demasiado lejos. —Número 109 de la Calle 104.

—Eso queda ciudad arriba, ¿verdad?

—Sí, señor.

—¿No es eso por ahí en Harlem?

—Sí, señor, está dividido en varios sectores, como el sector italiano, el irlandés, el negro y el sector puertorriqueño. Lo llaman El Barrio.

—El Ba-rrio? —repitió en español el tipo, que sólo hablaba inglés.

Me sonreí al ver su esfuerzo. —Sí, señor, en español quiere decir el vecindario, la comunidad.

—Ah, sí, veo. Pero tú no eres puertorriqueño, ¿verdad? Tú hablas inglés bastante bien, aunque de vez en cuando te zafas con unas palabras callejeras —aunque, claro, es un poco pintoresco.

—Mis padres son puertorriqueños.

—¿Es Tomás un nombre puertorriqueño?

—Bueno, el nombre de la familia de mi madre es Montañez, —dije, preguntándome si este hecho ayudaría a comprobar que era puertorriqueño—. Hay muchos puertorriqueños con nombres americanos. Mi padre me dijo que después de que España cediera Puerto Rico a los Estados Unidos a fines de la Guerra Hispanonorteamericana, muchos americanos fueron estacionados en Puerto Rico y se casaron con muchachas puertorriqueñas. —*A lo mejor las chingaron y se olvidaron de ellas*, pensé.

—Bueno, ya veo. Y ¿qué de tu educación? ¿Tienes diploma de escuela superior?

—No, señor, me salí en segundo año...

—Que pena, chico, eso fue una movida demasiado tonta. La educación es una cosa maravillosa, Sr. Tomás. En verdad, es la única forma de salir adelante, especialmente cuando —este— ¿por qué te saliste de la escuela?

Mi mente quería gritar, *Porque hay gringos estúpidos como Ud. que tienen ideas estúpidas en este mundo loco*, pero con la cara de palo nada más dije, —Bueno, señor, es que tenemos una familia grande, y pues, yo soy el mayor y tenía que ayudar... y pues, por eso me salí.

Entonces, con aliento sincero, rápido, añadí, —Pero pienso estudiar de noche. Estoy de acuerdo con Ud. de que la educación es la única forma de salir adelante, especialmente cuando...

—Bien, bien. ¿Cuál es tu número del Seguro Social?

Rápido se lo dije.

—Te lo sabes de memoria, ¿eh? ¡Qué bueno! El segundo mandamiento de un buen vendedor es tener una buena memoria. ¿Tienes teléfono?

—Sí, señor. Puede marcar LE3-6050 y preguntar por el Sr. Dandy, mi tío. Él no habla inglés muy bien, pero puede dejarle cualquier recado para mí.

—Muy bien, muy bien, Sr. Tomás. Bueno, es todo por ahora. Nos pondremos en contacto con Ud.

—¿Más o menos cuándo, Sr. Cristiano? Porque me gustaría empezar a trabajar, es decir, entrenarme lo más pronto posible.

—No puedo decir con certeza, Sr. Tomás, pero será en el futuro cercano. Por ahora, nuestro territorio designado está lleno hasta capacidad. Pero estamos por abrir otro y pronto necesitaremos a hombres buenos para trabajar en él.

—¿Entonces uno no puede trabajar en el territorio que quiera? —pregunté.

—¡Oh, no! Esto se ha planificado científicamente, —dijo.

—A mí me gustaría trabajar en Harlem, —le dije—, pero, este... puedo tener éxito dondequiera que me pongan a vender.

—¡Ése es el ánimo que me gusta ver! —Sr. Cristiano halagó—. El tercer mandamiento de un buen vendedor es que enfrenta todo reto, dondequiera que sea.

Le cogí la mano del Sr. Cristiano, extendida en amistad, y sentí su fuerza y su calor al apretar la mía, y pensé, *Parece que este gringo va a ser chévere como patrón*. Al salir por la puerta, volteé la cabeza y le dije, —Muchas gracias, señor, por la oportunidad.

—De nada, de nada. En esta organización necesitamos la sangre nueva de jóvenes brillantes. Nuestra empresa está creciendo, y aquellos que crezcan con nosotros se van a encontrar encaminados a grandes cosas.

—Gracias. Hasta luego.

—Hasta luego. Y que no se te olvide de ir a la misa.

—No, señor, seguro que no se me va a olvidar.

—¿A cuál iglesia asistes? —preguntó de repente.

—Uh— traté de recordar el nombre de la iglesia católica en la Calle 106 —¡Santa Cecilia! —por fin me brotó de la boca.

—Oh, sí, eso queda en la, uh, Calle 106 entre Park y Lexington. ¿Conoces al Padre Kresser?

—Caramba, el nombre me suena conocido, —me puse cauteloso—. Casi puedo conectarlo con una cara, pero no puedo decir por seguro quién es.

—Bueno, está bien. A lo mejor él ni se acuerda de mí, pero yo era muchacho cuando él tenía una parroquia en el centro de la ciudad.

Yo asistía a sus servicios. Bueno, si te encuentras con él alguna vez, dale recuerdos míos.

—Seguro que lo haré. Hasta luego, y gracias de nuevo. —Cerré la puerta cuidadosamente y caminé a donde estaba sentado Luisito.

—Hombre, Piri, —me dijo—, tú estuviste ahí adentro muchísimo tiempo, carajo.

—Cállate, Luisito, cuidado con lo que dices.

—¿Te dieron el trabajo? Bastante tiempo estuviste ahí adentro para que te dieran dos trabajos.

Me sonreí e hice una mueca señalando, *OK*.

Luisito hizo una bocina con las manos y se me acercó al oído.

—Oye, dime, ¿ese tipo es maricón? —me preguntó en voz muy baja.

Yo le respondí también en voz baja, con disgusto exagerado, —¡Jódete, pendejo! ¡Qué mente más sucia tienes!

—Estoy preguntando, nada más, hombre, —dijo—. A veces estos tipos son patos y si bregas con ellos correctamente, te dan las mejores oportunidades. Bueno, dime, ¿cómo te fue?

—Como un mamey*, Luisito.

—Chévere, hombre, espero que tenga yo la misma suerte.

—Número 17, —llamó la muchacha.

—Ahí voy, —me dijo Luisito.

—Suerte, Luisito, —le dije. Le di la señal V de victoria y lo miré desaparecer, apenas pudiendo oír la voz amistosa del Sr. Cristiano que decía, —Pasa adelante. Toma... —antes de que cerrara la puerta detrás de Luisito.

Jesús, pensé, *espero que a Luisito le vaya bien también. Sería bien chévere trabajar en el mismo trabajo con él. Quizás hasta podamos trabajar juntos. Él podría cubrir un lado de la calle y yo el otro. Tan buenos amigos somos Luisito y yo que juntaremos las ganancias de las comisiones y las dividiremos en dos.*

—Oye, Piri, —dijo Luisito—, vámonos.

—Carajo, Luisito, acabas de entrar, —le dije—. Tú estuviste ahí adentro apenas cinco minutos. ¿Cómo te pareció el Sr. Cristiano?

Descendimos las escaleras.

—Pues, pienso que bien. Muy amigable, y me hizo unas preguntas, uno, dos, tres.

—¿Y qué más?

—Pues, ¡me dio el trabajo!

—¡Qué chévere! ¿Cuál teléfono le diste? —pregunté.

—No tengo teléfono. Mira, ¡ahí está la guagua!

Nos echamos a correr. —¿Pa' qué estamos corriendo? ¡Que se joda! Vamos a caminar un rato y a celebrar. Hombre, le hubieras dado el número de Dandy, como lo hice yo. A lo mejor te mandan un telegrama o una carta de entrega especial para decirte cuándo debes empezar a trabajar.

—¿Para qué? —preguntó Luisito.

—Para que te puedan notificar cuando abran el nuevo territorio y decirte cuándo debes presentarte a trabajar, —dije—. Porque el nuevo territorio...

—¿Cuál nuevo territorio?

Abrí la boca para responder cuando los dos nos dimos cuenta a la misma vez de lo que estaba pasando. La diferencia entre nosotros era que Luisito era blanco. —¿Te dijo ese tipo Sr. Cristiano algo de que te iban a llamar cuando abrieran un territorio nuevo? —preguntó Luisito en voz baja.

Asentí con la cabeza.

—¡Carajo! Ese hijo de la gran puta me dijo a mí que me presentara el lunes para empezar toda esa vaina del entrenamiento. Me dijo un montón de mierda de que vamos a estar trabajando en un territorio virgen tan grande que nosotros, los futuros vendedores, no vamos a estar compitiendo entre nosotros, o algo así.

Luisito percibió el odio que yo estaba sintiendo. Trató de hacer que me sintiera mejor, diciéndome que quizás tuvieran un programa diferente y el Sr. Cristiano estaba considerándome para un trabajo especial.

—Vamos a volver a la oficina, —dije fríamente.

—¿Para qué, Piri?

—Mira a ver si hay algunos tipos morenos por ahí.

—Sí, panín, hay algunos. ¿Por qué?

—Vamos a esperar enfrente.

—¿Por qué? —preguntó Luisito.

No respondí. Sólo me quedé mirando a los gringos blancos que salían de la oficina.

—Luisito, —dije—, pregúntale al próximo blanco que salga de ahí que cómo le fue para conseguir trabajo. Aquí viene uno ahora.

Luisito caminó adonde él. —Este, con permiso, míster, —dijo—, ¿están contratando allí arriba... tú sabes, vendedores?

—Sí —respondió el tipo—. Yo comienzo a trabajar el lunes. Si estás buscando trabajo, ¿por qué no solicitas? Es...

—Muchas gracias, míster. Quizás lo haré. —Luisito volvió adonde mí y abrió la boca como para repetírmelo.

—Olvídalo, amigo, —dije—. Pude oír lo que dijo el jodón.

Esperamos un poco más y pasó un tipo moreno. —Oye, *brother**, —llamé.

—¿Me estás llamando a mí?

—Sí, mira, yo también vi el anuncio en el periódico. ¿Cómo va la cosa? ¿Están contratando?

—No sé, hombre. A mí lo que me dijeron fue un montón de mierda envuelta en papel de colores de que se iban a poner en contacto conmigo cuando se abriera un territorio nuevo.

—Gracias, hombre, —dije.

—De nada. ¿Vas a subir?

—No, me cambié de parecer. —Le señalé a Luisito con la cabeza, y él caminó adonde mí como quien dice, *pa' lo que tú estés dispuesto, yo también lo estoy*.

—Vamos a caminar, —dije. Lo que sentía no era tanto coraje sino náuseas, ganas de vomitar. Más tarde, cuando le relaté este cuento a mi pana, un moreno, él me respondió, —Carajo, Piri, yo sé que cosas por el estilo te pueden comer por dentro, pero mira, un negro enfrenta eso todo el tiempo.

—Sí, ya veo, —dije, pero es que yo todavía no era un negro. Aún me creía ser puertorriqueño y nada más.

12

Mi *Marine Tiger*

¡**Q**ue se jodiera el Sr. Cristiano! En verdad, no necesitaba su maldito trabajo. Estaba vendiendo marihuana —y fumándomela también— regularmente. Un pito aquí, un pito allí; me ayudó a seguir adelante, por dentro y por fuera. De vez en cuando, hasta fui a visitar en casa. Le dije a Mami que tenía un trabajo en los muelles. Pero en verdad estaba sobreviviendo en el Barrio, mi Barrio. En comparación, Babilonia no era nada más que algodón azucarado —blanco y pegajoso, insípido, sin sabor.

Por el día a Harlem se le notaba el sucio y la gente parecía un poco gris y acabada. Pero de noche, *man*, es un lugar chévere, especialmente el Barrio Latino. Las luces le dan vida a cada movimiento y se funden los diferentes colores en una frisa mágica, cubriendo la basura y la monotonía y a la gente cansada y a todos los muchachos que lloran, haciéndolos invisibles. La ropa y los zapatos que de día se le ven usados y gastados, de noche reflejan un esplendor creado por las luces multicolores. Parece que a todo el mundo les entra un ritmo de urgencia y tienes la impresión de que tú también tienes que caminar con ese mismo ritmo.

Los dolores del día se desvanecen a la misma medida que crece el sentido de pertenencia y te armonizas con todos los sonidos que salen de tus alrededores. Me paraba en una esquina y cerraba los ojos y con la nariz, lo miraba todo. Respirando profundamente, podía ver los cuchifritos y los *hot dogs*, el sudor viejo y la orina seca. Podía oler las madres desgastadas con sus seis o siete hijos, y los padres impacientes que les daban palizas como para casi matarlos. Se me paraba la nariz con una cosquilla aguda cada vez que el carro de la policía pasaba con su luz roja volteando y la sirena chillando, cruzando el paisaje como un murciélago saliendo de Harlem, buscando calmar algún problema, o tal vez causarlo.

Al caminar por la Avenida Lexington, donde sucedía mucho, se podía oír la voz característica de un tecato, —Oye, *man*, ¿me puedes prestar un par de pesos?

—Lo siento, pana. ¡Qué bueno sería tener un par de pesos! pero aquí tienes, toma algo, —y seguía caminando, sin oír el *Gracias, brother*, —después de haberle metido medio peso en la mano. Dentro de poco eso sería convertido en un cantazo de heroína que tansiquiera por un tiempito alejaría del tecato lo que había que alejarse.

Las cuadras pasaban, y sin sentir la distancia ya había caminado veinte cuadras. En la Funeraria Ortiz había una corona de flores blancas, indicando que la muerte se había ganado a otro cliente. Traté de no envolverme en los sollozos de los queridos que lloraban por alguien que ya se encontraba en el más allá.

Di la vuelta y me encaminé hacia mi cuadra, notando que la ropa limpia que no había cabido en los cordeles de los patios traseros, la gente la habían tendido en las escaleras del frente. Pensé en aquéllos que se quejan de la ropa en los escapes del frente, diciendo que la práctica degrada la cuadra, y culpan a los que lo hacen de no tener vergüenza y concluyen, por lo tanto, que sus acciones destruyen el valor del vecindario. Pero a mí me gustaba; pensaba que le daba un aspecto de elegancia a las escaleras de incendio, estar vestidos de ropa interior, pantaletas y ropa de trabajar, toda estregadas y limpias.

Al encontrarme con mis muchachos, se suspendió de repente la importancia de esos pensamientos y observaciones. Solamente mis muchachos tenían importancia. Y por buenas razones: si yo tenía panas, tenía respeto y ningún otro grupito me haría su pendejito.

Además, mis muchachos me daban un sentido de pertenencia, de prestigio, de logro; me sentía grande y malote junto a ellos. A veces los pensamientos de los tres mundos en que vivía empezaban a correr por mi mente: el mundo del hogar, el mundo de la escuela (aunque eso ya se acabó) y el mundo de la calle. El de la calle era el que valía mucho más para mí. Era como si todos los muchachos gritaran a la vez, —¡Vaya, hombre, esta vida es la mía!

Los mundos del hogar y de la escuela estaban compuestos de reglamentos hechos por adultos a quienes se les había olvidado cómo se siente ser muchacho, pero esperaban que el muchacho se acordara de portarse como un adulto, cosa que todavía no había alcanzado ser. El mundo de la calle le pertenecía solamente al muchacho. Ahí, el muchacho podía ganarse sus propios derechos, su prestigio, y encontrar una manera chévere de vivir.

Un día estaba sentado en la Dulcería del Viejo, dándole patadas a todos estos pensamientos en mi cabeza, mientras que miraba por los alrededores a lo que estaba pasando. De repente los muchachos por la calle se veían menor y con menos experiencia que yo. Coño, ¿qué me estaba pasando? Me sentía como que mi mundo se me había fragmentado en pedazos pequeños. Fue entonces que vi cruzar la calle a Carlitos Díaz, a su hermana Ava y a la mamá, caminando con una muchacha puertorriqueña de ojos grandes, la muchacha más chévere y bonita del mundo entero. Me levanté del asiento y salí afuera.

Pité y Carlitos me miró. Con mis hombros le pregunté, *¿Quién es ésa?*

Carlitos le dio la maleta de cartón a su hermana y cruzó la calle a donde yo estaba, y me informó que ella era su prima, un año mayor que él, soltera, y acababa de llegar de Puerto Rico, y ¿por qué yo no subía a la casa?

Hice una movida con la cabeza que quería decir, *¿Ahora mismo?* y Carlitos siguió indicando que *Sí, Sí* mientras que regresó al grupo para ayudarle a su hermana con la maleta. Desafiando la ley de la gravedad que ejercía la acera, de un jalón levantó la maleta y ascendió las escaleras de la entrada de la 109.

Dos horas después toqué a la puerta y me le quedé mirando mientras se abría.

—Entra, Piri, —invitó la mamá de Ava.

Le di las gracias con la cabeza; y la mirada seria que le tiré a Carlitos le quitó la sonrisa come-mierda, indicándole que ésta no era una visita ordinaria. Los seguí a la cocina, donde estaba sentada *ella*, comiendo. La miré y le dije, —Me llamo Piri. Y tú, ¿cómo te llamas, señorita?

—Trinidad, —respondió, con una sonrisa tímida.

—¿Trinidad?

—Sí, pero Trina me gusta más —dijo, dejándome mudo con esa boca rosada, esos dientes blancos y esa sonrisa. Empezó a pararse de la mesa y pensé, *No te levantes, Señorita Trina. Sigue comiendo; acaba lo que está en tu plato de arroz y habichuelas. ¿Sabes que el aceite de la comida te hace brillar los labios?*

A pesar de mi petición mental, se levantó y lavó un vaso con agua caliente, lo llenó de agua fría, se tomó un poco, y regresó a su puesto en la mesa. Durante todo ese tiempo no me miró, y su tímida falta de interés me dejó indefenso. Me quedé ahí, parado y mudo como una estatua en el Parque Central. La Señora Díaz me salvó la vida.

—¿Quieres comer algo, Piri?

Agradecido, indiqué que sí con la cabeza y me senté al otro lado de la mesa de donde estaba sentada Trina. No habría mayor dicha en el mundo que poder colocarme cerca de esta niña/mujer que me había trastornado el equilibrio. Se me sintieron débiles las rodillas, pero pude mantenerme la cara de palo estilo de la calle. Nada me tembló, nada se manifestó, pero mi corazón decía *Chica, me caes muy bien*. Estaba deseoso de decírselo así mismo.

Pero en lugar de suceder eso, sólo hubo un pequeño diálogo entre los pequeños bocados, y quise que la comida durara para siempre.

—¿De dónde eres, chica? —pregunté.

—De Río Piedras, en Puerto Rico. ¿Y tú?

—De aquí, del Barrio. Uh... ¿vas a estar aquí mucho tiempo?

—No estoy segura. Quizás mucho tiempo, o quizás poco tiempo.

La miré como que no me importaba y pensé, ¡*No, no, chica, para siempre, di que para siempre!*

Por fin terminamos de comer y fuimos a la sala a descansar y a tomar café. Luego llegó la hora de irme. Me levanté y todos hicieron una escolta para acompañarme a la puerta.

—Estoy contenta de haberte conocido, Piri, —dijo Trina.

—Igualmente— le dije, pela'o de la risa, y pensando, *Muchacha, me has prendido el alma,* pero en lugar dije, —Vaya, te veré otra vez.

No hubo respuesta, sólo una sonrisa tímida.

Nos dimos la mano, pero se la aguanté demasiado tiempo. Me sentí como un burro, y por fin le solté la mano. Con una sonrisa suavecita, cerró la puerta detrás de mí.

Carajo, ¡qué buena está, pensé, *buena, buena, buena!*

Luego le puse el apodo de *mi Marine Tiger,* el nombre del barco que había traído a tantos puertorriqueños a Nueva York. Nos caímos bien mutuamente, y pronto estábamos saliendo juntos a todos los bailes. Para las Navidades, hicimos cita para ir a una fiesta que estaba haciendo una de sus primas. Hombre, me sentía cheverote. Tenía bastante dinero en el bolsillo, porque acababa de vender una yerba y había comprado más, que ya estaba enliada en pitillos. Tenía como doscientos pitillos. A tres por dólar ganaría como $65. Como me había dicho el Sr. Cristiano, *"Nuestro territorio designado está lleno hasta capacidad".*

Era una noche magnífica, fría pero no helada. Estaba esperando a Trina abajo, en frente de la Dulcería del Viejo. Estaba vestido bien elegante, con un traje fino, un abrigo de estilo sofisticado y zapatos Florsheim de cuero blandito, verdaderos zapatos de baile. *Hombre, ¿qué la estaba demorando tanto?* pensé, un poco molesto, impaciente por llegar a la fiesta. Empecé a cruzar la calle para darle otro grito que avanzara. Pero me cambié de idea y decidí esperar dentro de la dulcería, donde se encontraban algunos de mis muchachos. Comportándome super-suave, caminé despacio, deliberadamente, regresando a la dulcería, pausando lo suficiente para encender un largo cigarro delgado. Una música caliente, un mambo delirante, emanaba de la vellonera dentro de la dulcería. Mis pies reaccionaron automáticamente y bailé los últimos pasos hasta llegar a la puerta.

Me quedé ahí parado un segundo, escuchando la música, y abrí la puerta. Vi que algunos estaban snifeando* tecata. Yo me había fumado un poco de marihuana, que era casi igual como fumar cigarrillos, pero no me gustaban las drogas pesadas. Había visto a los tipos joven/viejos a quienes las drogas habían jodido, esos pobres pendejos que trataban de engañarte por un peso o que te robarían cualquier cosa que les trajera el precio de la cura para espantar a ese diablo malo por un tiempecito.

Empecé a dar la vuelta para salir de ahí, castañeteando los dedos como si se me hubiera olvidado algo, cuando me llamó Alfredo. Nosotros nunca habíamos sido socios fuertes y parece que jamás dejábamos pasar una oportunidad para tener una discusión de lo que fuera. *Algún día*, pensé, *vamos a tener que pelear hasta el final*.

—Oye, panín, —dijo—, ven, coge un poco.

Ya era demasiado tarde para evitar la situación; tendría que disimular. Entré a la dulcería, caminé suave y toqué dedos con los hermanos. —¿Qué pasa? —pregunté, como si no supiera.

—Suavecito, hombre, —advirtió Waneko—, tenemos algo serio y vamos a volar. Toma un poco.

Sentí que me metían algo en la mano y vi una cápsula y un pedazo de cartón doblado en una V como una palita.

—Güele*, hombre, —dijo Waneko—. Es H.

¿Cómo puedo salirme de ésta? estaba pensando. —No, papito, ya me fumé un montón de yerba. Estoy volando bien y no quiero dañarlo.

—Carajo, hombre, —dijo Alfredo—. Estoy pensando que el suave Piri está disimulando, echándotela* de que eres un callejero. Yo no estoy tirando indirectas, pero nunca te he cogido por cobarde.

Sentí ponerme tieso y dejé que la cara se me pusiera como una máscara negra, dura, y en una voz baja, controlada, silbé, —Papito, no voy a considerar haber oído lo que acabas de decir.

Cogí la palita de cartón y tomé un poco.

—Oye, Piri, —me advirtió la voz de Crip—, ése es un cantazo grande el que tienes amontonado ahí en la mano.

—Mira, —dije, en voz de malote—, esto yo lo he usado antes. Pero un hijo de la gran puta guapo parece no saberlo y quizás a cobardes así hay que enseñárselo.

Mirando directamente a Alfredo, inhalé, primero por un hueco de la nariz y luego por el otro. Entonces, dando una vuelta rápido, salí a la calle fría. Casi inmediatamente sentí una sensación ardiente en la nariz, como que quería estornudar. Saqué mi pañuelo y casi no tuve tiempo de ponérmelo a la cara cuando la sangre empezó a chorrearme de la nariz. *Coño*, pensé, *esta mierda me reventó las narices*. Pero dentro de poco dejó de correr la sangre, así mismo como había comenzado.

Ahora las luces nocturnas se veían más y más amortiguadas, y mi conciencia de las cosas se puso más retrasada. Pero la música se oía más clara y yo no sentía dolor ninguno. Nada. Estaba como desconectado. También sentía un poco de náusea, pero el sentido bueno dominaba. Vi a Trina que al fin bajaba a encontrarse conmigo, y crucé la calle y caminé adonde ella, bien liviano y despacio, como en un sueño, para que ella tuviera que caminar hacia mí. A veces yo hacía que ella cruzara toda la distancia a mí, pero ésta noche me sentía bien.

—Hola, Marine Tiger, —la saludé. Era verdaderamente hermosa, con pelo oscuro rizado, ojos negros grandes, boca roja y un cuerpo fabuloso. Esta noche tenía un vestido nuevo. *Hombre*, pensé, *es acción personificada*. Sin embargo, cuando me preguntó mi opinión de cómo se veía, le gruñí, —Te ves bien, nena —y nada más.

Me dijo que se sentía bien, estando a mi lado. *Hombre, te amo, Trina. Me siento bien.* Me toqué la cara. Me sentía como si estuviera tocando a otra persona. Una voz pequeña me jodía, *Andas por mal camino, negrito, estás entrando al callejón de los tecatos*. Arrr, pa'l carajo contigo, —casi lo dije en voz alta. Di la vuelta a la esquina con el brazo por los hombros de Trina.

En las escaleras al subir a la fiesta, dije, —Trina.

—¿Sí, Piri?

—Mira, nena, no quiero que tomes demasiado. Parece que tú no aguantas mucho y no se ve bien. Te emborrachas de nada. ¿Está bien?

—Está bien, Piri, pero acuérdate también que yo no soy recién nacida.

Me reí. —Eso sí que no lo eres, pero así es como yo lo quiero. ¿OK?

—Sí, OK.

—Así es que me gusta a mi Marine Tiger.

Había mucha gente en la fiesta, y sin querer me separé de Trina. Sintiéndome contento, bailé con un par de las gevas. Estaba guayando con una bien pegadito, cuando oí la voz de Carlitos.

—Oye, Piri, —me dijo—. Trina está tomando. Está hablando de cómo tú estás echándole el ojo a... —y apuntó un dedo silencioso a la geva en mis brazos—. Ha tomado bastante.

Miré para la cocina. Trina acababa de terminar un trago. Le dije en voz baja a la geva que estaba bailando conmigo, —Te veo después, —y fui hacia la cocina, suave, como lo debía hacer—. ¿Trina? —le dije.

—¿Sí?

—Mira, nena, estás tomando demasiado; cógelo suave, ¿eh?

—Sí, está bien. Sólo es mi segundo trago... y además, es Navidad.

—OK, termina ése pero más nada. Ven acá.

Tambaleó un poco y le dio una mirada sucia a la muchacha que había estado bailando conmigo. Me sonreí con Trina y bailamos. Al rato yo estaba guayando de nuevo con la misma tipa y miré hacia la cocina y vi a Trina con otro trago en la mano, hablando con un tipo que siempre andaba buscando a quién levantar. Ella me miró y al verme dejó caer el vaso de la mano y corrió al baño. El tipo quien le había estado ofreciendo los tragos empezó a decir algo, pero yo lo mandé a callar. Entonces caminé al baño y batí contra la puerta.

—Trina, abre ahí, —grité.

Una voz pequeña dijo, —Vete pa'llá. Yo puedo tomar si quiero.

Yo estaba lo suficiente arrebatado para romper la puerta, pero me controlé. ¡Qué vale comenzar alboroto en casa de familia! Llamé a

Ava, —Mira, Ava, hazme el favor y sácame a tu prima de la letrina. Sácala de ahí y vamos a darle un café prieto y un poco de la manteca de ese lechón que está ahí en la estufa.

A poco tiempo se desintegró la fiesta, y Trina, Ava, Carlitos y yo salimos para casa. Trina parecía un poco menos borracha, pero al salir, el aire fresco de la noche le hizo subir la nota de nuevo. Empezó a hablar mierda. —Puedo tomar cuando quiera, —dijo. Caminé más adelante con Carlitos y fingí no oírla. Ava estaba caminando con Trina y yo la oí tratando de calmarla. Pero se estaba poniendo más nerviosa. —La verdad es que soy libre, blanca y de edad legal— exclamó.

Carajo, pensé, *¿por qué tuvo que decir eso de ser blanca?*

Sentí que me estaba alterando, pero me calmé y seguimos caminando por la Avenida Park abajo hasta la Calle 104 y al edificio número 109.

Trina siguió bembeteando como una cotorra por todo el camino. Los tragos eran los que hablaban, pero yo me estaba enfogonando ya. Entonces fue que me dio coraje de verdad. Cuando llegamos a nuestra entrada le dije a Ava y a Carlitos, —Suban ustedes, que quiero hablar con Trina.

—OK, Piri, te vemos más tarde, —dijo Carlitos.

—Piri, no tengas demasiado coraje, ella está un poco arrebatá' y nada más, —dijo Ava.

Trina trató de seguir con ellos pero no la dejé ir.

—Mira, nena, quiero hablar contigo, —le dije. Le sujeté los dos brazos. Estaba parada al frente de la puerta que tenía una ventanilla de vidrio.

—¡Suéltame! ¿Quién tú te crees que eres? —dijo.

—Sólo quiero hablar contigo y...

—¡Suéltame! —repitió—. ¿Quién carajo crees que tú eres?

Y con esas palabras me empujó. Yo estaba lo suficiente arrebatado que perdí el equilibrio mental y antes de poder controlarme, mi puño había explotado hacia su cara. De milagro no conecté y el puño reventó la ventanilla de vidrio de la puerta. Retrocedí con la mano y ambos nos quedamos ahí parados, mirándome la mano, toda cortada y botando sangre de uno de los nudillos. Al momento, ascendió la escalera y yo subí detrás de ella.

Ya arriba, Trina me trajo una toalla para envolverme la mano. Luego salí del apartamento y acudí al Hospital Mt. Sinai, de donde me enviaron en ambulancia al Hospital Municipal.

Oye, ese Hospital Municipal parecía una carnicería. Entraban toda clase de casos: hombres con cabezas rotas, brazos rotos, puñaladas, balazos. Ya no quedaban camas, y algunos pacientes rotos y ensangrentados se hallaban acostados en el piso. Los médicos estaban trabajando como locos. Los asistentes de la ambulancia trajeron a un moreno en una camilla. Sus ojos estaban dando vueltas.

—¿Qué es lo que tienen ahí? —preguntó una de las enfermeras. Ella también era morena.

—Dos puñaladas, —dijo el asistente—. Una en el cuello y la otra en la espalda.

—Ay, ay, ay, —gemía el moreno—. Díganme, por favor, ¿me voy a morir? Díganme, ¿me voy a morir? Oh, Señor Jesucristo, ¡no me quiero morir! —Se le veía el contraste de la sangre roja con el sudor que corría por su piel oscura.

El médico lo examinó y le dio unas palmeaditas en la cabeza y se rió. —Muchacho, sólo te dieron unos rasguños. Con dos tiritas nada más podrías haberte curado tú mismo, dicho y hecho.

—¿Quiere decir que voy a estar bien? —preguntó el tipo moreno.

—Ajá, sí.

—Hombre, ¡espera a que me salga de aquí! Voy a encontrame a ese negro, hijo de la gran puta. Imagínate, ese tipo, apuñalándome así.

—Enfermera, después que le tomemos unas puntadas, ponle unas medicinas a sus heridas.

La enfermera asintió con la cabeza y el tipo moreno la miró y empezó a sonreírse. —Vaya, negrita, —le dijo—, cuida bien a tu hombre.

—Cuidado con lo que dices —respondió la enfermera.

—Mira, cielito, es que quizás me voy a morir y...

—No te hagas el valiente conmigo, jíbaro. Casi te cagabas cuando pensabas que te morirías.

—Tal vez me muera de todos modos. Pero si no, ¿quieres salir conmigo? Podemos ir al Baby Grand* y tirarnos unos pasos.

—Oye, sólo me interesan esos dos rasguños que tienes. Lo demás tuyo no cuenta.

—Ay, cielito, no seas así. Si me muero, te regalo mis zapatos.

—Mira, cállate la boca o le voy a decir al médico que te la cierre con las puntadas que te van a poner en esos tajitos.

—OK, OK, negrita. Pero sabes que se dice que ustedes las enfermeras son dulces y cariñosas. Ustedes las negras son todas iguales.

Dos policías grandotes abrieron la puerta a empujones y caminaron hacia el tipo moreno.

—Bueno, chico, ¿qué sucedió? —preguntó uno de ellos.

De repente la cara del tipo moreno se le puso inocente y su voz se le puso pequeña y débil.

—Bueno, señores, no sé qué decirles, exactamente. Caminaba por la calle y pasé por un callejón oscuro y alguien me cayó encima y trató de quitarme la cartera. Le eché una pelea y me cortó con la navaja. Ni vi muy bien y no lo podría identificar. ¡Quisiera poderles ayudar!

Los dos policías se miraron y sin una palabra, se fueron. El tipo moreno los miró mientras salían y se sonrió y dijo, —A ellos, ¿qué les importa todo esto? Es sólo otro molleto picado. *Man*, cuando le meta mano a ese Scotty que me dio estos tajos, le voy a dar atención personal.

Miré a mi lado y un tipo me estaba mirando. Tenía la muñeca toda cortada. Me miró la mano con el vendaje. —¿Tuviste una pelea? —me preguntó.

—No, sólo un problema, —le dije—. Estaba por pegarle a mi vieja y falté al blanco. Metí la mano por una ventanilla de vidrio.

Se sonrió y dijo, —Yo también, pero yo le metí el puño por la ventana de puro chiste.

Lo miré y en la cara se le veía escrito "*t-e-c-a-t-o*".

Decidí averiguar si tenía razón.

—¡Qué bueno sería tener un poco!

—¿Tú estás juquia'o, *man*?

—Sí, ¿y tú?

—Sí, ajá— dijo y miró por su alrededor.

—Yo tengo un poco de H, —dijo en voz baja—. Vente pa'cá y así podemos arrebatarnos.

Me senté a su lado. —No tengo aparato, —dijo—, pero lo podemos snifear.

Sacó dos cápsulas y me dio una. La abrí cuidadosamente y dejé que un cantazo de H me cayera en la uña. *Hombre, ¿qué importa una mano cortada? Esto es lo que cuenta. Esto es la suavidad que lo arreglará todo.* Cerré un hueco de la nariz mientras aspiré duro por el otro, y luego al revés, hasta que se vació la cápsula. Entonces me recosté; toda esa miseria y dolor en esa sala del hospital dejó de tener importancia, como si el hecho de yo estar ahí no me debiera de preocupar.

—¿Cómo te sientes, hombre? —me preguntó el tecato.

—Chévere, socio. Oye, ¿cómo te llamas?

—Héctor. ¿Y tú?

—Piri.

—Oye, amigo, —llamó una voz—, tú eres el próximo.

Me viré hacia la voz y vi que me hablaban a mí. Era un médico chino. Mi mente estaba calientita y tranquila, mi separación de todo ya completa.

—OK, hijo, déjame verte la mano, —me dijo.

Sorprendido, pensé, *Él habla inglés mejor que yo.* Le extendí la mano. Él extendió la suya y entre los dedos tenía una aguja e hilo. Empezó a coserme los tajos en la mano mutilada, pero no me dolió. A estas alturas nada me podría doler.

—Lo puedes aguantar, ¿eh?

—Sí, —balbuceé—. Ajá. —Me hice parecer estar más aburrido y suave de la cuenta.

—¿Estás juquia'o? —me preguntó, como si nada.

Le di una mirada fría —¿Qué quieres decir con eso, juquia'o?

—Tú sabes lo que quiero decir. Yo te vi a ti y a ese otro tipo, snife-ando.

Me puse a pensar bien rápido ahora, a considerar si este médico chino tenía planes de entregarnos a las autoridades. —¿Qué está pensando, doctor? —pregunté cautelosamente.

—¿Por qué será que ustedes no aprenden? No se puede ganar contra la tecata. Al fin y al cabo, te cae encima como una carga de palos.

—Vaya, no estoy juquia'o. Además, no es problema suyo.

—OK, hijo, olvídalo. Tómate estas pastillas y vete a ver a tu médi-co regular para que te cambie los vendajes, y...

—Gracias, —le dije, interrumpiéndolo antes de que me diera más sermón.

El médico cabeceó. —OK, tú ahí, —llamó a uno de los heridos ambulantes—, eres el próximo.

Regresé a mi sitio en el piso, pero me molestaba que ese médico chino supiera que yo estaba juquia'o. Jesús, ¿ya era tan aparente, ya se me notaba tanto? Un pensamiento chistoso se me entró a la cabe-za: *¡Sin droguitas, no hay tecatos y sin tecatitos, no hay drogas!* y refle-xioné si de veras estaba juquia'o.

La mano me dolía bastante por unos cuantos días. Las actividades de las Navidades se convirtieron en las del Año Nuevo, y llevé a Trina a un baile al Club Paladium en la Calle 14. La mano todavía me latía, pero había conseguido una pequeña tapita y no tomó mucho para que se me quitara el dolor.

Había mucha gente en el Paladium. Miré a mi alrededor y vi a muchos de mis muchachos. Miré a Trina. En verdad era suave, bellí-sima. Algunos de los muchachos se dieron cuenta de que tenía la mano vendada y yo me hice el disimulado, como si no fuera nada.

—Oye, Piri, ¿qué te pasó en la mano, *brother*? —preguntó Lui-sito.

—Nada, sólo un pequeño problema, —dije. Lo dejé ahí colgan-do, pues si quería pensar que yo había estado en una pelea total, mucho mejor.

La mano me empezó a latir más fuerte, por lo cual entré al baño del Paladium. Estaba empaquetado como una lata de sardinas, y el olor a yerba endulzó la peste de orina que emanaba de los inodoros. No me inyecté, sino que lo snifeé por la nariz. Oye, cómo sería que algunos tipos podían arriesgarse sin importarles, cocinando la mierda e inyectándose en cualquier lugar público como en esta letrina, donde cualquiera podía entrar. Pero cuando un tipo está necesitado, hace muchas cosas estúpidas.

Regresé a nuestra mesa y un tipo estaba sacando a Trina para bailar. La oí decir, —Lo siento, pero mi novio no está aquí y no bailo con nadie a menos que él no me dé permiso.

Ya estaba empezando a sentirme bien.

No me cayó bien el tipo, pero como era víspera del Año Nuevo, solamente dije, —Está bien, chico, baila con ella, pero lo vas a coger suave, ¿OK?

—Sí, chévere.

Después de un ratito, Luisito me dijo, —Oye Piri, mira el piso de bailes.

Miré, y ahí estaba ese tipo, tratando de aprovecharse de Trina ahí mismo. Estaba estregándose contra ella y después de soltarla para dar una vuelta, la jaló duro para que chocara contra él con todo su cuerpo. Me dio tanto coraje que cerré el puño y el dolor que me causó el movimiento me puso hasta más rabioso.

—Piri, déjame a mí que bregue con ese tipo, —dijo Luisito.

—No, hombre, yo lo voy a coger primero, —dije—. Ésa es mi geva. Si yo no tengo cojones como para cuidarla, no tengo el derecho de tenerla.

La música estaba tocando como loco. Se oía chévere la cadencia del ritmo que batían los centenares de zapatos sobre el piso de madera del Paladium. Le señalé con la cabeza a Luisito y abrí paso por el mar de cuerpos, que se retorcían con el mambo loco. El tipo acababa de voltear a Trina, otra vez arrojándola duro con la intención de hacerla chocar contra él, cuando yo me puse entre medio de los dos y la agarré, bien suave, sin perder un paso del baile. Seguí yo bailando con ella. El tipo había estado tan entusiasmado con sus movidas suaves, que se puso con actitud de machote, —Oye, chico, ¿qué mierda es ésta? ¿No ves que estoy bailando con la geva?

Dejé de bailar y ni miré al tipo. Tomé a Trina de la mano y nos salimos del piso de bailes.

—Yo no tengo la culpa, Piri, —me dijo.

—Lo sé, nena, olvídalo.

El tipo nos siguió a la mesa, todavía hablando mierda. Después que senté a Trina, me volví al tipo. —Desaparécete, hijo de la gran puta.

—¿*Cómo-o-o*?

—Desaparécete, hijo de la gran puta, —repetí y añadí—, mientras que todavía puedas caminar.

Dos de los muchachos del tipo se le acercaron y se quedaron ahí parados, tirando miradas de malote. —¿Te está causando problemas este tipo, Tony? —preguntó uno de ellos.

El tipo asumía personaje aun más malote ahora y les dijo, —Sí, pero yo me encargo de él. Él piensa que como tiene una mano herida, se va a salvar.

Lo miré con frialdad.

—Tengo muchas manos, hijo de la gran puta, —le dije, y di la señal con la cabeza en la dirección de mis muchachos. —Suficiente para ti y esos dos maricones que tienes ahí contigo.

Con un movimiento suave y silencioso, Luisito y como quince más de mis muchachos nos rodearon. —Te puedes ir ahora, suave, o te podemos gastar, hijo de la gran puta, —le dije.

El puto y sus dos muchachos maricones se miraron, y sin decir otra palabra, se fueron.

¡Qué mundo! No importa si tienes razón o estás equivocado, con tal de que seas fuerte, tienes la razón.

—Vamos a bailar, Trina, —dije.

13

Colgado entre dos mundos

Poco después, a Luisito y a mí nos tocó un poco de esa misma mierda. La diferencia era que no pudimos elegir si queríamos evitar la situación. Nos agarró un grupito de blancos mientras salíamos del cine RKO en la Calle 86. Eran como ocho gringos. Tratamos de escaparnos, pero nos acorralaron en un círculo bien cerrado. Después de tirar unos puñetazos rápidos, Luisito pudo escaparse. A mí me llevó un poco más tiempo. Cogí cuatro correazos por cada uno de los que pude tirar. Por fin salí del círculo y empecé a correr como loco. Pero esos malditos gringos se habían antojado en dejarme bien jodido. Uno por poquito llegó a alcanzarme; pude verle la cara al echarme la mirada sobre el hombro. De repente paré y él se aplastó contra una bofetada que llevaba la fuerza de todo mi peso. Se cayó de fondillo, y yo le dije, con suavidad, —Hijo de la gran puta, los puños son para los hombres, las bofetadas para los cobardes. —Sus muchachos estaban demasiado cerca para poder yo seguir haciendo tanto aguaje, así que me eché a correr. Lo oí gritar a través de labios partidos, —¡So canto de negro sucio! Te voy a coger, bastardo negro.

Yo le grité de vuelta, —¡Un bastardo negro es el que chingó a tu madre! —¿Será eso lo que soy, un bastardo negro? me pregunté.

Me jodía la pita cuando los gringos nos llamaban a nosotros, los puertorriqueños, por los mismos malos nombres que a nuestros hermanos de color. Pero no parecía molestarle a Luisito ni a los demás puertorriqueños blancos como él; tampoco le molestaba a Crip ni a los demás muchachos, que eran trigueños como yo o más. Entonces, ¿por qué siempre me tenía que molestar a mí? ¿Por qué no podía despojarme con una risa, recitando el verso simple de los niños,

Los palos y las piedras me pueden romper los huesos, pero las palabras jamás me podrán perjudicar.

Dos de mis buenos panas, Crutch y Brew, eran morenos. Yo siempre los oía hablar de Jim Crow* y las ideas torcidas y extremistas de los blancos del Sur. Crutch me contó una vez de cuando él estaba sentado en el bordillo de una calle donde vivió en el Sur y que unos jóvenes blancos pasaron en un carro y le gritaron, —Oye, molleto, salte de la cuneta y métete a la alcantarilla, donde pertenecen todos los molletos negros.

Lo que me contó Crutch me molestó con cojones. Fue como si me lo hubieran dicho a mí. Le pregunté a Crutch si conocía a algunos de los tipos negros que fueron linchados. —Personalmente, yo no. Pero mi Papa sí conoció a algunos. —Lo dijo con un poco de tristeza mezclada con una arrogancia distraída.

Crutch era inteligente y hablaba de muchas cosas que tenían sentido para los negros. Y que tenían mucho sentido para mí —era precisamente esto lo que me molestaba.

—Tú nunca has estado en el Sur, ¿verdad, Piri? —me preguntó Crutch.

—No, nunca, *man*. Solamente he leído cosas y vi esa película "Lo que el viento se llevó".

—Lugares como Georgia y Mississippi y Alabama. Todos esos sitios con nombres que terminan con *"i"* y *"e"* y muchas *"a"*. Y ¿sabes una cosa? Un hombre negro es tan importante que sólo una gota de sangre negra puede hacer que a un blanco de ojos azules y culo rosado se le considere un hombre negro. Esa piel blanca es poderosa, pero no tiene la fuerza de un mojón en comparación con la sangre de un negro.

Sí, ese Crutch sabía hablar de las cosas como eran.

El próximo día estuve mirando las caras de la gente que pasaba por mi entrada. Traté de contar los diferentes matices y colores, pero abandoné el juego después de un tiempo. La verdad era que blanco y negro eran los dos colores más sobresalientes; todos los demás eran algo entre medio de los dos.

Con la mano me sentí la pelusa en la barbilla y vagamente me puse a pensar de cuándo me saldría la barba como a Papi. *Me parezco a Papi*, pensé, *en verdad tenemos rasgos semejantes*. Contemplé si era demasiado malo sentir un poco de odio hacia mis hermanos y hermana porque salieron blancos iguales que Mami. Me sentí el pelo: grueso, negro, como alambre. Mentalmente lo comparé con el de mis hermanos. La cara se me retorció al pensar de los quintales de brillantina y aceite que me había untado en vano, tratando de que me quedara como el de ellos. Me sentí la nariz. *Coño, no es tan aplastada*, dije en voz alta. Pero mentalmente, la comparé con las de mis hermanos, cuyas narices eran agudas y rectas, y colocadas en el mismo medio de sus caras blanquitas.

¿Por qué me tuvo que pasar esto a mí? ¿Por qué no pude haber nacido como ellos? Me sentí como mierda, cobarde, al pensar así. Me entró un sentido de vergüenza. No era correcto estar avergonzado de lo que uno era. Sería como odiar a Mami por el color que ella era y a Papi por el color que no era.

Me empecé a poner conciente de los ruidos de la cuadra. Escuché con mucha atención. Oí el rugido de los muchachos de todos los colores, una mezcla callejera del español y el inglés, con un sobretono fuerte del dialecto de los negros americanos.

—Oye, hombre, —dijo una voz—, ¿qué haces ahí sentado en el culo? Pareces que tienes una tormenta en la cabeza. —Era Brew, uno de mis mejores socios.

—Un poco, Brew, —dije—. ¿Cómo van las cosas contigo?

—Como una brisa suave, —respondió.

Miré a Brew, igual de negro como Dios está supuesto a ser de blanco. —Carajo, Brew, la verdad es que tú eres un molleto bien feo.

Brew se sonrió. —Mira a este negro llamándole a otro "molleto", —dijo, riéndose.

Yo me sonreí y le dije, —Pero soy puertorriqueño.

—Yo no veo nada más que otro negro delante de mí, —dijo Brew.

Así se comenzaba "las docenas", un juego de insultos. Es un juego peligroso, aun entre amigos, y muchos dientes han sido tumbados en peleas hasta entre los que son mejores socios. Yo quería que el juego se pusiera en serio, sin saber exactamente por qué. Brew y yo habíamos jugado las docenas una cantidad de veces donde la cosa se había puesto bastante sucia. Pero esta vez yo quería que sucediera algo. —Sonríete, cara de crica, cuando dices algo así —le dije—. Soy puro puertorriqueño de corazón y alma...

—Pues, ¿y qué...? —respondió Brew.

Traté de considerar mis acciones. Concluí que debía tratar de volver al nivel de chiste. ¿Qué carajo estaba yo tratando de plantear? ¿Estaría tratando de decirle a Brew que yo era mejor que él porque él es solamente un negro y yo soy un puertorriqueño trigueño? ¿Que a su gente los ahorcaban, colgándolos de un árbol cuando a un blanco le daba la gana, y que a los puertorriqueños nadie les hacía eso?

Me miré las manos; encontré que los puños se me abrían y se cerraban, como en busca de una respuesta a lo que había dicho Brew. Por fin empezaron a salirme las palabras, —Brew, *man*.

—¿Qué es, Piri?

—Vamos a olvidarlo todo, Brew.

—No hay nada que olvidar, panita.

Prendí una colilla. Brew me ofreció un cigarrillo entero. —Gracias. Está bonito el día, ¿verdad?

—Bastante, —dijo, y añadió—, Mira, no quiero revivir la mierda que acabó de pasar, pero...

—Olvídalo, Brew. Me perdonas por haberte faltado el respeto.

—No quiero que te sientas tan mal. Lo que dijiste no fue tan malo. Casi todo el mundo tiene algún complejo que tiene que ver con su color. Hasta yo mismo...

—Brew, yo no te he dicho lo que estoy sintiendo. Ahorita estuve pensando que si pudieras comprender cómo me siento podrías ver que estoy colgado entre dos palos, dos mundos.

—Mira, Piri, —interrumpió Brew—, todos tenemos algún dolor que nos consume por dentro. A mí me parece bastante claro que estás un poco jodido con todo el odio que sientes hacia todo lo que es blanco. Es un odio especial. Carajo, socio, dilo como lo sientes: odias a todos los blancos.

—Solamente la jodida piel blanca, Brew, —dije amargamente—. Su color, nada más. Y la manera en que ellos reclaman que el color blanco es el himno nacional del mundo, ¿tú entiendes?

—Sí, yo sé.

—Cuando yo era niño en la escuela, —dije—, asistía a las asambleas generales vestido de camisa blanca y corbata roja. Todo el mundo vestía de camisa blanca y corbata roja, y cuando tocaban el himno nacional, yo me ponía la mano en el corazón. Me sentía orgulloso al poder cantar a toda boca:

My country 'tis of thee,
Sweet Land of Liberty,
Of thee I sing...*

Y ahora cuando oigo esa canción no puedo dejar de pensar que es sólo para los blancos. Es *su* himno nacional, *su* dulce tierra de libertad.

—Sí, entiendo, hombre, —dijo Brew—. Es como si la constitución dijera que todos los hombres, que *no* son blancos, fueron creados iguales con ciertos derechos *negables*. Le damos las gracias, Sr. Lincoln. La guerra civil la pudimos sobrevivir nosotros los negros de una forma u otra, pero todavía estamos tratando de recuperarnos del período de la jodida reconstrucción.

Nos reímos juntos. —¡Qué chistoso, si es que te puedes reír!

—dije—. Déjame tratar de decir algo creativo también. Hazte tú el serio.

—¿Qué fue lo que te hicieron a ti, Piri? Porque tú ni has estado en el Sur...

—No, hombre, tienes razón, —dije, recordando que Crutch me había dicho lo mismo.

—Entonces nunca te han enfrentado con esa mierda de refrán de que:

"Estás bien si eres blan-*co*,
si eres negro, ahí que-*dó*."

—Pues no, Brew, —dije—. La cosas parecen ser bien duras para ustedes los Negros.

—¿Qué quieres decir, *ustedes los Negros*? ¿No te incluyes tú en esa categoría? Carajo, tú sólo eres un poquito más claro que yo, y aunque fueras aun más blanco, todavía serías un negro.

Sentí que se me apretó el pecho más y más. Dije, —No soy ni un maldito Negro ni soy un maldito blanco. Soy puertorriqueño.

—¿Tú crees que eso le afecta a cómo piensan esos blancos Jim Crow*? —preguntó Brew con frialdad.

—Coño, estoy jodido— murmuré.

—¿Qué dijiste, hombre?

—Dije que estoy empezando a odiar a los Negros también, —le disparé como respuesta.

Brew se alejó de mí con las piernas tiesas. Sus puños estaban casi cerrados. Entonces regresó adonde mí y me miró, y como si no tuviera coraje me dijo, —¡So maldito bastardo mestizo! Eres un jodido negrito con piquiña de ser hombre blanco. Tú crees que siendo puertorriqueño te salva de la ahorca. Ahí es que está el problema. Hay demasiados de ustedes puertorriqueños negrísimos que andan con ojos cerrados. Por el mundo entero hay negros de sobra que se sienten igual como tú. Pero el hecho de poder bembetear en otro idioma no te cambia la piel en nada. ¿Qué es lo que ustedes piensan? ¿Que los únicos molletos en el mundo están en este jodido país? Los molletos se encuentran en todas partes del mundo. *Man*, si hu-

bieran negros en la luna hablando el idioma de la luna, todavía serían negros. ¿Comprendes, Piri? ¡Negros!

—Brew, *man*— dije—, Odio al blanco que está tratando de aplastar al negro. Pero también estoy empezando a odiar al negro, porque
puedo sentir su dolor y no creo que éste debe ser dolor mío. Coño,
hombre, los puertorriqueños tenemos problemas sociales también.
¿Por qué carajo tenemos que echarnos encima también los problemas de los negros? —Me fijé en los ojos de Brew. Se veían como si
estuviera pensando que ahora tenía dos tipos de enemigos: los blancos y los puertorriqueños negros. —Brew, —dije—, estoy tratando
de ser un moreno, un hombre de color, un hombre negro, porque
eso es lo que soy. Pero tengo que aceptar ese hecho yo mismo, por
dentro. Hombre, ¿sabes lo que es sentarte al otro lado de la mesa y
mirar a tus hermanos, que todos se parecen igual a los blancos? Cierto, nunca he estado en el Sur, pero la misma mierda está sucediendo
por acá. La diferencia es que no te cuelgan del pescuezo, pero te
ponen una soga invisible por los güevos y te ahorcan con sonrisas
agradables y "Si te necesitamos, te llamamos". Yo quiero sentirme
como un **Míster.** No he podido sentirme así hasta ahora, y no existe
vino frío ni yerba buena que mel obligue la mente a aceptar que solamente soy *Míster* parte del tiempo. ¿Qué importa que pueda ir a
una sala de billar o un restaurante elegante de blancos? ¿Y qué si me
acuesto con una tipa blanca? Ella es sólo un borrón blanco, a pesar
de lo bonito que se me ve la piel negra en contraste con el color blanco de la tipa.

—Entonces vas a despreciar al negro solamente porque el blanco
te está despreciando a ti, —dijo Brew—. Con eso no vas a ganarte
nada más que el desprecio de nosotros también.

—¿Te sientes así conmigo?

—No, yo no siento desprecio por ti, Piri. Es que me alteraste un
poco con esa mierda de "soy puertorriqueño". Pero sé lo que estás
atravesando. Solamente tienes que darle coco a las cosas para salir
adelante con unas soluciones.

Brew estrechó su enorme mano hacia mí. La agarré y añadí una

palmeada para cerrar el gesto. Miré la diferencia de color entre nosotros y pensé: *Él es mucho más oscuro que yo, pero una cosa es por cierto, ni él ni yo somos blancos.*

—¿Todo chévere? —pregunté.

—Sí, hombre, yo no tengo coraje. Te dije que comprendo. Sólo
me preocupa que quizás te vayas a convertir en un hombre de color
con el corazón de un blanco.

Como Papi, pensé, y con los ojos me puse a seguir un culo que se
movía rápido al subir la entrada del edificio al otro lado de la calle.

—¡ Qué culo más bueno ! —dijo Brew.

—No, Brew, yo...

—¿Me estás diciendo que ahí no va un culo buenísimo?

—Eso no es lo que te iba a decir, viejo bellaco. Quise decirte que
lo que quiero de esta vida es poder tener algunas de las cosas buenas
que tienen los hombres blancos. Coño, lo que comen ellos durante
la semana nosotros solamente lo podemos comer los domingos...

—No es sólo así con los puertorriqueños.

—Sí, es así con los negros americanos también.

—Y hay muchos blancos que también están en malas condiciones, —dijo Brew—. Algunos hasta peor.

—¿Qué estás haciendo ahora, pendejo, defendiendo a los blancos? —pregunté.

—Sólo lo digo como es.

Pensé por mucho tiempo y al fin dije, —Yo voy a tener todo lo
bueno que tienen ellos, aunque lo tenga que coger. Pa'l carajo con lo
demás, lo que me preocupa a mí es el bienestar mío. Hasta esos
blancos pobres que mencionaste desprecian a los negros —aun más
que el blanco con dinero— porque el blanco hambriento no tiene
nada y tiene que buscar algo para sentirse hombrote de alguna
forma. Y, como de costumbre, es el negro que quieren que se acueste y deje que el blanco con sus chambones grandes se le suba encima
del pecho, sólo para que el blanco pueda sentirse dos o tres pulgadas
más alto, estando parado en las costillas de otro.

—Estás hablando toda esta caca y ni has ido al Sur, —dijo Brew
con desdén.

—Brew, —dije con paciencia tranquila—, uno no tiene que venir del Sur para saber lo que está pasando. Hay mierda sucia por dondequiera que vayas. Además, yo siempre aprendo de ti y de Crutch y de los demás. Aprendo de lo que leo... y de los blancos.

—Pero no es igual como estar en el Sur, Piri, —Brew insistió seriamente.

—¿Qué pasa, Brew? —pregunté en voz sarcástica—. ¿Es que te tienen que ahorcar para que sepas lo que está pasando? —Empecé a cantar, *Way down upon the Swanee River...**

Brew continuó como si yo no hubiese hecho nada. —Pues no puedes apreciarlo y es por eso que no puedes hablar tanto.

—Eso es lo que dices tú, Brew. Pero lo mismo...

—¿Quieres bembetear de las diferencias y las semejanzas entre allá y acá? —interrumpió Brew—. *Man,* ¿te crees que estos blancos acá son hijos de la gran puta de lo sinvergüenza que son? ¡Já, já! Éstos no son nada comparados con los "Míster Charly"* de allá. En el Sur, si no tienes cuidado, te crías con la costumbre de estar partiéndote el culo con sonrisas, revelando tus dientecitos blancos hasta que tus encías cojan pulmonía, o por el otro lado partiéndote el culo trabajando por nada.

—Sí, pero...

—Déjame decírtelo yo como es, Piri. Hoy día no es tan malo como cuando mi padre era niño. Pero todavía es bastante malo, aunque lo malo es lo malo, mucho o poco. Ahora, los indios, ellos sí lo tuvieron fuerte, pero ellos tenían corazón.

—¿Qué estás diciendo, hombre? —pregunté, pensando que qué carajo tenían que ver los indios con todo esto.

—Mi Papi decía que:

El indio luchó contra el blanco y murió.

Y nosotros la gente negra nada más nos meneamos los rabos.

Y con "Sí, señores" nos sonreímos y nos multiplicamos.

Me sonreí y me levanté y bostecé y me estiré. —Brew, —dije.

—Estoy aquí, socio.

—Quizás no fue mala idea cogerlo suave, sabiendo que el poder se encontraba todo en el otro campo. Fíjate, hombre, el indio luchó contra el blanco y perdió. Y el indio estaba en su propio territorio.

—Pero nosotros pudimos haber ganado, —dijo Brew.

—Sí, quizás, Brew, —las palabras me salieron bien huecas.

—OK, *man*, —dijo Brew, sonriéndose.

—¿Sabes una cosa, Brew? —dije de repente—. Voy para el Sur. ¿Quieres irte conmigo?

—¿Pa' qué, hombre?

—Quizás se me aclararían un montón de cosas. Quizás puedo dejar de estar confundido y por fin entender lo que soy.

La cara de mi socio se torció toda, como siempre le hacía cuando no estaba seguro de algo.

—No sé, Piri, —dijo—. Por allá no es como acá, donde tienes libertad de hacer y decir más. Por allá, en algunos de esos pueblos, esperan que te salgas de la fila por un segundito y te puedes encontrar encadenado en una ganga de trabajo de prisioneros o en una finca-prisión cogiendo guisantes o peor, que estén sembrando esos guisantes encima de ti.

—No importa, amigo, quiero ir de todas maneras. ¿Qué me dices?

—No sé.

—No te preocupes, negro, —dije—. Prometo no sorprenderte con un acto de Jim Crow cuando estemos por allá. Algunos de mis mejores amigos hasta son negros.

—No es eso, —Brew se rió—. Sólo me preocupa esa bomba que tienes en el hombro. Si vamos al Sur y tú empiezas con toda esa vaina de ser puertorriqueño, puede que consigamos mierda de ambos lados.

—Brew, yo estoy en serio, —dije.

—Yo también, hombre, yo también. ¿Cómo piensas que vas a ir?

—La Marina Mercantil es lo que están haciendo todos por aquí en estos días. Solamente tenemos que ir a la UMN.

—¿Qué es eso?

—La Unión Marítima Nacional, —expliqué—. Ahí es donde sacamos los papeles o algo. Dicky Bishop trabaja ahí y él y yo somos socios, así que no hay problema.

—OK, *man*— dijo Brew—, me voy pa'l Sur contigo. Pero solamente bajo la condición de que lo cojas suave con el papel que vas a jugar.

—¿Hasta que alguien empiece algo?

—Hasta que *otro* empiece algo, que no seas tú. Y si algún problema sucede, no estés buscando mucha protección de la policía por allá. La mayoría son policías de día y sábanas blancas ambulantes* de noche.

—No voy pa' buscar bulla, Brew.

—A veces no tienes que buscar, Piri. A veces no tienes que buscar. ¿Cuándo vamos para el UMN?

—Vamos mañana, hombre. Tempranito por la mañana. Te puedes encontrar conmigo como a las ocho. Aun mejor, quédate a dormir en mi casa esta noche.

—¿Dónde, en Long Island?

—Sí.

—¿Todavía vas por allá?

—De vez en cuando, —dije—. Todavía tengo a mi gente allá.

—Sí, yo lo sé.

—Mejor que nos encontremos a las seis, —dije—. Ya son como las dos ahora.

—Chévere, —dijo Brew—. Así puedo tener un par de horas con Alayce.

—Sí, coño, y ¿cómo está ella? —pregunté—. Ahí sí que tienes a una mujer chévere.

—¿Verdad que sí? Es bastante buena. A veces me da coraje con ella, pero una mejor que ella no se encuentra, dentro o fuera de la cama.

—Me le das recuerdos.

—Seguro que sí.

—Bueno, cógelo suave, maricón, —le dije, y me sonreí.

Brew también se sonrió y dijo, —¿Las docenas? ¿Te has dado cuenta de cómo camina tu papá?

—Pues mira que no, porque estuve mirando cómo camina tu mamá.

Nos reímos y palmeamos las manos antes de partir. Miré a Brew alejarse y entonces me dirigí hacia la Estación Penn. Algunos pensamientos todavía estaban laborando dentro de mi cabeza. *Dios mío, si soy un negro, tengo que sentirlo en todo mi ser. Y todavía no tengo el sentido de que estoy seguro.*

Saludé con la mano a uno de los tipos en frente de la Dulcería del Viejo y seguí caminando.

LOS SUBURBIOS

Tú y Jaime son como las casas:
pintadas de blanco por fuera
pero negras por dentro.

Y yo soy más como Papi:
tratando de ser blanco por dentro
y por fuera.

14

Aprendiendo un nuevo ABC

Al día siguiente me despertó un traqueteo muy fuerte. Todavía con los ojos cerrados, extendí la mano y encontré el reloj despertador con la vista de los dedos, y *clic*, lo maté al torcer un botón pequeño. —Oye, Brew, levántate, —llamé, medio dormido. Dejé que los ojos se me abrieran lentamente, como si fuera un lujo que siempre habían merecido. La suave media luz entró a mi cuarto como un intruso tímido.

Me sentí la cara, y quería poder escupir pa'fuera la lengua, que tenía sabor a mierda. Me rasqué la barriga y ahogué una piquiña que se me estaba familiarizando en los güevos, salté de la cama y le di una mirada larga al reloj muerto. Su triste cara decía las 7:45. —Vámonos, Brew— le dije—, sacúdete la pata. —Le quité las colchas a mi amigo y con un pellizcón que le di al culo de su cadáver, se avivó agraviadamente.

—Coño, hombre, déjate de esa mierda, —dijo Brew—. Me puede empezar a gustar, y sería culpa tuya si me daño para siempre. —Brew se levantó de la cama muy afeminadamente, con la muñeca monga, y caminó pavoneándose a donde estaban sus pantalones y se los puso como una tipa se pondría una faja. Los dos nos caímos a carcajadas por todo el cuarto en un mal de risa crónico.

—¡*Carajo*, déjense de estar gritando pa' que un hombre pueda dormir! —gritó una voz enojada—. Yo trabajo de noche, y me gustaría dormir un poco cuando no estoy trabajando. ¡Cállense ya, carajo!

—Discúlpanos, Papi. Es que de verdad Brew está gracioso. Lo hubieras visto. —Pero Papi ya se había vuelto a dormir. Me vestí rápido, fui al baño con la misma rutina de siempre:

1. orinar, 2. lavarme la boca, 3. lavarme y a veces tomar un baño, 4. afeitarme a veces, 5. untarme una gota de brillantina Dixie Peach y cepillarme el pelo mucho, siempre.

Miré en el espejo. *Carajo*, pensé, *la verdad es que me parezco a Papi. ¿Por qué será que tenemos un apellido como Tomás?* Muchos me habían preguntado por qué mi apellido no era puertorriqueño como Rodríguez o Cruz. —¿Dónde se ha oído que un puertorriqueño tenga apellido de *Tomás*? —me había comentado Brew cuando nos conocimos por primera vez—. Yo pienso que tu Papi es un compatriota tratando de ganarse prestigio pasando por puertorriqueño.

Lo que siguió fue un enredo y peleamos furiosamente. Yo recibí mis chichones de los puños de Brew, pero él también había cogido unos cuantos jinquetazos míos en su quijada.

Se me retorció la cara del dolor que provocó aquella memoria y ataqué una greña de pelo matón que no quería someterse a la brillantina. —"Hey, Brew"— llamé—, ¿no te has levantado todavía? —Abrí la puerta del baño y fui a la cocina. Me encontré con el olor a tocino y huevos y el café sabrosísimo de Mami.

—Buenos días, m'hijo, —saludó Mami.

—Buenos días, Mami, —contesté—. ¡Qué olorcito más bueno! —Mis ojos olfatearon hacia la mesa. Ahí estaba Brew llenándose la cara. —¡Hombre! ¿Ya estás comiendo? y ni te has lavado la boca todavía, olvídate de haberte lavado la cara, ya que nadie se daría cuenta de eso.

Brew me miró. —¿Qué tú te crees, que soy un puerco? Me lavé la boca y me tomé dos vasos grandes de agua.

—Uhhhy— dije simplemente.

Brew se puso una mirada ofendida, pero no paró de comer. —¿No vas a comer, chico? —me preguntó entre bocados.

—Seguro que sí, panita. Tan pronto termines, nos vamos a buscar un restaurante donde puedo desayunarme.

—Hombre, ¡qué temprano empiezas a jugar las docenas!

—Un chiste, negrito, nada más que un chiste, —le dije—. En confianza, sigue comiendo, estás en tu casa.

—Muchísimas gracias, señor, —dijo Brew, y siguió masticando—. Acabo de ver a tu hermanito Jaime que salía para la escuela, —añadió—. El tipo es un poco raro. Agradable, cortés, pero un poco frío.

—Naah, él está bien, —dije—. El bien extraño es José. Tengo una idea de lo que está pasando... y tú también sabes lo que está pasando. ¿Qué te pasa, te olvidaste de toda esa mierda de que hablamos ayer?

—Sí, yo me recuerdo, —dijo Brew—, pero es duro tratar de comprenderlo.

—Pásame el pan.

—¿Tú sabes lo que odio más que nada? —Brew me preguntó al darme una rebanada de pan.

—¿Qué, hombre? Dame la mantequilla.

—Odio el pan de maíz y el agua de azúcar. Odio tener cartón dentro de mis zapatos. Y odio tener que caminar atemorizado. Hombre, yo no recibí casi ninguna educación, Piri. Las únicas lecciones que recibí fueron las de mi mamá. ¿Sabes una cosa? Yo antes hablaba el inglés bien mal. Solamente ha sido desde hace poco que lo estoy hablando mejor.

—¿Tu mamá no te enseño algunas cosas en la Casa?

—No, hombre, la enseñanza de escuela era para muy pocos en mi país.

—Y ¿dónde queda eso?

—Cerca de Mobile, Alabama. No te puedo decir precisamente dónde, *man*, porque casi se me ha olvidado su maldito nombre. Ahí la única ventaja que tiene un hombre negro es de recibir una patada en el culo y una bota en el pecho a la misma vez. Pero hubo también muchos hombres morenos que no pudieron tolerar esa situación. Algunos partieron para acá, y otros se vieron obligados a huir. Mi mamá nos dio unas lecciones que ella pensó que nos man-

tendrían vivos y saludables a mí y a mis hermanitos. Una especie
de ABC.

—Coño, desgraciado, me pudieras haber dejado un canto de
tocino.

—Lo hice. Aquí tienes, —Brew dijo, pasándome un pedazo de to-
cineta que medía una pulgada. Le di una sonrisa agradecida a Brew.

—Mamá nos estaba aconsejando a cooperar con el hombre blanco, —continuó—. A=*aceptar*, B=*buen comportamiento*, C=*cuidar*.

—¿Cuidar?

—Sí. Mamá quería que hiciéramos las tres, pero especialmente la
última. Ella quería que nos preocupáramos por el hombre blanco en
vez de odiarlo. Maldito sea, ¿preocuparnos por esos hijos de la gran
puta? Eso es lo que el dulce Jesús hace por nuestro pueblo:

Somos todos hijos de Dios,
Tenemos que cuidarnos los unos a los otros,
Somos todos hijos de Dios,
Tenemos todos que compartir.

—Pobre mamá, —agregó Brew—. La verdad es que sí compartimos—pues al hombre blanco le tocó el sol y a nosotros la noche
negra.

—Brew.

—Sí, hombre.

—Tú sí que eres un negro con perjuicios. Eres casi tan malo
como yo.

—Ajá. Oye, ¿qué hora es?

—Coño, ya son las 8:45.

—Adiós, Ma, —dije en voz baja.

—Adiós, m'hijo.

—Adiós, señora, —murmuró Brew.

—Adiós, m'hijo.

—Gracias por el desayuno.

—De nada, no hay de qué, te damos la bienvenida cuando y gus-
tes, —dijo Mami, y a mí me añadió—, ¿Hijo?

—¿Sí, Ma?

—Ven acá. —Caminé adonde ella y me dijo en voz baja, —¿Por qué tienes siempre que volver pa'l Barrio? Desde que dejaste el trabajo en el hospital, siempre estás en el Barrio. ¿Por qué no buscas trabajo por acá? Tienes diecisiete años ahora. ¿De dónde sacas el dinero que tienes?

—Caramba, Ma, te dije que trabajo en los muelles descargando barcos con el viejo de Soto. Él es el encargado y me da bastante trabajo. Gano bien, —mentí. ¿Cómo podía explicarle que estaba vendiendo marihuana y ganando bastante buena plata? —Y además, Mami, —añadí—, todos mis amigos están allá. No me caen bien los blancos por acá y yo no les caigo bien a ellos, porque según ellos, yo soy un negro.

—Tú no eres negro, —Mami me dijo—, eres trigueñón, un color chévere, un color bonito.

—En los ojos de ellos no, Ma. Ellos... ay, caramba, vamos a olvidarlo, Mami. Dame un beso y échame la bendición.

Mami me besó y sentí respirar el aliento de su bendición sobre mi espalda.

Una hora más tarde Brew y yo nos encontramos en la Estación Penn caminando en silencio hacia el subterráneo. Brew estaba perdido en sus pensamientos. Me pregunté si quizás estaría pensando en visitar el Sur de nuevo o en que cuando él dijo *Adiós, señora*, Mami lo había acogido debajo de su ala con sus palabras, *Adiós, m'hijo*.

Cristo, pensé, *aunque Mami sea blanca por fuera, está bien balanceada por dentro. Quizás Papi la cambió por dentro al echarme a crecer dentro de su vientre.*

—Brew, —dije en voz alta—, déjame a mí hablar y hacer los trámites en la Unión. Yo le puedo decir todo a Dicky y saldremos bien.

—Chévere, está bien conmigo, —Brew dijo, y añadió—, Oye, ¿sabes lo que estaba pensando?

— Me lo preguntaba, Brew. Te habías puesto muy quieto.

—Pensando, *man*, de cómo quizás ayer te caí encima un poco duro. Me refiero a toda esa mierda que me encojonó ayer.

—No te preocupes, panín, —dije—. Aquí viene el tren. Vámonos.

El ruido entorpeciente cesó al detenerse el tren; todo tipo de gente se desbordó, empujándose los unos a los otros hasta formar una apariencia de igualdad. Las puertas se cerraron y el tren dio un tirón al salir de la estación con seguridad de adonde iba. Yo miré a mi alrededor. Cada quien estaba en su mundo privado a pesar de lo apretado que estaban nuestros cuerpos. Yo estaba aplastado entre un chino y una hembra blandita. No le hice caso al chino, pero la hembra era otra cosa. Las caderas se les estaban meneando de allá pa'cá, de un lado a otro. La fricción de esas nalgas contra mi estómago me causó una reacción, que se sostenía con el ritmo del movimiento y la locura rugiente del tren.

Traté de pensar en otras cosas, como las películas de vaqueros, un vaso de limonada, y "mente sobre materia". *Bájate, hierro* —ordené. *Esta geva va a pensar que soy un tipo pervertido en vez de un muchacho puertorriqueño sencillo y normal.* Empujé para tratar de apartarme de ella.

—Discúlpeme, señorita— balbuceé.

Brew estaba leyendo los anuncios en el tren y no podía ver lo que me estaba pasando, ahí colgado entre un chino y el culo suave de una geva. El tren dio un salto y ese montón de fondillo atractivo cayó aplastado contra mi bicho inocente. *Coño, eso sí lo tuvo que sentir,* pensé. *Espero que la tipa no se ponga a gritar y armar un emburujo.*

No lo hizo. Solamente se volteó hacia mí y se sonrió expresivamente. Era una sonrisa bastante liberal. No se apartó de mí y pude sentir que la pinga se me divertía entre sus muslos. Se tiró contra mí otra vez y dejó que su cuerpo rodara con el tren. ¡Ajá! pues yo también hice lo mismo. El tren paró en la Calle 42 y se abrieron las puertas. Nadie se apeó; al contrario, se metió más gente y la presión de esa gente adicional me empujó hacia la esquina del tren. La blandura delante de mí hizo lo mismo. —Lo siento, —volví a decirle.

—Está bien, —dijo dulcemente—. Déjame ver si puedo equilibrarme.

Empujé contra el chino y él, en autodefensa, empujó de vuelta contra el enemigo. Aparté su peso lo suficiente para que la muchacha se pudiera acomodar mejor, volteándose para darme la cara. Se veía colorada y se sonrió dulcemente conmigo.

No nos dijimos nada más. El gran peso volvió y nuevamente nos aplastó uno contra el otro. Sentí sus senos duros contra mí y que las venas de la pinga se me reventaban entre sus muslos. Aplastados juntos, dejamos que el espacio y la proximidad nos mecieran. La miré. Tenía los ojos cerrados. Moví las caderas en una moción circular, moliendo despacito. Mi mano pensó independientemente y mordió esas tetas liberales. Todo el jodido mundo se desvaneció ahí mismo entre medio de los empujones, dos joyas esmerilándose al compás del ritmo del tren.

Rugió el tren al llegar a la estación de la Calle 14. Nuestros cuerpos nos exhortaron a darnos prisa, y de repente —swuuuuumm— la muchacha, el tren y yo llegamos a la estación al mismo tiempo.

Al desbordarme yo, sentí que ella tembló y se estremeció. El tren ya estaba caminando despacio, y continuamos en el mismo abrazo. Le miré la cara, su carita de blanco, pálida. Todavía tenía los ojos medio cerrados y los dientes mordían su labio inferior.

Paró el tren y la puerta abierta cagó a los pasajeros para afuera, aliviando la presión. El gentío, que se movía en todas direcciones, nos arrastró a la plataforma y nos separó. Extendí la mano para tocarla, pero la catarata de gente llenó la distancia entre nosotros.

Busqué para ver qué dirección tomó, y por fin la localicé por un segundo mientras que miraba hacia atrás, como si estuviera buscando a alguien. Pensé llamar su nombre pero no lo conocía y no podía empezar a gritar, *Oye, geva blanca, aquí estoy*. En eso se desapareció, y al mismo tiempo oí una voz que llamaba, —Piri, oye, chico, yo estoy por este lado. ¿Para qué andas mirando allá? —Era Brew. Dio una risita y dijo, —Tú buscándome por allá y yo aquí mismo detrás de ti.

—Sí, Brew, —respondí, distraídamente—, ¡qué cosa chistosa!

Me sentí un poco débil, como cuando has visto algo brilloso al otro lado de la verja, y piensas que tal vez valga algo, pero no tienes nada con qué alcanzar el objeto. Entonces te consuelas diciendo,

—A lo mejor era un pedacito de lata o algún metal o algo así, —sin cerciorarte nunca si era algo de valor o no.

—Caramba, —suspiró Brew—, qué bueno salir de ese *fucking* tren. ¡Imagínate qué abuso, —añadió burlándose—, tener que estar aplastado junto con todos esos blancos apestosos! Deben poner un tren especial para todos ellos. Voy a escribirle una carta al NAACP* para que cambien las leyes. Me da lo mismo que tengan derechos iguales, pero nosotros los negros no queremos soportar la obligación del contacto social.

Se nos quedaron mirando mientras Brew continuó su comedia, haciéndolo más gracioso aun.

—Vente, vámonos por la Calle 17, —le dije.

—Sí, vámonos. Espero que no haya problema con esos papeles de marinero, —dijo Brew.

—No te apures, Brew. Los tendremos en el bolsillo ahorita mismo. Pero, dime, ¿no eres tú el tipo que me estaba diciendo que no estabas seguro de que querías ir a Sur?

—Y todavía no estoy tan seguro. Es fuertísimo partir del Sur y mil veces más duro regresar. Pero ahora que lo estamos decidiendo, pienso que me gustaría ver lo que está moviéndose por allá. Y tú, ¿qué sientes?

—Como te dije, quiero saber por qué estoy compartiendo tu dolor.

—¿Vas a empezar con esa misma mierda otra vez? —preguntó Brew sospechosamente.

—No, señorito, estoy buscando acabar con todo eso.

—Ahí está el lugar, —dijo Brew—. Unión Nacional Marítima. Entramos, y después de un par de horas salimos, sintiéndonos como un par de marineros hábiles.

—¿Qué te dije? —le comenté a Brew—. ¿No te dije que era cosa segura?

—Sí, pero qué mucho hablar y caminar, hombre. Ahora sí que estoy cansado.

—Sí, pero tenemos nuestros papeles.

—Coño, *man*, éste no se parece a mí, —dijo Brew, mirando la foto en su tarjeta de la Guardia Costal.

—Seguro que no, panín. Tú eres aun más feo.

—Jódete, cabrón, —dijo Brew con malicia y amistad a la misma vez—. Pero la verdad es que no quedé mal. ¿Crees que debo afeitarme el bigote soba-cricas*? No me luce muy bien en este retrato.

—¿Qué bigote? —le dije, jodiendo la pita.

—Éste, hombre, —dijo Brew, mientras que peinó cuidadosamente la línea fina de pelos que tenía sobre el labio superior.

Lo miré con una actitud crítica. Hasta le pasé la mano por la boca para convencerme de que tenía algo ahí. —Hombre, no sé qué decirte. Casi ni se te nota, —dije—. Quizás siendo los vellos negros y tú, pues, este, tú... pues más o menos siendo el mismo, tú sabes, ahem, color... ¿Crees que si te pintamos el "soba-cricas" de rubio que se te notaría un poco mejor?

Brew me tiró un puño amistoso. Yo me esquivé y tiré un par de puños falsos, y Brew me las devolvió con una ráfaga. Paramos antes de que se pusiera serio, nos palmeamos las manos y seguimos caminando. Brew me cruzó el hombro con el brazo y yo le puse el mío en el hombro suyo.

Me pregunté cuál sería el nombre de la muchacha en el tren.

—Sabes una cosa, Brew, —dije—, Dicky dijo que para embarcarnos, tendríamos que ir a Norfolk, Virginia. Que la industria de transporte en Nueva York se encontraba en una fase lenta.

—¿Cuándo partimos? —preguntó Brew.

—¿Qué piensas si mañana? —dije—. Yo me voy para casa ahora mismo para decírselo a los viejos.

—¿Tus padres no saben que te vas?

—No totalmente. Desde hace tiempo estoy introduciéndole la idea a Mami de que quizás deba ingresarme en el ejército o algo por el estilo. Ese algo ahora va a ser la Marina Mercantil.

—¿Piensas que aceptarán la idea? —preguntó Brew.

—Espero que sí, —respondí—. Pero si no, me voy de todos modos. Vamos a necesitar dinero, —añadí—. ¿Tienes chavos, Brew?

—Tengo como $63 ahorrados. ¿Piensas que bastará?

—Creo que sí, —dije—, con los $118 que tengo yo de la marihuana que vendí. La guagua cuesta $17 por la ida solamente.

—¿La ida solamente?

—Sí, pues. ¿Para qué vamos a necesitar la ida y vuelta? Acuérdate que vamos a coger un vapor, ¿verdad?

—Por poco se me olvida, —dijo Brew.

Llegamos a la esquina de la Calle 14. —Pues, panín, cógelo suave, —dijo Brew—. Nos separamos aquí. Creo que debo visitar a Alayce.

—¿Por qué no te vienes a casa conmigo y nos hartamos con una buena comida puertorriqueña?

—No, hombre, debo ver a Alayce mientras pueda, porque después que nos vayamos, se acabó lo bueno...; además, me puso una buena comida.

—¿Oh, sí? ¿Cómo de qué?

—Como verduras y gandules negros y... —

—Patas, —interrumpí.

—¿Qué es eso?

—Patitas de cerdo, de jamón, papito.

—Nos vemos más tarde, cabrón. Pórtate bien.

—OK, beiby, cógelo suave, —dije—. Te recojo en la casa de Alayce mañana por la mañana.

Descendí las escaleras del subterráneo y caminé al torniquete de la entrada. Le di una mirada rápida al tipo en la caseta de cambio, y como lo había hecho un millón de veces desde que era niño, salté por encima del torniquete tan rápido y tan suave que parecía que había pagado. La plataforma del tren estaba casi vacía. Las manadas de esclavos trabajadores todavía estaban trabajando. Miré por el túnel y vi las pequeñas luces verdes del tren que oscilaban de un lado a otro, poniéndose cada minuto más grandes. Me quedé pensando en la muchacha blanca.

El tren paró con un salto y me monté. Miré a mi alrededor, esperando ver a la tipa de nuevo, y me senté al otro lado de un borrachón que estaba todo despatarrado en el asiento. Se veía todo desarreglado, y me di cuenta de lo tranquilo que se veía con su suciedad.

Después de una hora y unos treinta minutos, me encontré a la entrada de la vereda que subía a la casa en mi otro mundo. Pité como siempre y oí la voz de Mami.

—¿Llegaste tú, hijo?

—Sí, Mama. —Le di un beso ruidoso en la nuca—. Oye, Ma, ¿está Papi en casa?

—Todavía no, —respondió Mami.

Decidí esperar a que llegara para contarle mis noticias a los dos a la misma vez.

—¿Quieres comer antes de lavarte? —preguntó Mami.

—Más tarde, Ma. Me quiero bañar primero, —dije. Me quité la ropa y entré a la ducha y dejé que las gotas de agua me penetraran como balitas de una carabina de aire comprimido.

Mis calzoncillos estaban tiesos y almidonados por la grande explosión de mi vena. Los enjaboné y los enjuagué y los tiré en el lavamanos. La memoria de lo que había sucedido en el tren empezó a estremecer mi pinga de nuevo. Me pregunté si la geva estaba recordándose de lo bueno que fue, o si estaba contándole a sus amigas de cómo había vuelto loco a este puertorriqueño bellaco con sólo apretarle su chocha blanca contra su bicho negro. Fruncí el ceño. Había pensado las palabras *bicho negro*, y eso quería decir que la geva a lo mejor estaba diciendo "molleto" en vez de "puertorriqueño". Vi un retrato mental de sus amigas, quienes la esperaban a relatar la próxima palabra... —*"Ustedes ya saben, por supuesto, que los molletos tienen bichos dos y tres veces más grandes que los hombres blancos... Les voy a decir, chicas, que aun a través de mi vestido me sentí como que le tenía casi la mitad por dentro...*

Cerré los ojos para que no les penetrara el jabón y pude ver su cara claramente, con sus ojos cerrados y sus dientes que le mordían el labio inferior... —*Y cuando me agarró el seno por poco pego un gritó, pero no quería que parara...*

—*Oh, si hubiera sido yo, me hubiera muerto,* —dijo una de las tipas que estaba escuchando.

—*Pues la verdad es que por poco me morí,* —dijo mi geva—. *Sentí que temblaba todo mi cuerpo y ese muchacho negro empujando todo el peso de su cosa encima de mí y yo sentí que se me pusieron débiles las rodillas, y estoy casi segura de que él se vino también, porque después como que se hundió contra mí.*

—*¿Y, qué pasó después?*

—*El tren paró y el gentío me arrastró a la plataforma con él. Nos separamos. Me alegro, porque no hubiera podido aguantar que me dijera nada después de que casi me acosté con él.*

—*No seas tonta, eso no es lo mismo como estar con tu esposo.*

—*Lo sé, pero de todos modos, fue con un muchacho de color. Lo que hice fue salirme de ahí. Miré hacia atrás una vez para ver si me estaba siguiendo, y lo vi por encima de las cabezas de la gente, como si estuviera buscando a alguien. Jamás he sentido la vergüenza que sentí en ese segundo.*

—*Oh, no debes sentirte así. Míralo como si fuera solamente una de esas cosas malas/deliciosas que se hacen en momentos selectos.*

—*No entiendes. Siento vergüenza porque quería ir contra la corriente del gentío para buscarlo otra vez.*

Me doblé y cerré la llave de agua, satisfecho con el final que le puse a mi producción mental de "La bella y la bestia". Pero por dentro, me sentí agitado y bien atormentado por toda la mierda que hay en este mundo loco con toda su gente loca.

15

Hermanos bajo la piel

Mis ensueños fueron quebrados por mi hermano José, quien pateaba la puerta en puro pánico.

—Oye, ¿quién está ahí adentro? —gritó.

—Yo, hombre, yo, —grité de vuelta—. ¿Qué quieres?

—Déjame entrar. Tengo tantas ganas de mear que tengo los mea'os en la boca.

—¿Te sabe bueno? —pregunté en voz baja.

—Coño, carajo, Piri, ¡abre ahí!...

Me reí, y extendí una mano mojada y abrí la aldaba. José entró con un apuro que parecía tener candela en el fondillo. En la cara tenía una mirada de dolor. —Cabrón, —me saludó—, hiciste que me meara los pantalones.

—Se secarán, hijo, se secarán.

—Agggh, —dijo, al aliviarse—. ¡Qué bueno mear!

Miré a mi hermano. *Hasta su pinga la tiene blanca*, pensé, *igual a la de Jaime. Los únicos con bichos negros somos Papi y yo, y Papi se porta como si el de él fuera blanco también.*

—Papi está en la casa.

—Oh, sí. Dame la toalla, bobo.

—Coño, Piri, hiciste que me meara en los pantalones, —dijo José otra vez. Retractó la toalla que me estaba dando y empezó a secarse los pantalones.

—Hombre, maricón, ¿qué haces? —dije—. Tú secándote ese mea'o y yo tengo que limpiarme la cara con esa toalla.

—Se secará, hijo, se secará.

Arranqué la toalla de sus manos y con cuidado me sequé con la parte que él no había usado.

—¿Sabes algo, José?

—Dime, ¿qué fue? Coño, espero que este mea'o no vaya a apestar cuando se me seque.

—Me voy para el Sur.

—¿Para dónde?

—Al Sur.

—¿Pa' qué?

—No sé todas las razones, —le dije—, sólo que estoy tratando de averiguar algo.

—¡Al Sur! —Lo dijo como si estuviera yo loco.

—Sí, quiero ver el valor de un molleto y el peso que el hombre blanco le ha cargado encima.

—¿Qué mierda estás hablando? Te oyes como una moto, embala'o con pasto*. Y en verdad, ¿qué tienen que ver los morenos contigo?

—Soy negro.

—Tú no eres un molleto, —dijo José.

—¿Dices que no lo soy?

—Eres puertorriqueño.

—Sí, es verdad, ¿eh? —Miré a José y dije—, Por supuesto tienes que decir eso. Porque si yo soy un negro, entonces tú y Jaime también lo son. Y Miriam y Papi no se quedan muy atrás. Solamente Mami es la excepción. Y a ella no le importa lo que es.

José no me miró. Decidió que era mejor mirar el inodoro. —¿Entonces qué piensas averiguar? —preguntó—. Estás loco, completamente loco. Somos puertorriqueños y eso es diferente al ser molletos. —Su voz respondió suave y su mano distraídamente seguía tratando de secar la mancha mojada de sus pantalones.

—Es eso lo que he querido creer hasta ahora, José, —dije—. Hasta he seguido teniendo esa idea aun sabiendo que no era cierto. Sólo los puertorriqueños blancos puros son blancos, y hasta eso no lo creerías si oyeras lo que dice el blanco.

—A mí no me importa ni un carajo lo que tú dices, Piri. Nosotros somos puertorriqueños y eso nos hace diferente a la gente negra.

Seguí secándome aun cuando no me quedaba nada por secar. Estaba tratando de no enojarme. Dije, —José, eso es lo que el blanco le ha estado diciendo al Negro desde hace mucho tiempo, que por ser blanco, él es diferente al negro; que él es mejor que el negro o que cualquier otra persona que no sea blanca. Esto es lo que me digo yo mismo y lo que traté de decirle a Brew.

—Brew es ese tipo moreno, ¿verdad? —dijo José.

—Sí, y como te estaba diciendo, claro que hay puertorriqueños blancos, como los descendientes puros de los españoles de antaño, pero nosotros no somos así. Papi es un negro y aunque Mami sea blanca, la sangre de Papi lleva más peso con Míster Charly, —dije.

—Míster Charly, Míster Charly. ¿Quién carajo es él?

—Es el nombre por el cual Brew llama a los blancos. Pregúntale a cualquier hijo de puta blanco con corazón lo que está pasando.

—No soy negro, y no importa lo que tú digas, Piri.

Salí de la ducha y me senté en la orilla de la tina.

—Quizás por fuera no, José, —dije—. Pero eres así por dentro.

—No soy negro, ¡mal rayo te parta! Mírame el pelo. Es casi rubio. Mis ojos son azules, mi nariz es perfilada. Mis bembas no se parecen al fondillo de un mandril. Mi piel es blanca. ¡Blanca, coño, blanca! Quizás Papi sea un poco más trigueño, pero es la sangre de indio que tiene. También tiene sangre de blanco y...

—Entonces, ¿qué carajo soy yo? ¿Algo que Mami y Papi sacaron de la basura? —Estaba reventándome por dentro y le respondí como lo sentí—. Mira, hombre, créeme lo que te digo, soy uno de ustedes. ¿Soy tu hermano o no?

—Sí, eres mi hermano, y Jaime y Miriam y todos hemos salido de Mami y Papi, pero no somos negros. Somos puertorriqueños y somos blancos.

—Caramba, tú, Papi y Jaime sí que se han tragado esa vaina de ser blancos. Papi se cree que al casarse con una mujer blanca se hizo un blanco. Está equivocado. Él es solamente otro molleto que se casó con una blanca, haciéndola tan negra como él. Así es como lo mira el blanco. El negro se queda negro, punto. ¿Comprendes?

La cara de José se le puso más blanca de lo que ya era y su voz se le subió más alta en respuesta a mi atentado contra su estatus de blanco. Gritó, con fuerza, —Yo no soy molleto. Tú, si quieres ser uno, entonces sélo. Vete al Sur y cosecha algodón, o píscalo, o lo que sea que esos desgraciados hacen por allá. Puedes comerte ese pan de maíz o cualquier mierda que ellos comen. Te puedes doblegar y besar culos y limpiar inodoros. ¡Pero—yo—soy—*blanco!* Y tú, te puedes ir pa'l infierno.

—¿Y Jaime es blanco también? —pregunté calladamente.

—Seguro que sí, cabrón.

—¿Y Papi?

José bajó la cadena del inodoro con tanta fuerza que parecía como si el pescuezo de alguien se le había roto. —Papi es igual que tú, —dijo, evitando mis ojos—. Indio.

—¿Qué tipo de indio? —pregunté amargamente—. ¿Caribe? ¿O quizás borinqueño? Oye, José, ¿no sabías que el negro llegó a Puerto Rico muchos años atrás? Y cuando a los españoles se le acabaron los indios que habían esclavizado, trajeron a esos negros grandes de dónde tú sabes. Papi tiene sangre de molleto. Yo la tengo. Miriam la tiene, Jaime la tiene. Y tú, mi hermanito querido, también la tienes. Y vamos a permanecer con ella hasta que se acabe la partida. Como dije, hombre, ese caga'o veneno con el que he vivido se acabó. Es una mentira transparente que yo —nosotros— somos blancos. No hay nadie en esta jodida casa que pueda reclamar que es blanco, con la excepción de Mami, y ella jamás lo ha convertido en la gran fiebre que lo hemos hecho nosotros. Tú y Jaime son como las casas: pintadas de blanco por fuera y negras por dentro. Y yo soy más como Papi: tratando de ser blanco por dentro y por fuera.

José hizo como para salir del baño y puso la mano en la puerta.

—¿Para dónde vas? —dije—. No he terminado de hablar todavía.

José me miró como si no hubiera una salida. —Como te dije, hombre, tú puedes ser molleto si así lo quieres, —dijo, hablando como si tuviera una piedra de diez toneladas sobre su pecho—. Yo no sé cómo llegaste a ser mi hermano, pero aún te amo. Hasta nos hemos roto el culo, Jaime y yo, tratando de explicarle a la gente por qué tú eres tan trigueño y por qué tu pelo es tan rizado, y...

No pude bloquear el pensamiento, *Crutch, tenías tanta razón. Jamás debimos habernos mudado a Long Island*. Dije, —tú y Jaime tuvieron que inventar excusas por mí? ¿De por qué yo soy un negrito? —Miré la cara blanca que estaba delante de mí—. ¿Pa' quién? —insistí—. ¿Pa' los blancos?

La cabeza se me empezó a llenar de luces y las lágrimas borraron el hecho de que éste era mi hermano delante de mí. El ardor me subió y sentí el impulso que me subía por el brazo, extendiendo el puño que lo golpeó en la sien. Sentí el puño conectar con su boca. Me pregunté si le habría roto alguno de sus lindos dientes blancos.

José se cayó para atrás, pero rebotó con sus manos blancas cerradas en puños. Sentí el odio en ellos al golpearme la tierna nariz aplastada, dándome una explosión de luz roja de dolor. ¡Dios mío! Traté de hacer que se extinguieran las luces. Obligatoriamente, me arrastré del hoyo profundo de la agonía y me tiré encima de José. Se abrió la puerta del baño y yo, desnudo y cubierto de sudor, y José, con la boca ensangrentada, caímos al suelo y rodamos al medio de la sala. Oí todo tipo de gritos y sillas que se volcaban y lámparas que se caían. Me encontré encima de José. En la confusión borrosa vi su cara blanca embarrada de sangre y oí que yo gritaba,

—¡Bastardo! ¡Mírate, bastardo! Estás botando sangre y tu sangre es como la de cualquiera: roja. —Vi una cara desconocida que me escupía sangre. Lo odiaba. Quería permanecer encima de este fulano desconocido y golpearlo y golpearlo y golpearlo *y golpear golpear...* y sentir que la piel se le despachurrara debajo de mis puñetazos, y—y—y—

Sentí que alguien me agarró un brazo. No era justo, no era chévere hacer eso. En una pelea justa no debe meterse nadie. —Maldito seas, ¿estás loco? —gritó una voz—. ¡Que Dios te perdone por golpear a tu hermano así! Dios mío...

Viré la cabeza y vi a Papi. Y en otra parte, como de lejos, oí una voz que lloraba como la de Mami, —¿De qué se trata todo esto? ¿Por qué está sucediendo esto? Ustedes son hermanos, ¿por qué se hacen eso?

Quise gritar la respuesta, pero el brazo de este hombre estaba cortándome el aire y el sonido. Me torcí, tratando de librarme, —¡Suéltame, Papi, caramba, suéltame! —El brazo desapareció. Permanecí de rodillas, viéndome ser parte de esta escena de Caín y Abel. Mis puños estaban cansados y me dolían los nudillos. El dolor empezó a menguar, y poco a poco mi cuerpo desnudo se volvió a normalizar. Por dentro me sentía débil del dolor. Me pregunté, *¿para qué?*

—José, José, —gritó Mami, y reflexioné por qué no estaba preguntando por mí también. ¿No sabía ella que yo había salido el peor?

—Por el amor de Dios, ¿qué paso? —estaba diciendo Papi.

¡Qué se joda Dios! pensé.

—Por el amor de Dios, ¿por qué están peleando?

Miré a Papi. —Pues, Papi, —dije—, porque él y tú y Jaime todos se creen que son blancos, y yo soy el único que ha descubierto que no lo soy. Yo traté de no descubrirlo. Pero así sucedió y ya casi he superado esa vaina que todavía está consumiéndolos a todos ustedes. —Me levanté.

—Papi, —añadí—, ¿qué hay de malo con no ser blanco? ¿Qué hay de malo con ser trigueño? Mami debe pensar que es algo maravilloso, pues se casó contigo, ¿verdad? Tenemos que tener orgullo y dignidad, Papi; tenemos que caminar con la cabeza en alto, como malotes. Yo soy quien soy y me miro en el espejo y ahí estoy yo. Me baño y me miro el bicho y soy yo. Soy negro, y no importa si digo adiós en inglés o en español; quiere decir lo mismo.

Nadie dijo nada; solamente se quedaron todos ahí parados. Continué, —Siento orgullo de ser puertorriqueño, pero siendo puertorriqueño no define el color de uno.

Más silencio todavía. —Me voy, —les dije.

—¿Para dónde? —preguntó Papi.

—No sé...

—Se va para el Sur, —choteó José, sentado en el piso con la cabeza entre las manos y su cabello, casi rubio, esas greñas de pelo bueno, lacio, cayéndosele como una cascada por toda la frente.

—¿*Para dónde?* —preguntó Papi.

Miré a José y sentí pena por mí mismo. Miré la pared y dije, —Para el Sur. Me ingresé en la Marina Mercantil y yo y Brew nos vamos a ir para allá y...

—¿Quién? ¿Brew? Es el muchacho de color, ¿verdad? —dijo Papi.

—y quiero averiguar lo que está pasando y... —Consideré la pregunta de por qué todo lo que yo decía no parecía serle de tanta importancia a nadie, ni siquiera a mí. Me pregunté por qué Jaime no estaba ahí. Me pregunté por qué Miriam no estaba ahí.

Me alejé caminando. Mami me puso la mano encima y me preguntó, —¿Piri, por qué te duele tanto ser negrito?

Meneé la cabeza y seguí caminando. Quise que ella pudiera verme por dentro. Quise que pudiera ver que no me dolía —tanto.

16

Entierro de un hijo pródigo

Al día siguiente, el desayuno fue un evento silencioso. El paisaje completo se veía extraño. Papi, que trabajaba de noche y jamás se sentaba en la mesa de la cocina a menos que fuera sábado o domingo, se había sentado con nosotros. El ambiente era de un entierro puertorriqueño de un bebé, donde todos participan en juegos de prenderle a la gente un rabo de papel torcido y luego encenderlo de fuego, y después hacer un rugido de carcajadas silenciosas. También se toma café y se comen sandwiches de tocino.

Mami estaba poniendo todo el desayuno sobre la mesa como si nunca lo hubiera hecho antes. Jaime trató de no mirar a nadie. A través de su ojo hinchado, José trató de no aparentar que había escogido entre un hermano y un color. *Los amo a todos*, pensé, pero nadie podía oír mis pensamientos, por lo tanto, dije en voz alta, —Los amo a todos. Es que no puedo comprender la...

—Por favor, Piri, —Mami dijo—, no empieces con ese tema de nuevo.

—Seguro que no, Mami, —dije—. Sólo estoy tratando de decir que no quiero dejar atrás ningún mal sentimiento o mal sabor con nadie después de marcharme. —Traté de mirarle la cara a todos a la misma vez. Formé las palabras, —Tú entiendes, Mami; tengo que encontrarme a mí mismo. Quizás si hubiera nacido de ti del mismo color que ellos —mis ojos abarcaron la realidad de mis hermanos blancos— tal vez no me sentiría como me siento. ¿Quién sabe? Quizás estoy celoso. Quizás los odio por lo que no soy yo...

—Dios mío, —Mami dijo—, hablas de odio contra tu propia familia...

—No en contra de mi familia, Ma, —dije—, sólo contra la vaina esa del color. Como Papi, que trata de presentarse como lo que no es por dentro. Carajo, ¿será que él no puede ver que al mundo blanco entero no le importa cómo se siente él por dentro? Papi, a ellos no les importa cómo tú te sientes por dentro. A ellos no les importa si pareces ser blanco. ¡Prohibido mezclar, prohibido fraternizar... carajo, hasta tu mierda tiene que ser blanca!

Miré los rostros de todos. Nadie habló. —¿Nadie no va a decir nada? —pregunté. El silencio era jodón, insoportable. Intolerable, como el prejuicio. Empujé mi silla como para salir de la mesa.

—No has comido nada, —me dijo Mami.

—Lo siento, Ma, es que yo...

¿Qué carajo podía decir un tipo bajo toda esa tensión? Era una presión que había estado creciendo ahí desde hace mucho tiempo y había explotado, cosa de que jamás se olvidarían. —Este, me tengo que ir, —balbuceé.

Los miré a todos en la cara: Papi, Mami, José, Jaime y Miriam. Mami vino hacia mí y me tomó la cara en sus manos calientes y se me quedó mirando. Por un buen rato no habló y luego dijo, —Pórtate como un hombre dondequiera que vayas.

—Sí, Ma, seré un hombre.

—Dios te me bendiga y te guarde.

—Gracias, Mami.

—Hijo, —dijo Papi—, hay muchas situaciones donde tengo razón y hay muchas cosas que tú no comprendes todavía. Quizás tú ves algo en mí que yo no he visto todavía, o tal vez aún no quiera admitir. No me gusta sentirme como un hombre negro. ¿Puedes entender que siento orgullo de ser puertorriqueño?

—¿Qué tipo de puertorriqueño, Papi, blanco o negro? —No que-

ría enojarme, pero no me podía contener. Estaba tratando de echar-
le la culpa a alguien por lo que me estaba doliendo, y no podía decirlo en palabras sin darme coraje. —¿Qué tipo de puertorriqueño,
Papi? —repetí—. ¿No es verdad que tú dices que tienes sangre de los
Indios del caribe o de los borinqueños? Papi, ¿no comprendes lo que
eres? ¿O lo ves pero te haces como si no fuera ésa la verdad? Si estás
tan seguro de que eres blanco, porque no te vienes al Sur conmigo y
Brew y así podrás ver por seguro lo que eres. Ni tienes que irte al Sur.
Aquí mismo se puede ver lo que realmente eres. Lo único por lo que
no tienes que preocuparte es sentarte en la parte de atrás de la guagua o el tranvía. Pero la verdad es que tú solamente vas a los lugares
donde estás seguro de que no vas a encontrar ningún problema. Pro-
teges tu sueño falso con un esfuerzo enorme, por el cual recibes el
estatus de blanco, que para un hombre negro, no vale nada. Sigue
protegiendo tu sueño, Papi, protégelo, pero date cuenta de lo que es:
un sueño y nada más que un sueño. Vas a tener que despertarte al
hecho de que no eres blanco, pero está bien, Papi, está bien. También puede sentirse orgullo de ser negro.

Miré la cara de Papi y noté que se le apretó un poco, y esperé a
que su mano grande me aplastara la boca. Pero Papi solamente se levantó lentamente de la mesa y dijo, —No tengo mucha hambre,
Mami... —Caminando, se retiró, herido al sentir la verdad de su situación, con la que un hijo lo había enfrentado, un hijo que se parecía tanto a él pero que no quería ser como él. De repente se detuvo
sin terminar el paso y dio una vuelta hacia mí. —Mira, Piri ¿necesitas dinero? —me preguntó. Su voz estaba imperturbada, ni calmada
ni enojada.

—No, Papi.

—Tengo algunos pesos, —dijo.

—Tengo chavos, Papi. Tengo dinero.

Papi se retiró y sus palabras le siguieron después de que ya se hubiera ido, —...a ver si puedo dormir un poco... es duro trabajar de
noche... difícil dormir de día.

Papi, pensé, *lo siento, pero no lo pude evitar. Quería que todos ustedes compartieran mi dolor.* —Papi, —lo llamé, y tomé un paso

hacia él. Él siguió caminando y balbuceó, —...¡qué bueno sería trabajar de día!

Sentí una mano sobre el hombro. Era José. —Piri, —dijo—, Igual como lo es contigo, yo no puedo evitar lo que soy o cómo parezco o cómo me siento. Tú quieres ser un moreno. Tú quieres averiguar si te encajas mejor con esa onda. Ése eres tú. Sigues siendo mi hermano, si es que puedes no hacer caso de mi color. Éste soy yo. Me gustaría abrazarte, pero no me parece que debiera. Al menos por ahora. Uno de nosotros podría pensar que el otro no lo siente con sinceridad.

—Gracias, José. No tengo ningún sentimiento malo. Al menos, no quisiera tener ninguno. Una cosa sí la sé. Que tengo unas confusiones muy negativas por dentro.

Los dedos de José empezaron a apretar mi hombro, y luego se relajaron. Pensé, *José cogió un puño en el ojo y con eso he sembrado una duda en él, como algo que tal vez perdone, pero jamás olvidará.*

Me fui a mi cuarto y empecé a tirar unas cuantas cosas en la maleta. Miré la cartera y conté los $118. Junto con los $63 de Brew, sería suficiente. Cogeríamos un vapor rumbo a todos los puertos de la costa del Sur. *Tienes que tener fe, hermano. Tienes que tener fe, dice El buen libro. ¿Pero, por qué?* me pregunté. Agarré la maleta y entré a la cocina. Jaime estaba mirando la pared. José tenía el ojo hinchado. Y Mami y Miriam estaban llorando calladamente. Con la excepción de Papi, nadie se había movido. En un entierro la cortesía es un deber. *Papi tiene un sueño fantástico,* pensé, *y Mami carga con su dolor... y nosotros los hijos compartimos con los dos.*

Dejé la maleta en un rincón y caminé al cuarto de Mami y Papi. —Papi, —llamé. Él estaba en la cama. Mi papá, el hombre que había puesto algún tipo de semilla por dentro de Mami; una semilla nombrada Piri. Llamé más duro, —Papi.

—¿Ummmmh?

—No estás dormido todavía, ¿eh, Papi?

—No, *honey,* —respondió.

Miel de abeja. Papi sólo nos llamaba "honey" cuando estaba presintiendo algo grande, como lo era pegarse con los números o recibir

un aumento. O cuando estaba bien triste. —Papi, perdóname. Yo sé
que tú tratas de comprenderme. Es que ya no puedo engañarme más
a mí mismo. No puedo mirar otro color y fingir que es mío solamente porque me hace valer algo. No es de ahí que sale mi valor. Yo quiero lo que es mío, y nada más. Si algo más existe entre estos dos polos,
que me haga sentirme que pertenezco a este mundo, entonces eso es
lo que quiero. No quiero escoger el lado de Mami ni quiero escoger
tu sueño engañado. Papi, no quiero faltarte el respeto, pero tengo
que decirlo como es. Tengo algo por dentro que ha estado creciendo
desde hace mucho tiempo. Empezó a crecer en el Barrio y siguió
creciendo aquí en Long Island. Tengo dos tipos de odio por dentro
que me crecen día tras día, Papi, ¿comprendes?

Papi se quedó quieto. Se volteó en la cama lentamente.

—Papi, —dije—, tú favoreces a los otros muchachos más que a
mí, ¿verdad?

—Piri, yo te amo igual que a los demás, —dijo.

—Pero a veces, Papi, ¿no los favoreciste un poco más?

—Yo estoy orgulloso de ti, hijo, —dijo, hablando despacio—.
Pero quizás a ti te parezca que sucedió así; o tal vez lo hice, en mis
profundidades donde no lo he reconocido. No sé. Quizás.

Los ojos de Papi estaban mirando hacia sus manos, y con una uña
estaba tratando de pelar la uña rota de otro dedo. —Yo no tengo ni
un amigo de color, —añadió—, al menos, ni uno que sea negro americano. Los únicos amigos trigueños que tengo son puertorriqueños
o cubanos. Yo no soy un hombre estúpido. Cuando era joven, sentí
las miradas de los hombres blancos encima de mí cuando entraba a
un sitio donde los trigueños no debían estar. Me di cuenta de cómo
un rechazo frío se convirtió en aceptación indiferente cuando oían
mi acento exagerado. Puedo recordar la vez que exageré mi acento
para hacerme más puertorriqueño que el más puertorriqueño que
jamás ha existido. Quería valer algo, hijo. Pero nunca me cambié el
nombre. Siempre era Juan Tomás. A veces me preguntaron que si
soy puertorriqueño, por qué tengo un nombre como Juan Tomás.

—¿Y qué tú les contestabas, Papi?

La uña de Papi por fin acabó de arrancar la uña rota del otro dedo. En una voz que parecía llorar, me dijo, —Yo les decía, "Mi padre era tan orgulloso de ser americano que les dio buenos nombres americanos a todos sus hijos". Dios mío, me sentía como una puta cuando hacía eso. Como un nada desgraciado. —Papi empezó a escarbar otra uña rota.

Todo lo que me dijo Papi lo creí, porque nunca antes había oído su voz llorar de tal manera. No supe qué decir. Sentí vergüenza, pero no sabía por quién. Tenía un dolor por dentro causado por la partida, pero a la misma vez deseaba ya estar en otro lugar.

—Hasta dije que tenía sangre India, —balbuceó Papi.

Eso es lo que había dicho José. Me retiré de la cama de Papi. —Adiós, Papi, —dije. La voz no me sonó lo suficiente amable—. Adiós, Papá —dije de nuevo, en un tono más gentil.

Papi no respondió. Se estaba recordando de cuándo él mismo era un hombre jovencito, chocándose contra las paredes de su existencia. Regresé a la cocina. —Me voy.

Abracé a Mami y a Miriam. Medio alcé mi mano para darles un adiós a mis hermanos y pensé que vi a Jaime hacer lo mismo. José me dio una guiñada y quizás hasta se sonrió. Por fin pude llegar a la puerta y me marché de la casa.

Odio los jodidos entierros, pensé. *Son demasiado tristes.*

EN EL SUR

Me sentí
como si hubiera comprado un boleto
para la película tecnicolor
       equivocada.

17

Voy a averiguar lo que está pasando

Llegué caminando al edificio marrón que se encontraba en la Calle 118 y Lexington donde vivía Alayce. Las ventanas del apartamento en el segundo piso estaban cubiertas con periódicos en vez de cortinas. Pité, y Brew asomó la cara a través de los periódicos. Me señaló que subiera. De tres en tres, salté las escaleras de mármol desgastado, y cuando alcancé el segundo piso, Brew estaba reclinándose en la barandilla.

—Coño, Brew, éste es un sitio moderno el que tienen ustedes aquí, —dije, con cara de palo.

—No lo critiques, niño rico —se rió. En ese mismo momento, se dio cuenta del chichón que tenía en la cara donde mi hermano me había cogido—. Hombre, —dijo—, ¿quién te cayo encima, un *Red Wing*? Esos blancos ya están crónicos.

—Fue un blanco, pero no un *Red Wing*.

—¿Solamente uno? —Entramos al apartamento—. Ojalá le hayas partido la cuerda del bicho. ¿Quién fue? ¿Lo conozco yo?

—Mi hermano, José, —respondí—. Y no fue él quien me cayó encima sino que fui yo que le caí encima primero a él.

—¿Qué fue lo que causó la pelea?

—La misma mierda de siempre: el cuento del blanco y el negro.

Pero olvidémonos de eso. Tengo la maleta en la bodega del Viejo. ¿Estás listo para irte? Podemos cogernos una guagua Greyhound para Norfolk, Virginia, y dentro de diecisiete horas estaremos ahí, si...

Abrió la puerta del baño y salió Alayce. —Hola, Piri, —me dijo, y caminó hacia mí y me dio un abrazo—. ¿Qué es lo que oigo de que ustedes dos se van para Norfolk?

—Coño, Alayce, ¡tú siempre te ves tan buena! Si alguna vez quieres dejar a este negro y venirte conmigo, podemos hacer candela. Nosotros los puertorriqueños hacemos un amor que jode...

Brew me interrumpió con una almohada que había tirado del otro lado de la sala. —Cálmate, Fido, a menos que no quieras que te sobe con mano pesada.

—Caramba, Brew, —dijo Alayce con una sonrisa—, tú sabes que yo soy tuya y nada más que tuya. ¿A qué hora me vienes a buscar, Piri?

Una mirada de traición cómica le cruzó la cara de Brew. Alzó un brazo para taparse los ojos, y empezó a batirse el pecho con la otra mano, gimiendo, —Mi mejor amigo y mi única geva. Pero yo no me pondré de por medio. Sean felices, mis hijos, mientras tengan vida. Y eso no será por mucho tiempo. ¿Dónde está mi escopeta?

Nos reventamos a carcajadas y no podíamos ni siquiera mirarnos sin rompernos las costillas de tanta risa.

Nos quedamos sentados ahí por un tiempo, y luego Alayce me preguntó de nuevo, —¿De qué se trata toda esta vaina de ir a Norfolk, Virginia?

Brew me miró de lado. —¿Yo no te lo había dicho ya, nena? —le dijo a Alayce.

—No, corazón, tú no me lo dijiste.

—Ummmm. Pues, déjame contarte cómo es la cosa. Piri quiere irse al Sur para averiguar lo que está pasando.

—¿Para averiguar lo que está pasando con qué? ¿Qué es lo que quiere averiguar, y por qué tienes tú que ir también?

—Acerca de Míster Charly y de la gente. Y yo le prometí, más o menos, que iría con él.

—¿Cuál gente?

—Nuestra gente.

—¿Está haciendo algún tipo de estudio o una investigación o algo?

—No, nena... es decir... Sí... es decir, nuestra gente es su gente también, y él quiere llegar a comprender dónde es que pertenece él, siendo hijo de mamá blanca y de papá no blanco. Tiene problemas con sus hermanos porque ellos se sienten ser blancos y no le están haciendo caso al hecho de que tienen sus cepillazos de brea también, y su papá no lo quiere creer, y...

—¿De qué carajo me estás hablando, Brew? —interrumpió Alayce—. Él es puertorriqueño y ya se acabó. Nosotros somos morenos, y ahí es que estamos.

Mierda, pensé, *esta tipa está diciendo lo mismo que José.*

—Cógelo suave, nena, —dijo Brew—. Seguro que él es puertorriqueño, pero su piel lo hace un miembro de la raza del hombre negro, no importa que él pueda hablar puertorriqueño. Su piel es trigueña y por eso es sólo otra piedra igual que nosotros, y eso es aplicable a todos los hombres negros que hablan idiomas extranjeros por todo el mundo. Si naces zapato, así permanecerás.

Encendí un cigarrillo y me recliné en el sofá desbaratado, roto de las muchas sesiones de amor.

—Pero, mi amor, —insistió Alayce—, los puertorriqueños se comportan diferente a nosotros. Tienen diferentes estilos de bailar y de cocinar, como una cultura diferente o algo.

—¿Qué tiene que ver la cultura con el color de la piel? —Brew preguntó sarcásticamente.

—No sé, pero he conocido a muchos puertorriqueños trigueños, y ninguno que he conocido me ha dicho que quiere ser negro. Y yo no los culpo por eso. Mejor ser cualquier otra cosa que un negrito prieto.

—¿Qué fue lo que dijiste? —Brew dijo. La mirada se le puso extraña, destructiva—. ¿Yo te oí bien, pendeja?

—Dije lo que siento, Papi. Es difícil ser un negro, nada más.

—¿Te crees que yo no lo sé? Soy un hombre negro, muchachona.

—Más difícil es ser una mujer negrita, —respondió Alayce. Su voz se le puso suave, como si ya supiera que su hombre se estaba enojando y ella, sin poderlo parar, tal vez no quería. —¿Te conté alguna vez de lo que pasó...?

—Maldito sea, —dijo Brew—, no me importa ni un carajo lo que te pasó, te toca sentir orgullo de ser una mujer negra. ¿No sabes que así precisamente es como Míster Charly quiere que nos sintamos? Ay, sí, estar tan avergonzados de ser negros que hasta se te pierde el sentido de valor; te sientes menos que un mojón y entonces cuando los blancos se te cagan encima, echándote más mierda en la cabeza, simplemente lo aguantas, porque mierda es mierda, y cada quien soporta su propia peste.

Tomé un jalón duro del cigarrillo y me quedé mirando el cuadro en la pared. Era un cuadro de Cristo arrodillado, con sus manos apretadas mirando el cielo como un perro que lo acaban de regañar. El cuadro estaba cubierto de polvorín y unas medias de Alayce estaban colgadas en una esquina, haciendo que el cuadro guindara desparejo. El Cristo del cuadro era blanco. Soplé humo hacia el cuadro y observé las nubes azules que se formaron alrededor de la figura arrodillada. Medio esperé que el Cristo tosiera, pero no lo hizo.

—Corazón, —dijo Alayce, hablando todavía en voz suave—, una vez me contaste de tu mamá y cómo ella había criado tantos niños y les había enseñado algo que ustedes llaman el ABC, ¿te recuerdas?

—Pues sí, ¿y qué?

—¿Qué orgullo sientes, mi amor, sonriéndote con Míster Charly desde lo más profundo del culo?

¡Pacata! Bajé la mirada del cuadro de Cristo a tiempo para ver a Alayce caerse de fondillo y deslizarse sobre el piso bajo el peso de la gran bofetada que Brew le había dado con su mano enorme. Brew se quedó ahí parado, la cara retorcida, y no pude discernir si estaba luchando por no llorar o si quería dejar que sus lágrimas se le desbordaran.

—¡Hija de la gran puta! —le dijo.

Miré el cuadro y pensé, —*Reza por ella, Jesucristo. Este muchacho va a acabar con ella.*

—¡Hija de la gran puta! —Esta vez lo dijo con lágrimas verdaderas—. ¿Crees que yo no sentí toda esa mierda? Comí y viví con esa mierda del ABC de Mami, hasta que llegó el día cuando ya no aguantaba más. Tenía como dieciséis años. Estaba regresando a casa por el atajo cuando vi que dos racistas blancos hijos de la gran puta caminaban hacia mí. Uno me gritó, —Mira, molleto, ¿pa'dónde vas? —Y yo me sonreí y me sonreí, desde el hoyote del culo, exactamente como Mami nos había dicho que hiciéramos. Carajo, ¡por poco me rompo el culo de tanto menearme el rabo!

Alayce todavía estaba sentada en el piso; Brew estaba tratando de no alterarse; yo estaba mirando el cuadro en la pared; y Jesús todavía estaba rezando.

—Uno de esos blancos, —continuó Brew—, me puso la mano sobre la cabeza y me la sobó, igual como lo habría hecho mil veces a uno de sus perros, y entonces le dio una guiñada al otro tipo blanco y dijo, "Sabes una cosa, Juan, te apuesto que aquí lo que tenemos es un negrito de los buenos. ¿Eres uno de aquéllos, *boy**?"

—Y yo, sonriéndome, le dije, "*Sí, señor*".

—"Y pues, viendo que eres un negrito de los buenos, no te molestaría hacernos un favor..."

—"Pues, como que no, señor".

—"Bien, muy bien. Nada más tienes que quitarte los pantalones y dejar que nosotros te lo metamos por el culo".

Miré a Brew. Se parecía a una de las estatuas del Parque Central. Lo único diferente era que sus lágrimas lo hacían real. Siguió hablando. —No, señor, eso no lo podría hacer.

—¿Por qué no, molleto?

—Porque yo soy un hombre.

—Pues no lo va a saber nadie, *boy*.

—Yo lo sabré.

—Agárralo, Juan...

Brew se encontró con su puño grande apretando contra la palma de su otra mano. Miré a Alayce. Todavía estaba sentada donde Brew la había puesto. Su cara no tenía expresión ninguna. Se quedó con los ojos mirando directamente a Brew.

—¿Sabes lo que hice, Alayce? —preguntó—. Le di una patada a Juan en los mismos güevos y luego le agarré el pescuezo al otro y se lo apreté y seguí apretándoselo hasta que su jodida cara se le puso más y más colorada y se puso más mongo que un hijo de la gran puta.

—¿Lo mataste, Brew? —le pregunté a la pared.

—No, no lo maté. Se quedó ahí como si estuviera roncando. Entonces agarré una piedra grande y caminé hasta donde estaba el otro tipo blanco llamado Juan, quien se estaba aguantando los güevos y retorciéndose. Cuando me vio encima de él con esa piedra enorme, empezó a gemir como uno de sus perros. "Carajo, *boy*", dijo, "sólo estábamos vacilando contigo. No te íbamos a hacer daño. Por favor, *boy*, suelta esa maldita piedra".

—"Di *señor*", le dije.

—"Señor."

—"Di, *Usted es mejor que yo, señor*".

—"Tú eres mejor que yo... carajo, *boy*, te dije que solamente estábamos vacilando..."

—"Di, *Un hombre negro es mejor que un hombre blanco*". Se quedó ahí sentado mirándome medio extraño. Alcé la piedra y lo mandé, "¡Repítelo!"

—"*Un hombre negro es mejor que...*" ¡**Canto de bastardo negro! No lo diré, molleto maldito**".

Brew se quedó ahí parado y sus manos lentamente soltaron una piedra imaginaria.

—Dejé caer esa piedra en su misma boca y lo miré mientras que escupió dientes y sangre, y después me fui a casa y le conté a Mami lo que había hecho. Dentro de pocos minutos me encontré en un carro con mi tío Esteban de chofer, guiando como loco, buscando cómo cruzarme por la frontera estatal y montarme en un tren pa' Nueva York. Eso sucedió hace tres años...

—Caramba, —dije en una voz falsa—, casi te comieron el culito, amigo. Por poco te hacen el daño.

Brew se rió, y con eso el cuerpo se le relajó. Le di una mirada seria y dije, —Suerte que no lo mataste.

—Por allá lo consideran igual, Piri. Golpear a un hombre blanco por esos rumbos es lo mismo que matarlo.

—Y ¿qué de tus padres? ¿No trató nadie de vengarse con ellos?

—No, jamás supieron quién fue, y en lo que se trata de descripciones, según ellos, todos los molletos se parecen iguales.

—Y yendo ahora para el Sur, ¿no te vas a meter en un lío?

—No, mira, si yo era grande en esos días, ahora soy aun más grande. Además, eso fue más de tres mil años atrás.

Alayce, hablando de donde se encontraba todavía sentada, dijo, —Con toda el alma, lo siento, mi amor.

—¿Por qué, muchacha? Son los blancos que tienen que estar arrepentidos, nosotros no.

—Quiero decir que lo siento por no sentirme orgullosa de lo que somos. Parece que no me puedo olvidar de las muchas veces que esos muchachos blancos trataron de cogerme en los arbustos como si yo fuera una de esas chochas gratis que todo el mundo pudiera agarrar. Y no puedo olvidarme de la vez que por fin lo lograron. Peleé con ellos lo más que pude. Ellos eran cuatro y yo tenía quince años y ellos me lastimaron y me lastimaron y...

Brew caminó hacia Alayce y se dobló, ayudándola a que poco a poco se pusiera de pie. Le miró la cara, y sus manos grandes hicieron que ella lo mirara a él. No se dijeron nada, ni una palabra. Brew la abrazó. Jamás había visto a mi muchacho demostrar tanta ternura.

—Alayce, mi amor, —dijo—, si tienes suficiente orgullo, no hay mal que te pueda suceder que te haga sentir vergüenza de ser quien eres.

Casi no podía oír lo que le decía Brew. Alayce y él se quedaron entrelazados en un largo abrazo y luego juntos se dirigieron a la ventana cubierta de periódicos. Suave, los dedos de Brew rompieron el papel y los dos se quedaron ahí parados, mirando afuera. Miré el cuadro de Cristo. No se había movido. Me levanté y caminé a la puerta.

—Brew— llamé.

—¿Qué fue?

—Tú no tienes que venir al Sur conmigo.

—Me gustaría volver a ver a Mami.

—Ella se va a alegrar cuando te vea, —dijo Alayce.

Brew miró a Alayce. —Cuando regrese, te quiero encontrar esperándome aquí mismito, —dijo.

—Aquí mismo voy a estar, Brew, esperándote.

—Empaqueta mis cosas, chica. ¿Quieres un trago, Piri?

—Chévere.

Brew sacó una botella.

—Me pones a pensar si tengo el derecho de estar tan lleno de coraje como tú, Brew, —dije, en voz pensativa.

—Un hombre tiene el derecho de sentir lo que siente. El coraje tuyo es igual de importante que el mío o el de cualquiera.

Apunté al cuadro de Cristo. —¿Crees que él tenía prejuicio hacia cualquier cosa?

—Yo no sé, pana. —Brew dejó descansar sus ojos sobre el cuadro por un buen rato y al fin añadió—, Él era blanco, ¿verdad?

Esperé abajo mientras que Brew se despidió de Alayce. Después de un largo rato, al fin descendió.

—Hombre, —dije—, ¿cuánto tiempo duran tus despedidas?

—Pues, hicimos el amor una vez más. ¿Ya fuiste a ver a tu geva?

—No, —dije—, y Trina no es ninguna geva. Ella es una mujer fina y buena. Ella no se acuesta con nadie.

—Entonces sólo son amigos, ¿eh, panín?

—En serio, Brew. Ella siempre va a la misa y hace cosas así por el estilo.

—Hombre, Piri, parece que ella se apeó en la estación equivocada. Debiera de haber seguido pa'lante. Como cogiendo para el cielo.

Me reí. —En serio, Brew. La quiero mucho. Ella no es callejera y es por eso que me gusta.

—Entonces, papito, ¿vas a ser el primero a desvirgarla?

—¡Cuidado, *man!* Nada de eso. No me acuesto con ella hasta que estemos casados.

—¿Ya andan ustedes hablando de eso?

—Todavía no, hombre, todavía no. Pero no falta mucho. Mira,

por qué no cogemos un taxi para recoger mi maleta de la bodega del Viejo y después nos vamos a la estación de guaguas.

Agarramos un taxi y dentro de diez minutos doblamos la esquina de la Calle 104. —Aquí mismo, taxista, —señalé—, a su derecha.

—Ajá, —balbuceó—, ¿vas a estar mucho tiempo?

Me reí. —No se preocupe, taxista. Ésta no es ninguna bomba. Hasta te dejo a mi buen amigo aquí como seguridad.

El chofer respondió rápido, —Caramba, eso no fue lo que quise decir. Sólo estaba diciendo...

Brew se rió y le dijo, —No se preocupe, señor, sabemos a lo que Ud. se refiere. Hay todo tipo de gente mala aquí en este barrio.

Entré a la bodega, agarré mi maleta, y le dije adiós a mis muchachos. El taxista tenía el baúl del carro abierto y metí mis bultos. Empecé a subirme al taxi cuando de repente vi a Trina.

—Espérate un momentito, Brew, —dije—. Vuelvo ahorita. —Y llamé a Trina, corriendo adonde ella. Se veía bellísima.

—¿Cómo estás, Piri?

—Estoy bien, Trina. Mira, salgo de viaje y te quería decir...

—¡Espérate, Piri! Si me vas a hablar en inglés, habla más lento.

Me disculpé, y se lo repetí en español.

—Y ¿por cuánto tiempo vas a pasear, mucho?

Le contesté que quizás mucho, quizás poco tiempo, pero que me gustaría escribirle, si me permitía. —¿Contestarás mis cartas?

—Seguro que sí, Piri.

—Avanza, Piri, —Brew llamó—, mueve las nalgas, hombre. Este contador está contando los minutos como si fuera de madre.

—¡Cógelo suave, hombre! —le grité. A Trina le dije—, Mira, quiero decirte algo. No tengo tiempo para decirte lo que debiera haberte dicho cuando tenía tiempo, pero te quiero mucho.

Le dije que le escribiría en español y así se lo podría explicar todo más claro.

—Adiós, Trina, —dije, y le toqué la mano, aguantándola por lo que parecían ser cien años.

En camino al terminal de guaguas Greyhound, Brew me preguntó, —Piri, tu novia Trina, es blanca, ¿verdad?

—Sí, y ¿qué?

—Bueno pues, este, ¿y tú no tenías algo en contra de los blancos?

—Trina es puertorriqueña, Brew.

—Pero todavía es blanca, socio. Igual que un espada puertorriqueño sigue siendo un espada.

—Carajo, Brew, —dije—, estás hablando disparates. Trina no es como el otro tipo de blanco. Ella es diferente.

—¿Cuántos tipos de blancos hay, Piri?

—Los buenos y los malos. Trina es de los buenos.

—Blanco es blanco, —insistió Brew.

No le respondí. Sólo me quedé ojeando a las muchachas bonitas hasta que el taxi llegara a la estación.

Compramos nuestros boletos y abordamos la guagua, con paradas en Washington, D.C., y otras localidades más al sur. Empecé a sentarme en uno de los asientos del frente cuando Brew me cogió del brazo y me indicó que lo siguiera. Caminó hasta la parte de atrás de la guagua y se sentó. —¿Qué estás haciendo? —le pregunté—. ¿No sabes que los asientos de atrás de un autobús son los que más brincan?

—Sí, socio, yo lo sé. Pero déjame decírtelo como es. Una vez que crucemos la línea Mason-Dixon*, todos los negros tendrán que colocarse los culos en el culo de la guagua. Pensé que quizás debes acostumbrarte a esa idea desde el principio.

Me reí y le dije, —Comprendo. —Pero en mi mente pensé, *¿qué tiene esto que ver conmigo?*

Cambiamos de autobús en Washington y cuando comenzamos a caminar de nuevo, la gente de color, que había estado sentada dondequiera en el viaje fuera de Nueva York, ya no se podía sentar donde quería. Mirando desde atrás hacia el frente, eran todos negros; mirando desde el frente hacia atrás, eran todos blancos. Miré a Brew y sonriente me preguntó, —¿Te estás acostumbrando, Piri?

—Coño y carajo, ¿quién se puede acostumbrar a una jodida mierda como ésta, hombre?

—Pues, m'hijo, —me dijo—, olvídate de "Gloria, Gloria, Aleluya" y apréndete de memoria la canción "Dixie"*...

Miré a través de la oscuridad de la guagua y tomé otro trago del whisky que nos habíamos traído. Pensé en Mami, en los muchachos, en Harlem y en Trina.

—Oye, Brew.

—¿Qué es?

—Eso que tú estabas diciendo de que Trina es una blanca...

—¿Sí?

—Ella no tiene perjuicios. A ella no le gusta esa mierda.

—¿Tú estás seguro?

—Sí, claro que estoy seguro, Brew, hay muchos puertorriqueños blancos casados con puertorriqueños trigueños.

—¿Y tú piensas que ella se casaría con un tipo trigueño que no fuera puertorriqueño, por ejemplo, alguien como yo?

—Pues, yo creo que sí, Brew, si es que te amara.

—Hay muchos puertorriqueños blancos que tienen perjuicios, Piri.

—Sí, pero a ellos se le pegó esa enfermedad racista por acá.

—¿Estás seguro de eso?

—Así lo quiero creer.

—Queriendo creerlo no lo hace cierto. A mí me gustaría creer que yo no tengo perjuicios, pero los tengo. Y me gustaría creer muchas cosas, pero es que no son así. Tú también tienes perjuicios, Piri.

No le contesté ese comentario; la mente se me volvió hacia Trina.

—Hay muchos puertorriqueños que son como Trina, —dije—. Es como lo dijo Alayce, "los puertorriqueños tienen una cultura diferent".

—No le prestes mucha atención a esa idea, hombre, —respondió Brew—. Ellos quizás tengan una cultura diferente, pero a lo mejor tienen una manera diferente de discriminar. Quizás los que tienen dinero consideran inferiores a los que no tienen, ¿entiendes?

Dejé descansar la discusión.

Después de una hora nos registramos en un hotel de negros en Norfolk. Agarramos un poco de desayuno —aún era de madrugada— y nos fuimos a la oficina central de la unión que quedaba al otro lado —en el sector blanco— de la ciudad. Al frente de un pequeño edificio de madera colgaba un rótulo **Unión Marítima Nacional**. Nos acercamos a una ventanilla y esperamos que el tipo detrás del vidrio nos prestara atención.

—¿Siiiiií? —dijo un blanco con la voz de moreno.

—Queremos embarcarnos, —dije.

—Déjenme ver sus libritos de la unión.

—No los tenemos todavía. Tenemos tarjetas de viaje.

—¿Qué tipo de categorías tienen?

—Asistente de cocina, limpia-grasa y marinero ordinario.

—No van a servir. Tengo espacio para tres marineros hábiles, un cocinero y un aceitero. Y además, a los miembros de la unión los cogen primero que a ustedes. Quizás mañana.

Brew se acercó a la ventanilla y le dijo, —¿No piensa que sea posible cogernos un barco mañana? Nos quedan como veinte dólares —es decir, veinte a cada uno— y si cogemos ese barco bien pronto, la verdad es que no necesitaríamos ese dinero, estando ya en el barco. Dígame, —añadió Brew, —tal vez pueda Ud. tomar el dinero y hacer una donación al Fondo de los Marineros.

—¿Para qué rumbo están buscando viajar? —preguntó el blanco.

—Por la costa... por cualquiera de los puertos del Sur, —dije.

—Hay un barco que debe llegar en un par de días y existe una buena posibilidad de que ustedes puedan conseguir algo... Les voy a decir una cosa. Regresen pasado mañana. Hay una posibilidad bastante buena de que puedan salir bien.

—Pues, muchísimas gracias, señor, —dijo Brew.

—No hay de qué. Me gusta ayudar a muchachos como ustedes, que están tratando de avansarse.

Empecé a dar la vuelta, como para irme. —Este, espérense un segundo, jóvenes, —dijo el blanco—, ¿no mencionaron algo de que querían contribuir unos $40 al Fondo de los Marineros?

—¿Ahora mismo? —pregunté. Sr. Blanco tenía una sonrisa grande que decía, *ahora mismo*.

Brew y yo nos miramos, pensando si esto era una bomba donde el tipo cogía el dinero pero no nos conseguiría nada. Sin embargo, era un riesgo que teníamos que tomar. Asentí con la cabeza y Brew sacó los 40 bolos y se sonrió con el tipo. —Por poco se nos olvida. Tenemos las memorias muy malas. Espero que no se nos olvide estar aquí pasado mañana para coger el barco. Te voy a decir una cosa, Piri, —Brew añadió, haciéndose el inocente—, tú me lo recuerdas a mí y yo te lo recuerdo a ti y así no se nos olvidará.

Me sonreí con el tipo blanco y le dije, —Muchas gracias, señor. De veras apreciamos que nos haya dado una mano. A muchos no les hubiera importado un carajo.

—Está bien, *boy*. Un placer de haberles podido ayudar.

Empecé a darle una mirada extraña como respuesta a esa mierda de llamarme *boy* cuando Brew me puso el brazo sobre el hombro y me condujo hacia la puerta, diciendo, —¡Mira qué chévere, *man*, vamos a poder coger un barco!

Cuando llegamos afuera me dijo, —Piri, ¿no te dije que no podías encojonarte por cosas así? Estos blancos nos llaman *boy* con la misma facilidad con que nos llaman molletos. Es parte de su vocabulario, nada más. Por favor, no te alteres, ¿OK?

Prometí que no lo haría.

18

Sociología de la cantina

Aquella noche, después de tomar una siesta, caminamos por los barrios donde vivía la gente de color en Norfolk. El aire nocturno estaba fresco y todo estaba vivo y la gente toda parecía tener adonde ir. Me recordó de Harlem. Estábamos encaminados a la Campana Azul, un sitio que Brew había recordado de su otra vida. Tenía una pista de baile, un conjunto caliente y unos cuartos cerca donde se podía descansar de tanto bailar.

No era un lugar grande, pero estaba vibrando. Adentro estaba oscuro menos por unas bombillas rojas y azules que proyectaban las sombras de los clientes en los paredes. Brew y yo nos acomodamos en una mesa, y casi de inmediato un mesero se nos acercó.

—¿En qué les puedo ayudar, caballeros?

Le dimos el pedido y después de unos minutos volvió con nuestros tragos. Hablaba tan bien que le pregunté si era de Nueva York.

—No, —dijo—, de Pennsylvania. Pero yo puedo reconocer que tú sí eres de Nueva York, —y que— añadió, mirando a Brew—, tú no.

—Tienes razón, —dijo Brew—. Yo soy del campo.

—¿Están aquí desde hace mucho tiempo? —preguntó el tipo de Pennsylvania.

—Par de días, —mentí—. Estamos de negocios. ¿Y tú?

—Pues, estoy aquí desde... perdónenme, alguien está señalando que quiere servicio. Miren, —dijo, al retirarse—, dentro de unos minutos tengo mi descanso y si no les molesta, puedo sentarme con ustedes a charlar un rato.

Asentimos con la cabeza, OK, y el tipo de Pennsylvania nos dio las gracias con un saludo militar y se lo tragó la corriente de la masa de cuerpos. Con los ojos taladré un rotito en el vestido de una geva bonita que estaba reclinada sobre la vellonera al otro lado de la pista de baile. —Me gustaría ponerme a bregar con ésa prontito, —dije—. Mira, me cogió la mirada.

—Pues, cógelo suave, —Brew dijo—, porque es precisamente por eso que ella está aquí, para cogerte el ojo y los chavos.

Mientras permití que mis ojos rodaran por las curvas de la tipa, el mesero de Pennsylvania regresó con bebidas frescas. Se sentó a la mesa y nos dijo que había estado en Norfolk por como tres meses. Parecía tener veinticinco o veintiséis años.

—Estoy escribiendo un libro sobre la situación del negro, —dijo—, y me vine para acá para poder tener un sentido de estar envuelto personalmente. Quería sentir lo que significa para un negro vivir aquí en el Sur. Material de trasfondo y cosas por el estilo, ¿entienden lo que les digo?

—Coño, *man*, —dijo Brew—, podrías haber escogido un lugar un poco más duro que Norfolk para tu libro. Quiero decir, un lugar donde quizás te metan una patá' en el trasfondo.

El mesero de Pennsylvania se sonrió. —Oh, no estoy buscando ese tipo de envolvimiento personal, —dijo—. No busco violencia sino el calor y la harmonía del negro del Sur, su magnífica capacidad en cuanto a la risa, su fuerza, su proximidad espiritual a Dios y su manera de expresar su fe por medio de sus himnos evangélicos. Quiero capturar en papel la riqueza de su pobreza y su fe en la vida. Quiero que las palabras que yo escriba se combinen con las emociones de su verdaderamente fantástica habilidad de sobrevivir y absorber las angustias de las pasadas memorias de la esclavitud, que fue lo que le tocó a sus abuelos. Quiero escribir que, a pesar de todo lo que

carga encima, está trabajando con el hombre blanco hacia una relación productiva.

Miré de lado a Brew. Estaba estudiando las sombras en las paredes. Le di una buena mirada al tipo de Pennsylvania. Era un trigueño claro, no muy negro en sus facciones. Me entró un sentimiento
extraño, un sentido casi de ser orgulloso de parecer más negro
que él.

El tipo de Pennsylvania continuó, —Pues, en verdad yo pienso
que la mayoría de la publicidad que se le está dando a la situación en
el Sur es negativa y sólo sirve para causar más malentendidos. Sí,
claro que ha habido algunos incidentes, y los hombres blancos han
sido crueles y violentos con el negro, pero éstos solamente son una
ignorante y pequeña minoría.

Brew interrumpió con la mano, —No eres sureño, ¿verdad?

—No, no lo soy.

—¿Has estado alguna otra vez en el Sur?

—No, nunca.

—¿Has notado si alguno de los problemas, que tú dices son de
aquí, existen también en el Norte?

—Pues, supongo que hay un poco de racismo por allá, pero no es
igual, o por lo menos no significa lo mismo que aquí en el Sur.

—Ah, veo, —dijo Brew, casi sin poder esconder un creciente disgusto—. ¿Has visitado otros lugares en el Sur?

—No, pero estoy haciendo planes de ir a Atlanta y...

—Debes visitar algunos de los pueblos pequeños donde hasta las
jodidas piedras tienen que conocer cuál es su sitio.

—Pues, no creo que eso sea totalmente necesario. El problema
del negro del Sur es el mismo, no importa si se encuentra en las ciudades grandes o en los pantan... quiero decir, los condados muy reti-
rados. Yo creo que el negro del Sur hoy día está juntando su dignidad
y preparándose para una gran revolución social.

—¿Vas a ser parte tú de esta revolución? —preguntó Brew.

—Por cierto pienso que mi libro efectivamente contribuirá en alguna manera a la causa del negro.

—Me estaba refiriendo, —dijo Brew—, a que si se trata de una pelea donde los blancos y los negros se estén mezclando la sangre en las cunetas de las grandes ciudades o en los malditos caminos de tierra, pues ¿qué vas a hacer tú?

—Si en busca de una solución a este problema, —respondió el tipo de Pennsylvania, mirándome—, se llega al punto de la violencia, yo sé que muchos morirán, especialmente negros. Y ésa será su contribución a la causa. Tal vez algunos blancos también morirán y ésa será su contribución a su causa. Pero nos cae a los demás, ya sean negros o blancos, contribuir en otra forma, otra manera. Tal vez una de estas formas es por medio de la palabra escrita. Al escribir estaré peleando también.

—¿Acerca de qué vas a escribir? Y ¿para quién? —preguntó Brew—. ¿Vas a escribir acerca del calor y la armonía de los negros y su magnífica habilidad de reírse y alegrarse y toda esa mierda de la riqueza de su pobreza? ¿Vas a escribir de su habilidad fantástica de soportar sus jodidas memorias de la esclavitud y tener que sonreírse artificialmente para el dueño? Vaya, Don Delicado, ¿cómo te llamas? Yo soy Brewster, Brewster Johnson.

—Mi nombre, Sr. Johnson, es Gerald Andrew West, —dijo el tipo de Pennsylvania como quien quiere decir que no le gustó que Brew lo hubiera llamado *delicado*. Lo dijo con aire de superioridad.

Se encontraba un litro de whisky sobre la mesa. ¿Había o no había estado ahí antes? Estaba casi vacío, y yo me sentí medio prendido y Brew parecía que lo estaba también.

—Gerald, ¿no te molesta que te llame por tu primer nombre, verdad? —preguntó.

—Puedes si quieres... este, Sr. Johnson... este, espero que no haya causado ningún malentendido entre nosotros. No quise ocasionar ningún resentimiento. Espero que...

Brew no respondió.

—No te preocupes, hombre, —dije yo—, tú dilo como tú lo sientes, —y le di un codazo a Brew para que no se alterara—. Suave, panita, —añadí, hablándole en español a Brew.

—Oh, hablas español, —observó Gerald Andrew West, Sr....

—Piri... Piri Tomás. Sí, hablo español.

—¡Qué maravilloso! ¿Eres de descendencia española?

—No, solamente de madre y padre puertorriqueños.

—Yo hablo un poco de español también, —dijo Gerald Andrew West. Y en español añadió—, *Estoy estudiando el español.*

—Yo no pedí más tragos, —dijo Brew al notar que otro litro de whisky había aparecido en la mesa.

—Ésta la pago yo, Sr. Johnson. Este... ¿dominas bien el español, Sr.... Piri? ¿Puedo llamarte por tu primer nombre?

—Pues ya lo hiciste, —dijo Brew—. ¡Qué delicado más cortés!

Le di otro codazo a Brew. Él sapolló los ojos y balbuceó, —Con su permiso.

Gerald Andrew West se hizo como si no lo hubiera oído o como si Brew no estuviera ahí.

—Sí, me puede llamar Piri... este... Gerald, —dije.

—Sabes una cosa, Piri, muchas veces la gente ha pensado que soy español, e indio también. Yo sé que mucha gente trigueña tiende a decir eso, pero conmigo fue la verdad.

La sonrisa de Gerald se veía un poco demasiado precisa y añadió, —¿Entonces eres puertorriqueño?

Miré las sombras encima de la cabeza de Brew y luego la vellonera. La geva bonita seguía reclinándose contra ella.

—Pues, sí, —respondí—, un molleto puertorriqueño.

—¿Molleto? ¿Qué significa eso?

—Un negro, —dije.

—Oh, pero ¿consideran a los puertorriqueños como, este, negros?

—Sólo puedo hablar por mí, —respondí, añadiendo en español —pero así como es, así se llama.

Gerald pensó un momento y tradujo la frase, repitiéndomela en inglés, *like it is is how it's called.* —¿Lo dije correcto? —me preguntó.

—Cada palabra, amigo, —respondí—. Soy un puertorriqueño negro.

—¿Qué tipo eres tú, Gerald? —preguntó Brew, sonriéndose.

—¿Qué tipo de qué? —respondió Gerald—. Temo que no te entiendo, Sr. Johnson.

—Quiero decir ¿qué tipo de negro eres?

—Oh, ahora comprendo. Pues... este... según mi... este... según una persona que traza las genealogías —ustedes saben, las raíces de la familia, hasta donde se pueda— pues, según una de esas personas que mis padres contrataron para trazar nuestras raíces, sólo soy negro por una octava parte.

Brew estaba alzando y bajando la cabeza lentamente. Hizo una movida con la cabeza hacia la botella y Gerald dijo, —Para eso la tenemos, Sr. Johnson. No tengan pena, yo les invito, sírvanse.

—¿Cómo funciona eso? —le pregunté a Gerald—. Me refiero a todo eso de investigar las raíces de uno.

—Pues, primero se busca quiénes fueron tus abuelos y se obtiene la información que posibilita poder trazar quiénes fueron tus bisabuelos, y así por el estilo. Por ejemplo, mi tatarabuelo por el lado de mi padre fue un inglés llamado Robert West. Su esposa, mi tatarabuela, era de Malaysia. Puedes ver que mis ojos tienen características orientales. Entonces...

—Comprendo, ajá, —dijo Brew, ausentemente.

—y él, mi tatarabuelo, era capitán de un barco y se casó con su esposa en uno de sus viajes a Malaysia. Luego su hijo mayor, mi bisabuelo —su nombre era Charles Andrew West— se casó con una mujer cuyo padre fue blanco y su madre mitad negra. Tuvieron hijos y su segundo hijo, mi padre, se casó con mi madre, quien tenía sangre india de, este, la India y, este, un poco de sangre española y, este, un poco de sangre negra, sangre de color. Yo... de veras... este, la verdad es que estoy tan mezclado racialmente que lo encuentro difícil entregarme a sólo una raza... es decir, a una de las mezclas. Por supuesto, pienso que los instintos raciales más fuertes dentro de la persona que disfruta de esta espléndida mezcla, son los que, este, deben seguirse.

—Y ¿cuáles son tus instintos, Gerald? —preguntó Brew, quedándosele mirando a nuestro amigo mestizo.

Gerald se rió agradablemente y respondió, —Me siento... un poco... español. Siempre he tenido una gran admiración a la cultura y las tradiciones españolas. Me siento... sí, pues, un poco impulsado hacia las cosas españolas. Será por eso que tengo ganas de aprender el castellano. Por supuesto, no estoy echando para el lado las otras mezclas que me componen, las cuales...

—¿Alguna vez han pensado equivocadamente que eres caucasiano? —interrumpió Brew.

Gerald se sonrió con cortesía y contestó, —Pues como dije, cada rato me toman por alguien de origen español, o puertorriqueño. Es lo mismo, ¿no? Y...

Descortés, Brew interrumpió de nuevo, —Dije *caucasiano*.

—Este, pienso que los españoles, aunque algunos son trigueños como los italianos de Sicilia, —son considerados blancos. Sí, pienso que sí me han confundido con un blanco.

—¿Y han pensado alguna vez que eres un negro? —preguntó Brew. Estaba tenso y su voz resonaba igual como aquel día en la entrada del edificio en Harlem cuando me estaba presionando con el mismo tema.

—Bueno, —dijo Gerald pensativamente—, he visto miradas dudosas, y he tenido algunas experiencias desagradables. Pero encuentro que son principalmente los negros que piensan que soy negro. Parece que hay muchos como yo, quienes por ser mezclados, se encuentran en la misma situación particular.

—Y ¿qué les contestas cuando te preguntan?

—¿Cuando pregunta un blanco?

—No, me puedo imaginar lo que le dices a ellos. Quiero saber lo que le dices a la gente negra.

—Pues, les digo que sí. Este... bajo las circunstancias, no podría decir ninguna otra cosa. Crearía resentimientos si tratara de explicar que no me siento ser el cien por ciento negro, por ser sólo un octavo negro.

—¿No te sientes ni un poco más negro que eso?

Gerald me miró, buscando aseguranza de que esta situación no iba a convertirse en una que conduciría al resentimiento y a que su *envolvimiento personal* se convirtiera en algo doloroso desde un punto de vista físico. Le di una sonrisa, como para asegurarle que haría todo lo posible por mantener suave la situación.

—¿No te sientes ni un poco más negro que eso? —repitió Brew—. Dime, el libro que estás escribiendo, ¿va a ser desde el punto de vista del negro? Va a ser un gran libro. Por cierto vas a mostrar el verdadero cuadro de cómo funciona la relación productiva entre los Míster Charly y la gente negra. Estoy seguro que tu libro mostrará quién está disfrutando de la parte productiva de esa relación.

Gerald se quedó quieto por un rato y entonces habló. —Sr. Johnson, quisiera decirte algo.

Por primera vez parecía que iba a decir lo que tenía que decir, y que se jodiera Brew y lo que iría a pensar o quizás a hacer. Brew lo miró con cara de palo.

—No estoy avergonzado de la dizque sangre negra que tengo, ni estoy avergonzado de lo que me siento ser. Ni de cómo pienso. Yo creo en el derecho del individuo de sentir y pensar —y escoger— como quiera. Si yo no decido reconocerme ser un negro, como tú has observado, es mi derecho hacerlo, y pienso que tú no puedes exigir o pelear por tus derechos mientras que se los niegues a otro. Yo creo que mi libro será una contribución. Yo creo que los llamados "escritores negros" están tan emburujados en el color de su piel que no pueden ver el bosque blanco porque lo tapan con árboles negros. Es cierto que no parezco ser puro blanco, pero tampoco parezco ser puro negro. Entonces déjame preguntarte, si un hombre blanco puede ser considerado un hombre negro al tener sangre negra, ¿por qué un negro no puede ser considerado un blanco si tiene sangre blanca?

Gerald tiernamente se apretó la piel del hombro izquierdo con los dedos de la mano derecha. Yo miré la vellonera y su decoración. Brew se le quedó mirando a Gerald.

—Yo pienso que el negro tiene la carga de su piel negra, —continuó Gerald. Estaba enfocado ahora—. Y yo pienso que el hombre blanco tiene la carga de su piel blanca. Pero la gente como yo tenemos la carga de ambos colores. Es divertido, Sr. Johnson. El hombre blanco está perfectamente dispuesto a que la gente como yo seamos negros. De hecho, insiste que sea de esa manera. Sin embargo, el negro no nos permite ser blancos. En verdad, lo prohibe. Tal vez parecí un poco sentimental al describir lo que buscaba en el negro del Sur, y tal vez por eso te caí mal. Pero quiero que sepas que, debido a mi mezcla genética, no puedo de veras identificarme ni con ser blanco ni con ser negro, y que tengo el derecho de identificarme con cualquier raza o nacionalidad que más aproxime mis sentimientos emocionales y características físicas. Si me siento cómodo siendo de origen español, entonces eso seré. Estando tú en mi situación, es posible que te sintieras igual que yo...

La gente todavía estaba bailando y Gerald seguía apretándose el hombro. Me puse a pensar que a lo mejor Gerald tenía problemas semejantes a los míos. Únicamente que él era un negro tratando de ser puertorriqueño y yo era un puertorriqueño tratando de ser negro.

Gerald se levantó y dijo, —¿Sabes una cosa, Sr. Johnson? Es más fácil pasar por blanco aquí en el Sur que en el Norte. Por acá, un hombre blanco piensa dos veces antes de acusar abiertamente a otro blanco de ser negro, por temor de ser demandado o algo peor. Y el negro sólo tiene que pensar las cosas una vez, precisamente por temor de "lo peor". Pero en el norte, según la ley, no es un insulto, y además, nunca he visto ni oído de que haya ocurrido "lo peor". La verdad es que he venido al Sur a buscar lo que no pude encontrar en el Norte, y creo que ya encontré lo que buscaba. He querido sentir, cogerle el sabor de lo que encaja conmigo. Aun con los Negros. Pero es que no puedo encajar con ellos. No basta que no me sienta un negro, no puedo comprender su cultura ni sus sentimientos ni su rabia particular. Tal vez sea porque nací y me crié en el Norte y asistí a las escuelas blancas y los niños blancos fueron mis amigos desde la niñez. He buscado la compañía de los muchachos de color en el Norte, pero nunca me sentí uno de ellos, o que ellos fueran como soy yo. Esta noche, Sr. Johnson, cuando empezamos nuestra discusión, me sentí fuera de lugar. Es el mismo sentimiento con el que he vivido desde hace mucho tiempo. Y esta noche me di cuenta que de hecho estoy fuera de lugar. No como un ser humano, sino como un miembro de la raza tuya. Te diré que tienes razón tocante el punto de insinuar que yo estaba tratando de ser puertorriqueño para poder tomar el próximo paso a ser blanco. ¡Tienes razón! Me siento blanco, Sr. Johnson; me veo blanco, pienso como un blanco, por lo tanto, soy blanco. Voy a regresar a Pennsylvania para vivir como un blanco. Escribiré mi libro desde los dos puntos de vista, blanco y negro. Y no te creas que el libro vaya a representar un solo lado. Esa octava parte de lo que soy será bastante visible, ¿no es así de potente la sangre negra?

Gerald se quedó esperando que Brew, o tal vez yo, dijera algo. Brew estaba ojeando a una tipa gorda que estaba sentada en el bar. Yo miré la vellonera. Gerald se sonrió a las sombras en la pared y dijo, —Buenas noches, Sr. Johnson... Piri. Adiós y buena suerte.

—Adiós, Gerald, —le dije en español—. Y cógelo suave, —señalando mi despedida con la mano, sin estar seguro de lo que realmente sentía de corazón. Pero encontraba difícil la idea de odiar a un tipo que estaba enganchado entre dos palos que se parecían tanto a los míos. Brew sólo inclinó y subió la cabeza y miró salir de la escena oscura al tipo que escogió por sí mismo ser un hombre blanco.

—Parece que se va para su casa, —dijo Brew y acabó su trago—. Vamos a ver por cuánto se vende la libra de chocha.

Oí a Lady Day* cantar desde la vellonera. La tipa todavía estaba ahí, todavía dándome señas. Pensé, *La chocha es igual, no importa cuál sea el color*, y me dirigí hacia la música.

19

Las aguas del Sur

Dos días después me desperté todo jodido con una resaca. Brew también estaba tambaleando por todas partes. Éste era el día de embarque que nuestros cuarenta bolos habían comprado.

Al desayunarnos se nos despejaron las mentes un poco y nuestras memorias, nubladas por una resaca de 36 horas, por fin empezaron a enfocarse. Y no fue de las chicas que nos recordábamos, sino del Sr. Gerald Andrew West, la mezcla maravillosa.

—Lo que siento por él es odio hasta sus putas entrañas, —dijo Brew—, pero por lo menos tiene corazón suficiente para escoger.

—Sí, —dije, sin entusiasmo. Mi cabeza todavía me zumbaba, y además, la memoria de Gerald agitó pensamientos extraños dentro de mí. Lo que él había dicho acerca de poder escoger despedazó mis propias ideas al respecto. Me sentí como si hubiera comprado un boleto para la película tecnicolor equivocada. Brew pareció sentir mi dilema, pues me preguntó:

—Y ¿cómo te sientes tú, Piri?

Me obligué a pensar al respecto por un rato, un largo rato. —Brew, —dije por fin—, Yo he querido que no hubiera ninguna duda pero... —Brew me miró con ojos que querían interrumpir lo que yo estaba diciendo. Yo seguí hablando—. Todavía... estoy tratan-

do de descubrir cuáles son mis talentos, de encontrar dónde encajo
con esta vida. Hombre, Brew, tienes que comprender. Quiero sentir
que alguien me quiere, y que ese alguien sea yo y no esos hijos de
mala madre. Pero todavía no me he deshecho de esa jodida noción
de estatus con la cual me criaron. Y no estoy hablando solamente de
la situación en casa. Estoy diciendo que cuando camino por las calles, siento envidia, pues puedo percibir por dondequiera lo que significa ser algo más que de un color incorrecto. Me siento como
mierda. No es que no quiera lo que tengo que ser, es que estoy peleando conmigo mismo y con todo el maldito mundo a la misma vez.
Cristo, Brew, no sé si mis palabras tienen sentido o no, pero todo el
mundo sabe que los blancos tienen prejuicios en contra de los negros, y que en cambio, los negros también quieren tener prejuicios
contra los blancos.

—Sí, pero esos blancos no son nada más que unos jodidos igno-
rantes.

—Como tú y yo, ¿eh?

Estaba tratando de no agitarme. No quería que mi hermano-
amigo número uno se volviera en mi contra, pero toda mi vida he
querido ser auténtico. Quería estar orgulloso de poder sentirme
como debo de sentirme.

—¿Te está cayendo mal lo que te estoy diciendo? —le pregunté a
Brew—. No creo que te gustaría si te estuviera hablando mierda,
¿verdad?

—¿Qué quieres decir, "como tú y yo"?

—Tú y yo, —dije—. Tú le odias las entrañas a Gerald porque él
no quiere ser un molleto, y odias a los blancos por razones conocidas
a una cierta raza entera a la cual tú, por coincidencia, perteneces. Y
yo me siento igual porque estoy engancha'o en el mismo medio. No
puedo dejar de sentirme blanco y negro a la misma vez. El peso se
siente igual en ambos lados aun cuando ambos lados quieren sentirse desiguales. Maldito sea, quisiera ser uno de esos lagartijos camale-
ones que se cambian de color. Cuando estuviera con los negros sería
puro roca negra, y cuando estuviera con los blancos sería puro roca
blanca. No es para mí como lo es con Gerald. Él se acostumbró a lo

que había escogido aun antes de escogerlo, y por eso para él ya no hay más conflicto por dentro. Pero no es así conmigo. Lo mío se está desatando en serio y le tengo un terror a este odio sin nombre que me está comiendo vivo. Así que, mira, Brew, si estoy hablando de un modo un momento y de otro al otro momento, es sólo porque quiero comprender, pues soy un recién nacido. ¿Sabes lo que te estoy diciendo?

Brew tomó su servilleta en la mano y la miró con atención, y dijo, —Comprendo, Piri. Me parece que todavía estás tratando de caminar sobre una verja. No puedes hacer eso, hombre. Si tú bien sabes que no puedes ser aceptado como un blanco debido a tu pelo de pasa —mejor que el mío, pero pasú' de todos modos. Tampoco tu nariz tiene el perfil apropiado; no es tan aplastada como la mía, pero todavía está aplastada, y tu color no puede interpretarse como bronce del sol aun teniendo una recomendación de la compañía Aceite Bronceador, S.A.

Brew puso su servilleta en la mesa y salimos a la calle. El sol estaba bien calientito. Un tranvía pasó, y pensé, *Ahí va el tranvía y tiene algunos asientos vacíos atrás*. Nos montamos y nos sentamos en los asientos que nos había asignado el estado. Dentro de quince minutos nos encontramos parados en frente de la ventanilla que nos costó los $40.

—No hay trabajo todavía; vuelvan mañana, —dijo nuestro amigo detrás de la ventanilla, ni siquiera mirando a ver con quién hablaba.

—¿Se acuerda de nosotros? —pregunté—. Nos dijo que lo viéramos acerca de un barco. Estuvimos aquí hace un par de días y...

—Me acuerdo, me acuerdo, —murmuró el tesorero del Fondo del Marinero—. Siéntense ahí unos diez minutos, luego den la vuelta por la parte de atrás, y ahí los encuentro.

A los diez minutos estábamos esperando por la puerta de atrás. Después de un ratito Sr. Cuarenta Pesos sacó la cabeza, tomó nuestras tarjetas de viaje y nos las devolvió con un pedazo de papel sujetado a cada tarjeta, —Aquí tienen, muchachos, —dijo—, la dirección está en uno de esos papeles. La nave se encuentra en el

Muelle número 4. Es un petrolero y los dos están asignados a la cocina. ¡Que tengan buen viaje!

Nuestro barco se llamaba el James Clifford. Subimos la plancha y al final nos encontramos con un tipo que nos preguntó qué
queríamos.

—Estamos asignados a este bote, —respondí.

Nos miró y pacientemente dijo, —Ustedes deben ser unos novatos, porque a un barco no se le llama un bote. Váyanse a popa y vean
al camarero. Él les atenderá.

—Este, ¿para dónde queda la popa? —pregunté. Brew dijo,
—Eso queda en la parte de atrás, Piri, —y el marinero pacientemente señaló con el dedo hacia la parte de atrás del barco y dejó salir un
suspiro.

—Muchas gracias, piloto, —dije, justamente para dejarle saber
que yo conocía algo acerca de toda la vaina del mar.

El camarero era un blanco con mucho pelo blanco e igual cantidad de barba. Le mostramos nuestros papeles y, después de mirarlos
un buen rato, dijo, —OK, muchachos, síganme y les enseñaré su
fo'c'sle. ¿Tienen ropa de trabajo o equipo para la lluvia?

—Ropa tenemos, —dijo Brew—, pero no tenemos nada de lo que
usted dice para la lluvia.

—No importa. Pueden obtener lo que necesitan más tarde del
*slop chest**.

—¿*Slop chest*? —dijo Brew—. Suena como una porqueriza.

El camarero se sonrió y dijo, —Ésa es la tienda del barco. Pueden
comprar zapatos, camisas, cigarrillos, pasta de dientes, cepillos, navajas, etc. Y por si acaso no tienen dinero, pueden comprar las cosas
fiadas y lo que deben se lo restarán de sus sueldos. Aquí estamos.
Están en medio del barco, por el lado del puerto.

Nuestras caras mostraron falta de reconocimiento de los términos
marineros y el camarero, mostrando su agradable sonrisa, dijo, —Ya
sé que éste es su primer viaje, pero no se preocupen, prontito se acos-
tumbrarán al lenguaje del mar.

Entramos el *fo'c'sle*. Tenía dos pares de camillas, una mesa pequeña, cuatro armarios y tres pequeñas ventanas redondas. —Van a dormir aquí con los encargados de las utilidades y del almacén de alimentos, —explicó el camarero.

—Bonito cuarto, —dije.

—*Foc's'le*, —el camarero me corrigió amablemente.

—*Foc's'le*, —repetí en voz suave.

—Les voy a dar un consejo a los dos, —dijo el camarero—. Mantengan cerradas las portillas cuando hace mal tiempo, si no, van a tener el entero maldito mar aquí adentro.

Caminé suavemente donde una de las ventanas redondas y la abrí, no más para dejarle ver que yo había sabido desde el principio que las ventanas redondas se llamaban portillas. No saqué ningún provecho de esa situación; pues el camarero únicamente añadió:

—Cuando acaben de guardar sus cosas, vénganse los dos a la cocina y les mostraré sus deberes.

Media hora después nos encontramos en la cocina. —Brewster, —dijo el camarero—, tú trabajarás en el comedor de los tripulantes, y Tomás— el camarero ya se había dado por vencido tratando de recordarse de *Piri* —tú trabajarás en el comedor de los oficiales. —Nos mostró dónde quedaba todo y cómo poner una mesa—. Cuando el barco sale, —concluyó—, se levantarán a las 6:30 A.M., pondrán sus mesas, lo dejarán todo en orden, y esperarán a un lado. El desayuno se da a las 7:00. Después del desayuno lo limpiarán todo y tomarán un descanso hasta las 10:00. Entonces es hora de prepararnos para el almuerzo. Después de limpiar al terminar eso, tomarán un descanso hasta las 3:30, cuando ponen las mesas de nuevo. Entonces esperarán para servir la cena y limpiarán otra vez, y luego estarán libres hasta las 6:30 al día siguiente. ¿Comprenden? Oh, otra cosa más, —añadió, hablándome a mí—. Sírvanles siempre el café caliente. Especialmente al Viejo, el Capitán. Dales buen servicio a estos oficiales y cuando se acabe el viaje, te dejarán bastante buenas propinas.

Asentí con la cabeza que serviría bien a mis amos.

—Bueno, muchachos, —dijo el camarero—. Hagan bien sus trabajos y encontrarán que yo no soy el tipo de hombre a que me gusta estar encima de ustedes todo el tiempo. Tengan cuidado y buen viaje. —Se fue y me viré hacia Brew y dije:

—No parece ser un viejo malo, ¿verdad?

Brew no respondió, pero me sentí contento de que todavía podía tener sentimientos buenos hacia un blanco.

La próxima mañana me encontré en mi puesto asignado, vestido de chaqueta blanca, sirviendo a mis amos.

—Mozo, —llamó el capitán.

Le di la espalda a la tostadora de pan y caminé hacia su mesa.

—Sí, señor.

—Hijo, tráeme una taza de café y que esté bien...

—Sí, señor, —interrumpí—, negro, caliente y sin azúcar.

El capitán se sonrió conmigo y dijo, —Parece que el camarero ya te ha estado entrenando.

Le di una sonrisa de vuelta y asentí con la cabeza. Miré al piloto principal y pregunté, —¿Tomará café usted también, señor?

—Sí, dame un poco, gracias.

Dejé la mirada barrer por encima de los demás oficiales para ver si los otros también querían mi servicio suave. Nadie dijo nada. Salí y volví, trayendo el café. Sintiéndome bien, vi que todos habían terminado su postre. Todo había marchado bien. No se me había olvidado servir por la derecha y retirar los platos vacíos por la izquierda. Fue entonces que el piloto principal me jodió toda la comida. Alzó un dedo y dijo, —Oye, *boy*, dame otra taza de café.

—Sí, señor. —No lo miré. Solamente la fui a buscar.

—Aquí está, señor.

—Este, gracias... Mira, este café está frío.

—No me diga, señor. Déjeme buscarle otra taza.

Volví con otra taza. Esta vez no me dio las gracias.

—Oye, *boy*, este café todavía está frío.

—No comprendo, señor. No se preocupe, le buscaré otra taza.

—No te molestes.

—No es molestia, señor, lo haré con gusto. —Y *todavía estará frío*, pensé.

—No te molestes. —Sus labios parecían estar apretados.

—Sí, señor, —dije dócilmente. *Cualquier otro de ustedes pendejos que me llame "boy" va a recibir el mismo tratamiento.*

Después de que todos habían salido del comedor y yo había limpiado, salí a la cubierta. Vi a Brew y empecé a caminar hacia él cuando oí que alguien me llamó.

—Mozo. —Era el piloto principal.

—¿Sí, señor?

—Mira, chico, me está que ambas veces me trajiste el café frío a propósito. ¿Por qué?

—¿De veras quiere saber, señor?

—Sí, lo quiero saber... de veras, —añadió sarcásticamente.

—Pues, se lo voy a relatar. Cuando yo era niño, mi mamá me dijo que algún día iba a crecer tanto que me pondría hombre, y si yo era un muchacho bueno y comía mucho, me convertiría en un hombre bien chévere. Pues yo hice lo que Mami me dijo y me he hecho hombre. Si Mami tiene razón, y yo creo que sí la tiene, ya no soy un *boy.* ¿Comprende, *señor?*

No me dio respuesta; sólo se apretó los labios como los tenía antes y me dio la espalda.

—Señor, —llamé—, no creo que su café vaya a estar frío desde ahora en adelante, a menos que Ud. lo quiera así.

No le gustó lo que dije, pero parece que aun menos le gustaba el café frío, porque dejó de llamarme *boy.* La verdad es que no me llamó nada a menos que no lo pudiera evitar, y entonces solamente ordenaba lo que quería, sin decir ningunas palabras preliminares.

Entramos en los puertos de Mobile, New Orleans y Galveston durante el viaje. Mobile era de donde venía Brew.

—Conoces este sitio bastante bien, ¿verdad, Brew? —le dije.

—A fondo, hombre, a fondo, —contestó. Habló en voz baja y no quería decir mucho. Seguí tratando de sacarle alguna forma de conversación a la fuerza; pensé que el tipo debería de estar contento de hablar de donde nació, no importa lo malo que fuera. Pero Brew no quería conectar más de cuatro o cinco palabras acerca de Mobile. Tal vez estaba desenterrando viejos recuerdos de antaño. Uno puede compartir los buenos recuerdos con tu panín número uno, pero no las malas.

Cuando nos desembarcamos en Mobile, inmediatamente nos pusimos a tomar. Más tarde, de regreso al barco, me dio hambre y entramos al primer restaurante que vi. Era un sitio blanco. No había ni un cliente negro, sólo una fila de blancos sentados en banquillos en frente de un mostrador largo. Me senté en un banquillo vacío al final del mostrador. Brew me había advertido que no entrara, y podía verlo a través de la vitrina grande, parado afuera esperándome, sin expresión ninguna en su rostro negro —el único rostro negro por estos lugares. Yo estaba aun más solo.

Oí los pasos de unos zapatos y miré en la dirección del ruido. Era el encargado del mostrador. Me pasó de lado. Esperé que regresara otra vez y dije, —Dos hamburguesas y una Coca Cola. —*Cógelo justo al momento preciso*, pensé, *preciso*.

Nadie dijo nada.

Repetí mi orden. Más silencio. Alcé el puño y lo dejé caer sobre el mostrador con toda mi fuerza de hombre puertorriqueño negro. Sentí que alguien detrás de mí se me acercaba. Pensando que era Brew empecé a decir, —¿Qué quieres comer, panín? —cuando una voz con acento dulce de Alabama me interrumpió.

—¡*Boy!* —Ah, aquí no le servimos a los negros.

Una mano me tocó en una parte del hombro. Di la vuelta y miré.

Una cara blanca flaca dijo, —No quieres un problema, ¿verdad, *boy?*

Nadie más habló, ni una palabra.

Salté del banquillo y se me desbordaron muchas malas palabras, principalmente en español. Todos los blancos que estaban ahí dejaron de comer, de sonreírse y de hablar, y se empezó a oír un murmullo amenazante. Brew, que había estado afuera, observándolo todo, entró y cuidadosamente me sacó de ahí, dándole a los blancos una mirada que decía, *Él es un extranjero por estas partes...*

—Brew, —empecé, pero no tuve que terminar la frase. Él comprendió lo que yo estaba pensando.

—Te lo dije, *man*, te lo dije. ¿Por qué se te hace tan difícil comprender que tú nada más eres una jodida partecita de toda esta mierda que duele tanto?

No pude contestar. Solamente me quedé parado a fuera de ese lugar grasoso, sucio, que servía dos tipos de menú, y traté de que las cosas locas que me estaban brincando por encima no me jodieran la mente. Quería volver a ese sitio y saltar encima de ese mostrador y correrle todo a lo largo, patear los platos blancos y las tazas de café, tumbárselos en los regazos de esos blancos. Las bombas que estallaban dentro de mí abrieron un poco de espacio para Brew.

—Así no es como se hace, hombre, así no es, —me dijo—. Si tú vuelves a entrar a ese sitio, es como meterte de culo en la boca de un caballo.

Brew estaba bien desesperado, pensando que yo no lo estaba creyendo. Escuché los sonidos que me salían. Se parecían a la muerte, a palabras huecas que sólo se oyen estando uno dentro de un maldito cuarto sin salida.

Nuestra próxima parada fue en New Orleans. Los dos tonos, típicos del Sur, ya me tenían harto, aborrecido. A Brew también parecía habérsele perdido algo, tal vez en Mobile. Acabamos una botella y nos encontramos un canto de chocha mestiza que nos hizo recordarnos de Gerald Andrew West. Ése fue nuestro único vacilón en New Orleans. Cada una de las tipas tenía su propia casa, y por lo tanto nos separamos y nos pusimos de acuerdo para encontrarnos de nuevo en el barco. Brew nunca más regresó. No sé lo que fue que le pasó. Tal vez esté cosechando guisantes en una finca de prisioneros o quizás se haya regresado a Mobile a buscar lo que se le había olvidado la primera vez. Esperé al pie de la plancha hasta que la subieron y el barco empezó a arrancar del muelle; busqué en la oscuridad a mi hermanito negro, mi panín número uno. Pero jamás se presentó. Jamás lo volví a ver. Cuando regresé nuevamente a Nueva York, Alayce también se había desaparecido. Quizás volvieron juntos a su tierra a vivir.

Después de unos días, el barco James Clifford entró al puerto de

Galveston y bajé a tierra solo. Lo único que conocía de Tejas era lo que había visto en las películas de vaqueros. Caminé por el pueblo y cuando me detuve, me encontré en medio de un carnaval. Floté hacia una carpa donde algunos tipos estaban tirando chavos prietos* en un círculo a cambio de regalos. Tiré algunas monedas y uno se metió en el círculo sin tocar la línea. —Bueno, hombre, bueno, —dijo un tipo en español. Era mexicano. Nos intercambiamos los nombres y nos pusimos a pasear juntos por el carnaval. Entramos a una cantina y nos dimos unos tragos; él tomó tequila y yo, fiel a todos los puertorriqueños, un ron. Nos emborrachamos un poco y le pregunté a mi amigo si conocía una casa de putas con mujeres blancas. Quería rebelarme contra ese Sur de los dos colores; quería chingar a una mujer blanca en Tejas. —Sí, conozco una, —dijo. En su voz se le oía un poco de indecisión e inmediatamente supe la razón. Él tenía la piel color de oliva, su pelo era como seda y la nariz la tenía fina y recta; y a su lado estoy yo con mi apariencia. Lo miré y me preguntó, —¿Tú sabes cómo son las cosas por acá? ¿Cuál es tu nacionalidad?

—Puertorriqueño, —dije—. Yo sé que mi pelo no es bueno y que mi nariz es demasiado aplastada y que mi piel es demasiado prieta. Pero... —y en voz bajita, le dije lo que quería hacer.

Me miró y me dijo, —Bueno, pues, está bien, si eso es lo que quieres. No digas ni una palabra en inglés, y quizás te creerán que eres puertorriqueño.

Me sonreí al oír ese comentario. Quizás este tipo se creía que yo era un negrito local.

Caminamos por la calle y entramos a un hotel blanco, bastante bueno. El hombre detrás del mostrador le dijo a mi amigo, —¿Qué quieren ustedes?

—Quisiéramos una habitación y un par de muchachas, —dijo en un acento tejano suave.

El recepcionista dijo, —Y este *boy* aquí, ¿qué quiere él? —Se me quedó mirando.

—*What's your name?* —me preguntó.

Le di una mirada vacía. Entonces, haciendo mi papel perfectamente, miré a mi amigo mexicano y le pregunté en español, —¿Qué
fue lo que me dijo?

—*You don't understand English?* —preguntó el recepcionista.
—*Where are you from?* ¿De dónde eres?

La cara se me iluminó, como si acababa de desembarcarme de un
platanero.

—Puerto Rico, —dije, sonriéndome.

El recepcionista se le acercó a mi amigo mexicano y le preguntó
en voz baja, —No es molleto, ¿verdad?

Mi amigo le aseguró que yo no lo era. Di otra mirada vacía. El recepcionista le dijo a mi amigo, —Bueno, tú sabes, tenemos todo tipo
de gente que está llegando por acá, muchos extranjeros, y gente española que viene de Argentina y Colombia y Perú y Cuba, eso está
bien, pero a estos malditos molletos los tenemos que mantener
abajo.

Ambos conseguimos habitación y una tipa, y por fin pude chingar
a mi mujer blanca. Me costó $10 (más $5 para mi amigo mexicano).
La tipa hasta pensó que me había cogido de pendejo, porque seguramente en los últimos seis meses nadie le había pagado tanto dinero
como esos $10. Pero el dinero no era lo importante; lo que había que-
rido de veras era mostrar algo.

Después de que se me explotaron mis entrañas dentro de ella, me
vestí y le dije a mi amigo en la próxima habitación que se diera prisa.
Me preguntó por qué. —No preguntes, —respondí en español—, y
si no quieres que te maten, vete huyendo, —y regresé a mi cuarto.

Después de unos segundos mi amigo entró. No sabía lo que yo iba
a hacer, pero no importaba lo que fuera, ya sabía que sería algo loco.
—Cuidado, —me aconsejó—, ten cuidado.

—No te preocupes, —le dije, y oí sus pisadas descender las escaleras. Me paré delante del espejo y me puse la chaqueta. La tipa todavía estaba en la cama, por si acaso yo se lo iba a meter otra vez.
Cuando caminé a la puerta, se sonrió y preguntó en español tejano si
me había gustado y si quería más. Abrí la puerta y le dije, en inglés,

—*Baby, I just want you to know*— y vi su sonrisa cambiar a una mirada de horror—*I just want you to know,* —repetí—, *that you got fucked by a nigger, by a black man!** —Y no esperé para verla quedarse bocabierta o saltarse de esa cama. Corrí, me desaparecí, porque ya había aprendido desde hace mucho tiempo que debes pegar el golpe y entonces correr a tu propio territorio, y mi territorio era ese maldito barco.

Hice el viaje de regreso a Norfolk y cogí otro barco a las Antillas, esta vez trabajando en los hornos de carbón en un equipo de negros. Carajo, jamás supe lo que era ser un esclavo hasta que empecé a mover esa mierda con una pala. Trabajaba cuatro horas y tenía ocho libres, dándole así la vuelta al reloj. Pero durante esas cuatro horas, estaba en el infierno, y después de algunos turnos decidí que tenía que hacer algo pronto para salir de este trabajo de esclavo. Me di de baja por enfermo con el contador, quien a la vez servía como el médico del barco. Le dije que estaba en buenas condiciones físicas pero que no aguantaba el calor y que tal vez podría morir del mismo. Le dije que estaba bajo la impresión de que yo había aceptado la tarea de bombero de petróleo. El contador lo discutió con el capitán y el ingeniero principal. —No te preocupes de nada, muchacho, —me dijo el jefe. ¿Cómo te gustaría trabajar de carbonero?

—¿Qué es eso? —pregunté.

—Tú nada más echas el carbón al conducto, del cual los bomberos obtienen su carbón.

Asentí y luego alguien me dio una pala que parecía una azada y me dirigió por una escotilla abierta. Miré adentro y vi nada más que oscuridad. El jefe me dio una palmada en la espalda y una linterna que además de proveer una luz brillante, soltaba una peste tremenda, y para abajo descendí, a caerle encima a una montaña de carbón. Durante el resto del viaje respiré polvo de carbón, comí polvo de carbón, y sudé polvo de carbón.

Después de estar de viaje unos días me metí en una discusión con uno de los bomberos, un sueco grande. Se quejó de que no estaba proporcionándole el carbón lo suficientemente rápido a su conducto. —Y debes desbaratar los jodidos terrones— —algunas de las pelotas pesaban cincuenta libras— —antes de mandarlos para abajo, —y añadió—, ¿Oíste?

Un mesero antillano de nombre Isaac me había dicho que mientras estuviera abordo, nunca le aguantara mierda a nadie o me convertiría en un pendejo. Para no caer en eso, le contesté al sueco, gritando por el conducto, que lo único que iba a romper y mandar por el conducto sería su culo de maricón. Al oír eso, el sueco explotó. Me maldijo por dentro y por fuera, terminando con las palabras, —Te veré en la cubierta, bastardo zángano. Por mi madre, te parto en dos de una vez.

—Métetelo, —le grité de respuesta, sintiéndome otra vez en mi cuadra.

—Cuidado con él, muchacho, —me advirtió Isaac más tarde—, quizás te quiera apagar las luces.

Medí las posibilidades del sueco. Era un hombre alto, de buen cuerpo. No era joven; tenía sus cincuenta o cincuenta y cinco años. Pero no conté mucho que su edad fuera a trabajar en su contra; a veces estos tipos viejos te pueden engañar. Pensé que el ataque vendría cuando estábamos en turno de descanso, fumando o vagueando por la cubierta. Pero sucedió cuando llevaba mi bandeja desde la cocina al comedor. El sueco había dejado su comida en el comedor. Cuando me vio, me enfrentó y me tumbó la bandeja de las manos y toda mi comida se mezcló con el aceite de pescado ya embarrado en la cubierta. Me pegó en el lado de la cabeza. Comprendí su mensaje y agarré un pedazo de su garganta y le di un puñetazo con la mano derecha y me puse a luchar con él. Percibí que yo era más fuerte que él y decidí ahorcarlo un poco. Luché con él hasta ponerlo de espalda en la cubierta y apreté las piernas por su cintura y con mis manos en su pescuezo, empecé a apretarlo. Un poco de saliva empezó a salírsele de la boca. Me asusté. *Suponte si matas a este pendejo*, pensé. Miré a mi alrededor. *Si continúo a apretarlo, lo voy a matar. Si lo suelto, a lo mejor me mata a mí*. Miré a Isaac, uno de los espectadores.

—*Caramba, Isaac*, —le grité—. No quiero *matar a este tipo*.

Isaac señaló con la cabeza a dos marineros que se nos acercaban, parece con intenciones de separarnos.

El viejo sueco estaba acabado mientras que yo rebosaba de emoción, como después de una pelea victoriosa. Isaac me llamó hacia un lado y me dijo en voz baja, —Piri, pienso que eres un cobarde.

Me sentí frío por completo. —¿Qué tú me quieres decir, cobarde, come-mierda? ¿No viste que acabé de gastar a ese zángano?

En la misma voz baja de antes Isaac respondió, —Pienso que eres cobarde no porque no lo mataste, sino porque no lo querías matar. Vas a aprender, muchacho, que ésta es una vida dura para un hombre negro o trigueño. A menos que estés dispuesto a matar en el momento preciso en que tienes que hacerlo, vas a ser un mamachocha el resto de tu vida. Tienes que tener suficiente corazón no sólo para perdonar una vida sino para tomarla también. Por el momento solamente puedes perdonarla, pero tal vez aprenderás. No estoy diciendo que eres cobarde de corazón, sólo de instinto.

Respondí, —Si llegase el momento en que tuviera que eliminar a alguien para siempre, lo haría, pero tendría que ser por una buena razón. He aprendido mucho en esta vida y si también me toca aprender a ser un matón para poder conocerme más a fondo, puedo aprender a ser eso también.

Aprendí más y más en mis viajes. Dondequiera que iba —a Francia, Italia, América del Sur, Inglaterra— las cosas eran igual. Era como lo había descrito Brew: no importa el idioma que hables, si eres negro eres negro. El odio que ya me existía por dentro siguió creciendo dentro de mí. *Dios mío, Dios mío*, pensé, *algún día voy a matar, voy a matar a alguien. Si no mato, entonces voy a hacerle daño permanente a uno de esos blancos.* Le tenía miedo al mundo entero. *Brew, amigo, tenías razón*, lloré. *¿Dónde carajo estás, socio? Coño, hombre, eres mi panín, mi hermano número uno; Cristo hombre, espero que no estés muerto. No estás muerto, ¿verdad, Brew?*

HARLEM

Cristo, *pensé, por fin le pegué un balazo*
   a un Míster Charly.
¿Cuántas veces no le pegué los tiros mentalmente?

20

Hogar, dulce Harlem

Regresé a Nueva York con un odio grande a todo lo que era blanco.

El Barrio fue adonde fui primero. Había estado fuera de ahí siete meses y quería ver lo que estaba pasando en mi cuadra. Pero estaba tan jodido por dentro de mí mismo que cambié de parecer y en vez de ir a la calle, me fui a visitar a mi tía que vivía en la Calle 117. Me dijo que Mami estaba muy enferma y que estaba en el hospital.

Me fui de inmediato al hospital y encontré a Mami, gastada por unos microbios matones.

—Ay, Piri, —me dijo—, le pedí a Dios que te mandara adonde mí antes de que muriera.

La encontré bien débil y los médicos no permitieron que me quedara mucho tiempo. Me senté al lado de su cama en una silla blanca y ella me aguantó la mano mientras que yo le leí de su Biblia. Ella me hizo prometer que regresaría a la casa en Babilonia para estar con Papi y los muchachos. Cuando salí del hospital, di muchas vueltas, caminando. Volví a casa de mi tía ya después de medianoche y me acosté en la cama en la habitación extra. Pensé en mi mamá, la Mamita gordita que antes conocí.

El golpe en la puerta a las 3:00 A.M. me volvió a la realidad de esa escena en el hospital.

—¿Quién es? —oí que preguntó mi tía.

—Un telegrama, —respondió una voz. Unos minutos después mi tía entró silenciosamente a mi habitación con un papel amarillo en la mano. Me levanté a una posición sentada y encendí la luz.

—Hijo, —me dijo, y oí caer sus lágrimas—, tu madre se ha muerto.

—Sí, ya lo sé, que Mami se murió, —le dije sin emoción. A veces, el dolor puede hacer que un tipo grite o te puede dejar frío, con cara de palo.

En el entierro me quedé atrás después de que todos hubieran regresado a sus carros. Quería decirle algo tan final, tan especial a Mami, pero lo único que pude decir fue, —Bendito, Mami, lo siento.

Me quedé mirando ese hoyo abierto en la tierra, en mi mente dándole vueltas a las palabras rápidas que acabó de decir el ministro, *De cenizas a cenizas, del polvo al polvo.*

Miré al fondo del hoyo y con dolor me quedé mirando las flores individuales, que habían tirado encima del ataúd los que amaban a Mami. No recuerdo haber visto si Papi también tiro una.

—Piri, ¿vienes? —dijo la voz de mi tía.

Levanté la mano, señalando que esperara un momento.

Oí la voz de Mami... tan suave como una sombrita.

Decía, —*Tu padre tiene otra mujer.*

—*No, Mami, no es verdad. ¡Hombre! Papi es sólo para ti.*

—Piri, vente ya. —Era la voz de Tía.

Con los ojos fijos en el hoyo en la tierra, me despedí de Mami.

Me quedé en casa un par de meses. Traté de hacer que todo fuera igual como antes, salvo que tenía un deseo que me consumía, y eso era de ver cómo era la otra mujer de Papi.

Me metí en las cosas de Papi. Me acuerdo del nombre de la mujer. Encontré su retrato. Oí una advertencia de un hermano o hermana de que no me debería meter en las cosas de Papi. No la oí. Sólo me quedé mirando el retrato con el nombre escrito ahí mismo.

¿Sabrá ella que Mami está muerta? Sus ojos parecían decir, *Lo siento mucho oír de la muerte de tu madre.* —*Puerca, cochina,* pensé, pero solamente moví la cabeza y miré su retrato. Tenía pelo castaño claro y ojos verdes, nariz perfilada y la piel muy blanca.

Salí de la casa, con el retrato de la otra mujer de Papi colocado casi tiernamente en mi bolsillo.

—¿Para dónde vas, Piri? —La voz de Miriam me estaba siguiendo.

Sin responder, me eché a caminar por la calle pa'bajo. La noche estaba bonita: una luna de tres cuartas alumbraba todo. Me detuve y saqué el retrato y me le quedé mirando otro rato.

—No se puede negar que es bonita, pero es una mierda comparada con Mami, —dije en voz alta. Y ahí mismo rompí la mierda de retrato en pedacitos y los arrojé al aire y miré los pedacitos de mierda que eran esa mujer volar por todas partes.

Llegué a casa y me acosté, sintiéndome contento de haberla conocido. Ahora que sabía cómo se parecía, podría odiarla con más claridad. Me quedé dormido con el recuerdo chévere de los pedacitos de mierda cayéndose en la acera.

De repente, en mi estado medio dormido, oí maldiciones y sentí que alguien me golpeaba. Me estaban arrastrando de la cama.

—OK, ¿dónde está? —La voz de Papi se oía muy clara.

—¿Dónde está qué? —pregunté. Mis manos estaban medio alzadas. La bombilla en el techo se encendió.

—¡*El retrato!* Tú sabes a lo que me refiero. ¿Dónde está tu cartera?

El rostro de Papi se le veía enfurecido. Cogió mis pantalones y me sacó la cartera. Traté de sacársela de la mano.

—Caramba, Papi, dame mi cartera, —le dije—. Tú no tienes derecho a meterte en mi cartera.

Me dio una bofetada en la boca y me pregunté quién me habría choteado.

—¿Qué está pasando? —dijo una voz de niña. Era mi hermanita, Miriam. José y Jaime estaban balbuceando algo desde la habitación adyacente. Salté de la cama. —Papi, no estoy jugando, dame mi cartera. —*Blap*, otra bofetada en la boca. Me pregunté cómo me sentiría dándole un puñetazo a Papi en la boca.

No encontró nada en mi cartera. Me sacudió los pantalones y todavía no pudo encontrar nada. —¿Dónde está ese retrato? —preguntó.

—No tengo ningún retrato. —Me sonreí—. Además, no sé a cuál retrato te refieres.

—Tú bien sabes cuál retrato.

—¿Qué carajo voy a querer yo con un retrato de esa viejaca?

Splat, otra bofetada en la boca. Ahora sí que le tenía odio a esa puta, y sea o no sea éste mi padre, le iba a pegar. Elevé los puños cerrados.

Miriam lo vio todo y se metió entre medio de nosotros, llorando, —Ay, por favor, Papi, Piri, por favor...

Sentí la presencia de Mami en las palabras de mi hermana y dejé caer los puños. —Está bien, hermanita, yo no voy a...

—¿Dónde está ese retrato? —preguntó Papi otra vez y otra vez y otra vez.

—¡*Maldito sea*! —exploté—. ¡*No tengo ningún retrato*! Si no me crees, mátame entonces. Carajo, yo no tocaría a esa jodida puta blanca ni con un bicho de diez pies.

Papi me miró y solamente se quedó ahí parado, con los puños apretados. Me sentí más y más fuera de mí mismo. —Por favor, por Dios, —rogó mi hermana.

—Si me pone otra mano encima, lo voy a matar, —dije, hablándole a mis puños, y de repente Papi se fue, así no más. Todo el cuerpo me temblaba y mi hermana estaba llorando. Yo no podía llorar. Las lágrimas sólo son para cuando se siente algo. Yo me sentí muerto.

—Vete y acuéstate, Miriam, —le dije—, ya no va a suceder nada. Yo me voy de esta jodida casa y él puede meterse a esa puta por el culo. Vete, nena, acuéstate.

No dormí en toda la noche y por la mañana un silencio duro colgaba por toda la casa. Quería vengarme de Papi de alguna forma. Encontré mi oportunidad. Jaime estaba hablando de que quería caminar conmigo a la estación del tren y yo le respondí con un acento del Sur, —*Claro que sí, hombre, si es que estás dispuesto, puedes ve-nirte conmigo.*

—Maldito sea, déjate de hablar así, —gritó Papi.

—Pues, muy bien, Papi, —continué con la misma jodienda—. Si a ustedes no les gusta mi manera de hablar, pues pienso que debería irme.

Ahí se acabó todo. Dentro de un segundo estaba Papi encima de mí. Me agarró con las dos manos y me levantó del piso. —Maldito seas, te voy a dar una lección, —me gritó—. Te estoy botando de esta casa y no quiero que vuelvas más. Hablando como si vinieras de una jodida finca de algodón.

—¿Fue de ahí que viniste tú, Papi? —lo molesté—. ¿No es eso lo que te molesta? ¿No es precisamente eso lo que te molesta, Míster Blanco con tu cara natural pintada de negro? Suéltame, Papi, o te doy un rodillazo en esos güevos artificiales blancos que tienes ahí.

Papi me dejó caer al suelo y me pegó un golpe. Sentí su puño duro y la orilla afilada de su anillo darme en la cara. El golpe me sacudió la cabeza. Me toqué la cara y sentí sangre, y todo se me puso rojo de tanto odio que sentía. Corrí a la cocina, pues no quería solamente golpear a Papi, sino que lo quería matar. —¿Dónde está un cuchillo? Carajo, ¿dónde está un cuchillo? —grité.

Miriam se puso histérica, José estaba callado como una piedra, y Jaime estaba parado ahí, blanco del terror. Agarré un cuchillo de la cocina y me encontré con Papi, que corría para la cocina con un bate de béisbol. Medí la situación.

—¡Déjense de esto, déjense de esto! —gritó Miriam, y saltó entre medio de nosotros. Su voz sonaba desesperada—. Déjense de esto, ¿me oyen? Yo me estoy volviendo loca y ustedes son la causa. ¡Ay, Dios mío! Ay, Mami, ¿qué será de nosotros?

Vi las lágrimas que chorreaban por la cara de mi hermana y a Papi mirando a su princesa asustada. Se nos quitó la rabia; y lo que quedaba era el *jamás lo olvidaré.*

Empaqueté mis cosas y les dije adiós a Miriam, a Jaime y a José. Ni siquiera miré a Papi, pues él ya no existía para mí. Sólo le dije en voz bien bajita, —*Adiós, Papi.* —Era todo lo que podía hacer.

21

Colgado patas pa'rriba

Al fin llegué a Harlem, volví a los pasillos, las azoteas y los apartamentos de mis amigos... y de nuevo bien metido en la droga.

La heroína le ofrece mucho a uno —y es todo malo. Se convierte en tu vida entera, una vez que tú le permites la entrada a la corriente de tu sangre con sus dientes blancos. Nunca pensé que me juquiaría de verdad. Solamente lo iba a hacer de vacilón. Solamente iba a usarla cada siete días, hasta el día que desperté y me di cuenta que la estaba usando siete veces al día. Había saltado de ser un snifeador cuidadoso, contento con sólo aspirar la droga por las narices, a un descuidado, inyectándome bajo la piel, y ahora era tecato completo, inyectándome en las venas.

Al principio todo estaba bien, pues todavía me quedaban unos chavos, pero aquellos cien dólares se derritieron bastante rápido y lo único que me quedaba era un hábito creciente. Todavía me quedaban unas ropas y un reloj, pero hasta éstos pronto fueron a parar junto al dinero. Conseguí trabajo por un tiempo, pero los cuarenta bolos no me bastaban, y mientras más usaba, más necesitaba.

Sin embargo, la heroína tiene una propiedad singular: es un tranquilizante extraordinario. Todos los problemas se te convierten en un montón de memorias nubladas cuando estás solo en la onda de esa dimensión especial. Pero no fue hasta que mi sistema por completo se había convertido en un inescapable deseo para la próxima cura que me di cuenta de lo cortito que era el escape de la realidad que la droga te proporciona.

Los escalofríos, los mocos constantes, la humedad fría helada que avanzaba como hormigas sobre la piel: éstos eran los próximos pasos del viaje del juquiado —y luego sentía como que mis tripas se iban a reventar y todos los músculos del cuerpo se me pusieron tan apretados que casi los podía oír quebrarse.

Podía escoger entre robar o vender heroína para mantener a mi nuevo amor. Escogí traficar. Caminé las calles para arriba y para abajo buscando a un tipo que lo llamaban *Turkey* (Pavo). Se había ganado ese nombre por haber vencido el hábito *cold-turkey**, a la cañona, varias veces seguidas en la cárcel municipal conocida como *Las Tumbas*. Por fin me encontré con él en la sala de billares en la Calle 106. Hice una señal con la mano para que saliera afuera. Caminó suave a la acera y con la vista me preguntó, —*¿Cuánto quieres?*

—Quiero vender, —murmuré.

—¿Estás diciendo que quieres comprarte un canto y venderlo tú mismo?

Moví la cabeza que no. —No puedo, Turkey, no tengo dinero. Déjame vender por ti y lo que yo gane me lo pagas con drogas en vez de dinero.

Turkey se frotó la nariz, como que estaba dándole mucho coco a mi propuesta. —Espérame al frente de la escuela en la Calle 105, —dijo por fin. Al retirarme de él me sentí a salvo o algo parecido.

Como media hora después, Turkey se me acercó y en la oscuridad del parque de la escuela me metió un paquete en la mano. —Aquí hay veinticinco bolsas de tecata buena. Por cada cinco bolsas que vendas, a tres dólares cada una, puedes coger una para ti. Puedes vender las veinte bolsas para mañana. Tráeme sesenta pesos y puedes recoger más. Si te encuentras a un tipo que está bien engancha'o y le puedes sacar más por una bolsa, la diferencia es tuya.

Indiqué con la cabeza que comprendía.

—Si no derrochas tus ganancias, quizás puedas ahorrar suficiente plata para comprarte un canto para ti mismo y así ganar lo suficiente para tener plata y a la vez satisfacer tus venas.

Empecé a caminar. Turkey me puso una mano en el codo y en una voz muy amigable, dijo, —Acuérdate que estoy confiando en ti, panín; si agotas todo esto en tu cuerpo nada más, estarás metido en un gran lío. Cógelo suave y confiaré mucho más en ti.

Al día siguiente aparecí con los sesenta pesos para Turkey y confió mucho más en mí.

En los meses que siguieron, yo estaba vendiendo bien. Estaba manteniendo un hábito que me costaba como quince bolos al día. Me inyectaba todos los días pero me alegraba en una manera extraña el hecho de que mis venas no se parecían a los fierros de un tranvía. Había cultivado un hoyo y siempre me inyectaba por ese mismo boquete. Pero era feísimo. Las noticias habían corrido por todas partes de que yo tenía tecata buena y habían tipos que me buscaban. Muchas de mis ventas no fueron en efectivo. Yo aceptaba ropa, prendas, radios o lo que fuera. Les compraba las cosas por un décimo de lo que realmente valían y se los vendía a un *fence** en la Avenida Jackson por el Bronx, haciéndome una buena ganancia. El tipo siempre me pagaba en efectivo y siempre me decía las mismas palabras avariciosas, —Te compraré todo lo que me traigas. —Para poder ser un vendedor tenías que ser mucho más duro; no puedes tener un corazón blandito: —*Si no hay plata, no hay tecata.*

Todo marchaba lo mejor que podía esperarse. Yo tenía un pequeño apartamento amueblado donde varios de nosotros nos inyectábamos y envueltos en una nube roja, nos poníamos a oír nuestra música favorita. O nos íbamos al cine a darnos gusto viendo películas o cabeceando mientras se daba la película.

Todo marchaba lo mejor que podía esperarse, hasta que atacó el pánico. Hubo una escasez de heroína debido a que arrestaron a unos cuantos de los traficantes más grandes con cantidades de drogas encima, valoradas en unos millones de dólares, causando una gran falta de drogas al nivel de la calle. Todos los traficantes pequeños como yo, estábamos guardando lo que teníamos para uso personal, o lo estábamos vendiendo a cuatro veces el precio de la calle en esperas de que pronto se acabara el pánico y estuviéramos en una posición avanzada habiendo realizado una ganancia grande. Lo que en realidad sucedió fue que el pánico permaneció por unas semanas y los que tenían algo, lo habían vendido por una ganancia grande y ahora aquéllos que también lo usaban, se encontraron pagando el doble —y eso, cuando podían conseguir algo. Todos estaban comprando y nadie estaba vendiendo menos los estafadores, y ellos estaban mezclando leche azucarada con quinina y vendiendo esa caca como si fuera droga auténtica. Al fin y al cabo, pocos pudieron seguir traficando en esa mierda. De alguna manera u otra tuvieron que pagar. Y las maneras que pagaron esas trampas no fueron agradables. A algunos de los estafadores les dieron sobredosis gratis mientras a otros solamente les quebraron un brazo o una pierna. No es bueno uno aprovecharse del sufrimiento de otros.

Cuando al fin se acabó el pánico, yo estaba en las mismas malas condiciones que había estado antes de haber comenzado a traficar. Creo que las cosas estaban hasta peores. Estaba pelado, no tenía drogas, y la cantidad que había gastado no había sido mía. Turkey ya no iba a confiar más en mí. Le conté la verdad de lo que me había sucedido. No dijo mucho; solamente se sonrió y dijo, —Sencillamente me traes el dinero en unos cuantos días o adiós, amigo.

Me sentí enfermo y me retiré, pensando que quizás podría encontrar a alguien que me diera una cura.

Subí y bajé por las calles y miré por la vitrina de la lavandería automática en la Avenida Madison entre las calles 103 y 104. Trina estaba lavando ropa en las máquinas. Entré y me senté a esperarla, y Dios mío, ¡qué enfermo estaba, qué desgraciadamente enfermo! Se me torció la espalda del dolor y no pude parar las lágrimas que me chorreaban de los ojos y los mocos que me goteaban de la nariz.

—¿Qué te pasa, Piri?

—No me siento muy bien. Creo que tengo la monga*.

—Bueno, vamos a buscarnos unas medicinas en la farmacia.

Jesús, pensé, *lo que necesito es una cura, y Trina no lo sabe. ¿O tal vez lo sabrá? ¿Cuántas veces uno puede sacarle dinero a su novia sin que ella se dé cuenta de lo que está pasando? Quizás no lo quiere saber.*

—Mira, Trina, te veo después.

—Pero, ¿no me vas a esperar?

—No puedo. Debo consultar a un doctor. —*Debo consultar a mi conexión.*

—Te veo, entonces.

Y salí de esa lavandería como si la muerte estuviera ahí adentro. Caminé hacia la Calle 104 y Avenida Lexington y vi a Waneko.

—Oye, Waneko, mira, hombre, espérate ahí. —Waneko esperó y crucé la calle. Midió las condiciones en que me encontraba y dijo, —¿Qué te pasa?

—Estoy enfermo, hombre.

—No me digas. Desde hace un par de días pareces un mojón de mierda recalentado.

—Sí, esta tecata me tiene tó' jodido. Jesús, hombre, estoy juquiado y no importa el esfuerzo que haga, no lo puedo dejar, es como que estoy enamorado de esta puta.

Aspiré los mocos, pensando en que cómo al principio no me iba a enganchar. Que lo iba a poder controlar. ¿Por qué carajo tuve que empezar a jugar con esta mierda? ¿Quién quiere ser un hombre a este precio? Carajo. Todo eso para poder sentirme que pertenezco, por el precio de ser reconocido como *uno de nosotros*. ¿No habrá una manera mejor de existir en el mundo y de ser aceptado en la calle sin tener que pasar por este infierno?

Me limpié los mocos. El agua continuaba fluyendo de mi nariz y mis ojos se me estaban nublando. Mis entrañas se estaban poniendo más violentas al pasar cada maldito minuto.

—Hombre, Waneko, tengo que dejar esto completamente. No cabe duda, lo tengo que dejar.

—Bueno, hombre, no seas zángano, no trates de abandonar el hábito todo de una vez.

Mi mente se echó a volar y su voz se combinó con el trasfondo de mis pensamientos. Pensé en todas las jugadas que había hecho con el motivo de obtener drogas: traficando en marihuana y heroína, sacándole dinero a mi muchacha. Hombre, todo esto me tenía totalmente enfermo, por dentro y por fuera.

—Lo que tienes que hacer es romper el hábito poco a poco. Cómprate un canto de droga y divídelo. Cada vez coges un poco menos y *ta-ta*, lo has quebrado, porque el tratar de romper el hábito a la cañona es una puta. Hazlo así y...

—¿Estás seguro, *brother*?

—Sí, mano, estoy seguro.

—Voy a intentarlo, pero tengo que recaudar fondos para poder comprar un poco. ¿Tienes algo?

—Sí.

—¿Qué es lo que me dices? —Con mucha fuerza yo estaba tratando de portarme suave. Deseaba esa droga más que nada, y no importa cuánto luché contra *ella*, todo mi ser estaba exigiendo la atención personal de esa mierda.

Waneko se metió la mano en el bolsillo y vi que tenía una bolsa en la mano. Sentí la garganta reaccionarme en un vaivén de deseo. El sabor que te da en la boca aun antes de que se te meta en el sistema esa droga. De repente, nada más tenía importancia para mí, como si todas las promesas del mundo no significaran nada, y lo único que tenía importancia era que hubiera tecata, que hubiera una aguja; el deseo ya se la tenía, y las venas, pues, siempre uno las ha tenido.

Subimos a la azotea de la número 109, corriendo por esas escaleras como si Dios mismo estuviera ahí arriba, como si todo se fuera a perder si no llegábamos a tiempo. Sentí el aire nocturno y mis ojos distinguieron las sombras de otros tecatos como yo. Tipos que yo conocía pero que en verdad jamás había visto antes. Los bultos que formaban sus cuerpos pronunciaban sonidos que parecían palabras.

—¿Tienes mierda, Piri?

—Sí, pana, pero la necesito toda. Estoy combatiendo una fiebre. En verdad quisiera poder dividirla con ustedes, pero estoy bien jodido, colgado entre el infierno y la calle.

—Sí, panín, comprendemos, está bien.

Pero ya sabía que no comprendían en verdad. Por supuesto, tendría que estar bien; si fueran ellos, harían lo mismo.

Un poco después me sentí, pues, más normal. Estaba mirando el Puente Triboro con todas sus luces, pensando en cómo, cuando yo era niño, me paraba en la azotea y fingía cualquier cosa y cómo ahora, con casi veinte años de edad, todavía estaba subiendo a esa misma azotea para fingir.

Miré hacia la Avenida Madison y pensé de lo cercano que ya estaban las Navidades. Pensé que me embarcaría fuera de este lugar lo más pronto posible.

—¡Qué cosa! —dije, medio en voz alta—, como que mi razón de estar de realengo por aquí, es que estoy medio esperando que aparezca Brew por ahí. Ojalá que ese negro esté bien.

Tenía más por qué sentirme bien: Trina y yo éramos novios exclusivos; en verdad nos queríamos. Mis ojos cruzaron la Avenida Park y miré la casa de Trina. Pensé en mi hábito de tecata y que Trina estaba dándose cuenta que yo me estaba portando bastante loco. Coño, como aquella vez en el cine. Yo estaba tan arrebata'o que no me podía soportar la cabeza y seguía quedándome medio dormido.

—¿*Qué te pasa, Piri?* —había preguntado Trina.

—*Nada, nena, sueño que tengo, nada más.*

Trina salió de la casa y se quedó parada en la entrada. Sentí coraje contra mí mismo por no estar satisfecho con sólo meterme la droga por la nariz o inyectármela de vez en cuando. **No**, yo tenía que ser un tecato de la vena principal.

Coño, me saltó un pensamiento en la mente, *la vena principal es la onda mejor.* Alejé ese pensamiento de la mente, menos la parte que describe lo bueno que te sientes cuando la droga se une contigo. Es como si nada en el mundo entero tuviera significado, nada —ni los blancos, ni Papi, ni otra gente extraña.

Mis pensamientos volvieron al problema de cómo seguir vendiendo la droga para mantenerme felices las venas. Lamentablemente, yo estaba en la lista de mierda de un cierto tipo por haberle cogido

tecata para vender y en vez de venderla, me la había inyectado hasta
que se me acabó. Mira, la gente callejera sabe que cuando un tipo
está embala'o no es cuestión de poder controlarse, sino que la droga
lo tiene controlado. Estás jala'o en cada dirección, cuando es así la
cosa: lo necesitas, y ya, punto. Pero ahí está el peo, porque los que te
dan la mierda para vender, también tienen que tener algún tipo de
confianza en ti. Hasta un tecato tiene que tener algún tipo de palabra, de manera que uno pueda confiar en él.

Me senté en la orilla del techo. Mi mente no quiso dejar de recordar el pasado. Hombre, ¿cuántas veces se me ha acercado un tipo
con el reloj de su padre o el abrigo de su hermana para cambiarlos
conmigo por una bolsa de tres*? Já, já, una bolsa de tres —tamaño
de un grano de arroz molido, —eso es lo que te cuesta tres dólares, y
no puedes olvidar esa mirada ardiente del limosnero que preside el
intercambio por el súper-tranquilizante, esa mierda en polvo. Aspiré
una lágrima que empezó a bajarme por la nariz. Y ¡qué de la vez que
caminé en medio de una nevada, sin orgullo ninguno, en mis zapatos Buster-Brown, marrones por encima y con rotos por debajo, sabiendo sin ninguna duda que lo único que me calentaría para que
me importara sentir el frío era la conexión entre mi vena y la tecata!

Coño, hombre, ¿hasta dónde puede hundírsele el orgullo a un
hombre? Sabía que toda la ayuda del mundo sería capaz de sacarme
la droga del sistema, pero sólo algún tipo de dios podría retirármela
de la mente y del alma. ¡Qué escena más hija de la gran puta! Si alguien no te estafa por tu droga, entonces alguien te la pega con mierda floja, diluída. Y si no te mata una sobredosis, el hábito como
quiera te deja muerto a largo plazo. Todo lo que existe en el mundo
depende de la heroína. Te acuestas pensando en la mierda y te des-
piertas por la mañana pensando en ella. Para mí, el amor, la vida,
todo tomaba segunda posición a la droga, y nada más tenía sentido a
menos que no estuviera buscando dónde y cuándo encontrar más
droga. Era como si mi desgraciado sistema entero hubiera sido apoderado de una mente más grande que la que tenía en la cabeza.

Caminé hacia la orilla de la azotea. Estaba pensando. La voy a dejar para siempre. *Lo puedo hacer. Lo juro por Dios y la Virgen. Voy a conseguirme un poquito nada más y después voy a dejarla para siempre. No soy ningún jodido tecato.*

Me fui a buscar a Waneko. Lo encontré en la bodega del Viejo. Le conté mis deseos con palabras rápidas.

—¿Me ayudas a dejarla, panín? —Era una pregunta. Waneko sabía cómo era la cosa. Traficaba nada más, y en estos días él no estaba usando; pero muchas fueron las veces que había viajado ese camino de dejar la droga. Waneko asintió con la cabeza, —Claro, panín, seguro que sí. —Entramos al apartamento de Waneko. Él le explicó a su mamá lo que estaba pasando. Ella se sonrió lo más chévere y me dijo que todo iba a quedar bien. Waneko siguió esas palabras de aseguranza con, —Mami ayuda a casi todos los tipos que quieren dejarla y hasta ayuda a las chicas también. Debería de haber sido una trabajadora de caridad de la iglesia o algo por el estilo. —Con esas palabras, se rió. Una sonrisa débil trató de formárseme en la boca.

Me pusieron en un cuartito con sólo una cama, una silla y una ventana con una reja de hierro para prohibir la entrada de maleantes y la salida de los tecatos que trataban de vencer la droga. Me acosté. Después de un rato Waneko me trajo un radio pequeño para que pudiera disfrutar un poco de música y quitar mis pensamientos de lo que estaba por venir. Los dos sabíamos que el poquito que me había inyectado en la azotea hacía un ratito se me iba a gastar pronto y entonces la Tercera Guerra Mundial se me iba a montar por dentro. Escuché el lamento de una canción triste de Billie Holiday. Empecé a gemir con Billie al cantar ella con su voz suave. Así empezó a transcurrir el tiempo. Y mi sistema, funcionando mejor que cualquier reloj, empezó a sentir la llegada del Día del Juicio...

Hombre, no me hables de quererte morir. Todo comenzó igual como debía. En primer lugar, como siempre, llega el deseo del sistema por su biberón. Y te corren los mocos, suavecito al principio, y empiezas a sentir un dolor lento que aumenta no tan suavecito. Traté de escuchar los gemidos del radio pero sólo pude oír los míos. Me levanté de la cama y me fui a la puerta. Estaba trancada desde afuera. —Oye, Waneko, abre la puerta, —grité.

—¿Qué fue?

—Me siento mal, hombre, bien mal.

—Acuéstate, pana, tú no has estado ahí lo suficiente ni para empezar a sudar. Yo te diré cuándo, y sólo entonces te daré un saborcito para quitarte la presión. Cógelo suave, panín.

No sé cuántas horas lentas gatearon al pasar. Sólo supe que no podría sobrevivir lo que me estaba pasando. *Pero tenía que hacerlo, en verdad tenía que hacerlo.*

—Sácame de aquí, Waneko, déjame salir, hijo de la gran puta. —Nadé en el aire hacia la puerta y le tiré un puño.

—Waneko no se encuentra. —dijo su mamá.

—Déjeme salir, señora. Ya la vencí.

—Dijo que no te dejara salir hasta que él volviera, hijo.

—¿Dejó algo para mí? —Mi voz estaba lagrimosa. Regresé a la cama y acostado ahí solito gimiendo, me trastorné de un lado a otro.

No sé cuántas horas se arrastraron al pasar. Fueron muchas. Una vez oí que alguien quitaba la cerradura de la puerta y la dejó caer de su mano al suelo. Sentí la voz de la mamá de Waneko; sentí su mano fría en la cara, y entonces sentí que me limpiaba la cara sudada. Oí palabras de consuelo que provenían de ella.

—No te apures, hijo, pronto te sentirás mejor.

Traté de levantarme y escaparme, pero ella reaccionó con más rapidez. Sacudí la reja de hierro en la ventana. Di una vuelta y me tiré encima de la cama otra vez. Estaba temblando. Sentía mucho dolor. Tenía frío y no podía detener los mocos. Me estaban dando calambres por todas partes y las entrañas no me querían obedecer. Los ojos se me desbordaban como loco.

—Déjame salir de aquí, Waneko; déjame salir, so maricón. Coño. —Los gritos me salían de las venas.

Nadie respondió. Solamente me quedé acostado ahí, gimiendo y lamentándome solito, y el colchón se convirtió en un lago de mi sudor.

No sé cuántas horas pasaron, gateando. Tal vez millones. De repente se me entró un pensamiento espantoso. Waneko no iba a regresar. Me iba dejar ahí para vencer la droga a la cañona. Seguí temblando y mi pobre alma, llena de dolor, causaba que el cuerpo se me torciera en un gran nudo para luego soltarse y volverse a amarrar. Sentí desde lejos una náusea que me empezó a llegar. Pensé, *¿Y yo no me vomité ya?* Lo sentí salir por la boca como un río verde de bilis azul-amarilla. No podía controlar nada, y toda la fuerza que me quedaba la necesitaba para voltear la cabeza. Creo que hasta me cagué encima, algunos mojones blanditos y unos duros también.

A veces creí poder oír a Waneko que decía, —Casi se acabó, panín, casi se acabó. La venceremos. —Pero no podía contestar. Me di un fuerte abrazo a mí mismo y me mecí como un bebé para tratar de consolarme de alguna forma. En un sueño estaba comiendo montañas y montañas de dulces. Abrí los ojos y Waneko me tenía sentado en una silla y su mamá estaba limpiando la habitación que yo había puesto como un inodoro —pero me tuve que acostar de nuevo. Todavía estaba sintiendo todo ese dolor, todavía sentía los calambres. Todavía me sentía requetemal, pero sabía por dentro que la había vencido. Me mecí de un lado a otro.

No sé cuántas horas pasaron, todavía estaban gateando. Más de un millón quizás. Por fin se me quitó el dolor. Me sentí reseco. Waneko entró al cuarto y me dio un masaje, como para sacar todos los nudos. Me quedé con él y su mamá por como una semana y ellos me siguieron curando primero con sopa caliente de pichón y líquidos y luego con alimentos más sustanciales como arroz y habichuelas. ¡Qué bien se portaron conmigo, Waneko y su mamá! Mi cuerpo había vencido la heroína y ya no necesitaba más la droga. Dicen que para vencer un hábito de droga se necesitan unas setenta horas. Para mí esa horas fueron como setenta años. Ahora lo que me faltaba era sacar la droga de mis pensamientos.

Salí de la casa de Waneko, agradecido por su ayuda desde la profundidad de mi ser. Otra vez me encontré en la calle, y me puse a pensar, *¡Caramba, la muerte es mucho más fácil de lo que ha sido esto! ¡Jamás, jamás, nunca más!*

22

Verdaderos Jesse James

Un par de meses después, estaba parado delante del restaurante de cuchifritos en la Calle 103. Había conseguido trabajo ahí como lavaplatos. El sueldo era poco pero pagaba el alquiler y todo lo que me comía. Me sentía verdaderamente bien, limpio. Estaba limpio. Ya no quedaba nada del hábito menos la tentación, y yo estaba luchando como loco para combatirla. Vi a Luisito entrar por la puerta del lado del restaurante de cuchifritos. Lo saludé con la mano. Caminó hacia mí como que tenía miedo que yo le iba a pedir chavos para una cura. Moví la cabeza y me reí:

—No, señorito, estoy limpio. No he usado nada en los últimos dos meses.

—Coño, Piri, ¡cuánto me alegro, pana, que ya no necesitas esa mierda para seguir adelante! ¡Qué chévere! —La cara de Luisito se le peló de una sonrisa.

—¿Estás comprando cuchifritos?

—No, cigarrillos. —Se acercó a la máquina de cigarrillos y compró un paquete. Me ofreció uno y mientras fumamos me dijo, —Pasa por casa cuando salgas del trabajo.

—¿Cómo supiste que trabajo aquí? Yo no te he visto desde que empecé a trabajar, hace bastante tiempo.

—Correcto, hombre, estuve buscando más acción por el Bronx durante un tiempo, pero mira, siempre se te nota que tienes manteca de cuchifrito saliéndote de los poros. Además, algunos de los muchachos me dijeron que te habían visto trabajando aquí. Pero no había sabido que venciste la droga.

—¿Está bien si paso por allá como a las seis? O ¿quieres que llegue más tarde?

—No, a las seis está bien. —Luisito y yo nos dimos una palmeada y él se fue. Lo miré cruzar la calle y luego detenerse para tirarle un piropo a una tipa.

Después del trabajo, subí al apartamento de Luisito. Él había comprado vino Manischewitz que estaba bien frío. Puso a tocar la música y empezamos a hablar mierda. La conversación se viró al tema de nuestros días anteriores, de policías y maleantes. Y luego la conversación se tornó al tema de cuán poca plata teníamos en nuestros bolsillos.

Luisito se levantó y se miró en el espejo y se peinó.

—Hombre, tiene que haber alguna manera de ganar buena plata, —dije.

—Pues, por qué no nos juntamos, —Luisito dijo mientras amarraba el nudo de su corbata—, a ver cómo podemos conseguirnos unos pesos rápidos.

Luisito, el suave de los suaves. Me senté en la orilla de la cama y le miré los dedos moverse en la forma necesaria para hacerse un nudo Windsor. Habíamos sido buenos panas desde los días del guiso en el colmado aquella vez. Luisito me llevaba un año y medía como tres pulgadas más que yo, poniéndolo en casi seis pies. Era tan guapo que dejaba a las muchachas dando vueltas.

—Jesús, Piri, —dijo, enderezándose la corbata—, ¿te acuerdas de todas las veces que hemos hablado de conseguirnos un guiso grande?

—Sí, sí, yo me acuerdo, —dije—. La idea de ganar mucho dinero en poco tiempo sí me atrae, pero ¿cómo lo vamos a hacer?

Pensé a mí mismo de lo cansado que estaba de la manteca de cuchifrito.

—Robos armados.

—¡Coño, *man*! Hay modos más fáciles de ganarse la plata.

—¿Como traficar en la heroína?

—Ése es uno, pero cuéntame de todos modos.

—Bueno, —comenzó Luisito—, he estado pensando de todas las cosas que pueden traernos una buena plata. ¿Qué me dices, Piri?

—Coño, *man*, si tú estás dispuesto, yo estoy dispuesto. Ahora sólo nos falta conseguirnos...

—Espérate un momento, Piri, no estamos solos en esto.

Prudentemente gruñí, —Mira, hombre, tenemos que tener cuidado, antes de meternos con alguien en un guiso de estos, tengo que ser buen amigo con él. Tengo que conocerlo antes de poder confiar en él.

—No estoy hablando de un tipo, exactamente, sino de dos tipos. Y estos tipos tienen mucha experiencia en asaltos.

—¿Son verdaderos Jesse James?

—Sí. Son de Newark y ya han estado presos en la prisión estatal.

—Dime, panín, ¿cómo es que tú conoces a criminales como éstos? —le pregunté.

—Igual como tú conoces a los tuyos, —me dijo resbalosamente.

—Carajo, —dije, moviéndome los hombros—, últimamente me he puesto a pensar en todas las cosas en las que me quiero meter, como traficar en heroína. Hace un mes que no uso, pero había estado usando más y más, pero como ya tú sabes, ahora no uso nada. —Hice una mueca, queriendo no recordar el dolor que pasé en ese proceso—. Pero no puedo confiar en mí mismo lo suficiente para acercarme de nuevo a la mierda esa.

—Sí, Piri, ya lo sé, —dijo Luisito—. Te deberías haber quedado fumando un poco de marihuana de vez en cuando en vez de meterte con la tecata.

Cambié el tema. —Y ¿qué de estos amigos? ¿Y cuándo nos vamos a reunir? Quién sabe, quizás sea esto el comienzo de algo, ¿no crees?

—Oh, una cosa, Piri, —me dijo Luis suavemente.

—¿Qué fue? —lo miré dudosamente.

—Estos tipos no son spics como nosotros.

No importaba si alguien era blanco o molleto, un spic era un spic en los ojos de Luisito. Pregunté, —¿Y qué, son molletos?

—No, son blancos.

—¿Socios gringos? Hombre, Luis, de eso sí que yo no sé. —Moví la cabeza de lado a lado.

—Mira, Piri, yo conozco bien a Danny.

—¿Danny?

—Sí. El nombre de mi amigo es Danny y el de su amigo es Billy. Yo puedo responder por Danny y Danny puede responder por Billy.

—Luis, ¿qué tienen unos spics en común con unos tipos blancos? ¿Hasta dónde podemos confiar en ellos?

—Jesús, Piri, por lo menos habla con ellos, ¿OK? Ésta es una oportunidad de ganarnos plata de verdad. Tú no tienes que ser racista toda tu jodida vida. Quién sabe, quizás estos tipos tuvieron una abuelita negra escondida. —Luis se rió y yo por poco hice lo mismo. Y tres días después nos reunimos con Danny en un bar en la Calle 110.

Danny tenía un par de años más que nosotros, un tipo pequeño que siempre se presentaba con una sonrisa cortés y un aire frío. Lo miré con cara de palo. Siendo un machote verdadero, yo no iba a decir la primera palabra.

—Pues, tú eres Piri, —exclamó—. Luis me ha contado mucho de ti.

Le di una mirada suave y dije, —Pues tú eres Danny. Luis me ha contado un poco de ti.

—¿Te gustaría trabajar con nosotros? —preguntó Danny.

Prendí un cigarrillo y jalé, dándome tiempo para pensarlo.

—Pues, no sé. ¿Quién es el jefe? —le dije por fin.

—Nadie es jefe. Somos democráticos. Todos contribuimos nuestras ideas, todos planeamos los guisos.

—Y ¿qué de este amigo tuyo en Newark?

—¿Quieres saber quién es?

—Sí, me gustaría.

—Me caes bien, Piri, —dijo Danny.

—Y yo también me caigo bien a mí —le dije, y se me zafó una sonrisa.

—Sí, pareces un puertorriqueño con corazón. Puertorriqueño es lo que eres, ¿verdad?

—Sea lo que sea, todos tenemos corazón; somos muy pocos los que no tenemos corazón, —respondí, todavía sonriéndome.

Danny se rió y dijo, —*Allá en el rancho grande.* ¿Lo ves? Puedo hablar un poco de español.

—Chévere— le dije—. Y yo hablo mucho inglés.

Danny me dio una mirada un poco dura, pero era sólo una sombra pasajera y de repente una sonrisa le cubrió la cara.

—Me caes bien, Piri, te digo, me caes bien. Vente conmigo a Newark pa' que hables con Billy.

Salimos del bar y Danny nos dirigió a un viejo Oldsmobile verde. Nos montamos. ¡Qué suave corría ese carro; tenía un motor fuertísimo! Por el camino hablamos, o mejor dicho, Luis y Danny hablaron. Yo jugué mi papel suave. No podía imaginar la combinación. Era como mezclar arroz y habichuelas con carne bif y repollo*.

Recogimos a Billy y empezamos a dirigirnos nuevamente a Harlem. Casi me gustaba este gringo grande. Tenía un aire cálido, cómodo. No confiaba en él completamente, pero casi parecía ser buena gente. Hablamos e hicimos planes y cuando terminamos, Danny me miró a mí y a Luis y nos dijo,

—Fíjense, somos como la Liga de las Naciones. Billy es polaco, yo soy irlandés, Luis es un puertorriqueño blanco y tú— Danny me miró —¿quién carajo sabe? Pero lo seguro es que vamos...

—Yo, Míster Charly, soy yo, —le dije, sintiendo calor dentro del pecho.

—Espérate amigo, cógelo suave, —dijo Danny—. No quise insultarte. Lo que quiero decir es que tú estás mezclado con dos o tres razas y...

—Sí, Piri, —interrumpió Luis pacíficamente—, él no quiso decir nada malo. Casi todos los puertorriqueños estamos mezclados.

Pero en mi mente reverberaban las palabras de Danny, *y tú,*

¿quién carajo sabe? y estaban ardiendo. *Tiene razón*, pensé, *este bastardo tiene razón*. ¿Quién carajo sabe? Se me seguía repitiendo esa frase en la mente. De repente oí sus voces que interrumpieron mis pensamientos, oí que Luis decía, —Bueno, si tenemos que ponernos a la prueba...

—¿Qué prueba es ésta? —le pregunté.

—¿No estás escuchando, Piri? Danny y Billy piensan que por su experiencia ya saben lo que pueden hacer, pero que no nos han visto trabajar a nosotros.

—Bueno, pues, yo tampoco los he visto trabajar a ellos.

—Tienes razón, Piri, pero ellos han estado en la cárcel.

—¡Qué mierda! ¡Lo único que muestra eso es que quizás no sean tan capaces! Pero, OK, está bien conmigo. ¿Cuál es la gran prueba?

—Ustedes hacen un guiso, un trabajito cualquiera— dijo Danny—, y nosotros los observamos desde el otro lado de la calle para ver cómo les va, porque no vamos a correr riesgos por tipos que tal vez no tengan lo que se necesita cuando se encuentren bajo presión.

Miré por la ventanilla del carro y vi una tabaquería en la Tercera Avenida.

—¿Ustedes quieren ver corazón, Míster Charly? Bueno, parquea el carro. Luis y yo vamos a hacer un guiso ahora mismo.

— Oye, Piri, nosotros no estamos listos todavía, —dijo Luis.

—¿Tienes esa pistola chiquita, Luis, el calibre 25?

—Sí, pero no tiene balas.

—¡Que se joda! ¡Vente, aunque nos quedemos jodidos! —Miré a los dos gringos y les di una guiñadita. —Ésta la pagamos nosotros. Vente, Luis.

Luis caminó a mi lado, hablando como una cotorra. —Caramba, hombre, esto sí que es una estupidez. Tú bien sabes que no estamos listos todavía.

—Y ¿cuándo es que uno se pone listo para esta mierda? Uno tiene que zumbarse de cabeza. ¿Qué tú esperas, Luis, estudiar esa mierda primero en la escuela? ¡Uno empieza ya, y nada más! ¡Vente!

Danny y Billy estaban al otro lado de la calle, donde podían observar la acción completa. *Hombre,* pensé, *aun si este sitio fuera un banco, todavía lo haría, nada más para que esos gringos se lo tuvieran que tragar.*

Luis y yo entramos a la tienda. El dueño era el único que se encontraba. —Camina al fondo, —le dije en voz baja a Luis. Yo me coloqué cerca del mostrador de dulces, y me puse a escoger una golosina.

—¿Te ayudo en algo? —preguntó el dueño.

—Sí, amigo, nos puedes dar la plata, ¡el dinero!

El tipo se puso jincho*. —¿Estás bromeando?

—Escucha bien, maricón, si quieres morir, entonces estamos bromeando; si no, pues no. Pon el dinero en una bolsa de papel. Tu cartera también. Luis, si el hijo de puta se mueve, déjalo bien jodido.

Luis sólo se quedó ahí parado, como deseando encontrarse en otra parte del mundo, y la verdad es que yo también me sentía así.

—Enséñale la pieza, Luis.

Luis sacó la pistolita del bolsillo y se parecía aun más pequeña.

—Mira, señor, no quiero más mierda, —dijo.

—No dispares, por favor, no dispares.

Era difícil discernir quién tenía más miedo, él o nosotros.

Metió el dinero en una bolsa y me la dio. Lo encerramos en un cuarto en el fondo de la tienda y nos fugamos. Así no más, teníamos $100 a cambio de sólo unos minutos de trabajo. ¡Qué chévere! Nos encaminamos hacia el carro y sentí que Luis estaba loco por echarse a correr.

—Cógelo suave, pana, —dije—. Si nos echamos a correr, aquellos gringos van a pensar que no tenemos corazón.

Danny y Billy estaban sentados en el carro con el motor puesto. Llegamos al carro, como si estuviéramos de paseo, abrimos las puertas, y con una suavidad natural nos sentamos.

—¿Quién quiere dulce? —pregunté en voz baja, mientras que ese corazón mío me latía como loco.

Nos habíamos ganado la confianza de esos tipos. Se le notaba en sus ojos. Mientras que paseábamos en el carro, me puse a contar el dinero. Danny me observaba por el espejo. Terminé y les dije, —Párate aquí un momentito junto a la acera, hombre.

—¿Pa' que?

—Tengo que ver a mi novia, —dije. Danny sonrió y empezó a decir algo malcriado. Lo paré con estas palabras: —No digas nada, Míster Charly, a menos que no sea agradable.

Se le quitó la sonrisa. —Oye, ¿de qué se trata esa mierda de *Míster Charly* que has estado tirando por ahí? —me preguntó.

—Es un nombre que un tipo de gente le tiene a otro tipo de gente. ¿No lo habías oído antes?

No respondió. Me apeé del carro y le di $75 a Luis. —Tendremos que dividirlo todo en cuatro, en partes iguales.

Al bajar por la Avenida Madison, pensé, *¡Qué mierda —tener que compartir con unos blancos! Debes verme ahora, Brew.*

Pasó un año. Con el tiempo, nos pusimos más malotes y más suaves. Dejé de contar los guisos. Atacamos los bares más pequeños, en el lado Este, en el lado Oeste, por todos los sectores blancos. Alquilé una habitación en casa de una ancianita pagándole unos cuantos pesos por la semana, en mi cuadra vieja. Ella era buena conmigo. Le daba mucho que hacer, pero ella me quería como a un hijo; me lo dijo. Yo la creí, y por lo tanto, me porté igualito como se portan la gran parte de los hijos en Harlem: no le presté ninguna atención.

Nuestro plan de trabajo era sencillo. Cada uno de nosotros teníamos un oficio. Danny y Billy se apoderaban de la parte de atrás de los lugares, Luis se paraba en el medio y yo cubría la puerta. Cualquiera podía entrar, nadie podía salir. Vaciábamos los baños y empujábamos a todos menos el cantinero hacia el fondo; y como un detergente, les limpiábamos todo lo que tenían encima que tuviera algún valor. Mientras tanto, Luis habría puesto al cantinero a abrir la caja fuerte, si había una, o a mostrarle dónde estaba escondida la caja de cigarros llena de dinero. Justo antes de salir, los metíamos a todos en el baño de damas, colocando una máquina de cigarrillos o una vellonera contra la puerta para darnos tiempo de escapar sin sudar.

Pero a veces es inescapable sudar. Una vez estaba sentado en el

largo mostrador del bar, cerca de la entrada principal, tomándome
una cerveza y velando por la policía. Los muchachos se encargaban
de su tarea allá al fondo. Tenía la pistola en el regazo, fuera de vista.
Ya listos para salir, yo miré por la ventana y vi pasar a un jara. Subió
la mirada y me vio. Con la mano izquierda me seguí tomando la cerveza con calma y con la mano derecha tocaba la pistola. El policía siguió caminando y respiré con alivio... —pero de repente se detuvo y
dio la vuelta. Supongo que iba a entrar para tomarse una cerveza, o
tal vez para usar el baño. Pensé, *mierda, por favor, jara, no vayas a entrar*. En lo que él se quedó ahí parado, indeciso, mi mente repasó la
lista de lo que debiera de hacer si acaso entraba. *Le diré que levante
las manos y le quito la pistola. Pero ¿qué hago si de todos modos trata
de agarrar su pistola? Le pego un tiro en la misma cabeza. No entres,
jara, por favor vete de aquí, policía*. Tomé más cerveza. Por fin decidió qué hacer, dio la vuelta y siguió caminando.

Cuando salimos, el policía todavía estaba en la esquina, al lado de
nuestro carro. Me recordé de una película que había visto. —Déjame fingir estar borracho, —dije—, y ustedes, hagan como si estuvieran tomados un poco, y así nos escaparemos. El policía tal vez
sentirá que algo no anda bien, pero no podrá identificar lo que es.
—Salimos haciendo papel de borrachos, no demasiado bocones,
porque así el policía nos detendría, pero actuando con cortesía y
buen humor. Hasta me sonreí con el policía y balbuceé algo como,
—Hombre, basta ya con la cerveza para mí, tengo que trabajar mañana.

Y así fue que nos escapamos, con más o menos $800 en efectivo y
prendas.

Ése fue uno de nuestros mejores asaltos. La mayoría de los guisos
sólo nos traían de $250 a $400. El asalto perfecto, el que nos dejaría
buena plata, nos eludía. Mis nervios se sentían tensos. Todos estábamos así. Hasta que llegó un día, mientras estábamos asaltando un ne-
gocito en el lado Oeste, y estábamos llevando al cantinero hacia el
fondo, y el tipo se nos escapó y subió unas escaleras que lo conducían arriba al apartamento donde vivía. Sin pensar, le disparamos. No
le dimos pero nos pusimos a correr como locos. Al doblar la esquina,

miré para atrás. El cantinero estaba gritando y disparando su pistola por todas partes. Me monté en el carro después de que Danny ya lo había echado a caminar. —Por nada más que $75, —dije—, coño, no vale la pena pasar estos ataques de corazón. Hombre, casi matamos a alguien por unos jodidos $75.

Súbitamente me entró el pensamiento, *Suponte que lo hubieras matado por $75,000; ¿valdría la pena entonces? Pero no hay cantinero que tenga $75,000,* respondí.

Se me empeoraron los nervios. Empecé de nuevo a inyectarme un poco bajo la piel, prometiéndome que no volvería a inyectarme en la vena principal. Trina sospechaba que había empezado a usar drogas de nuevo, pero no estaba segura. Siguió preguntándome qué me pasaba y yo le seguía diciendo, —Nada, nada—. En medio de todo esto, hablábamos de casarnos. Yo no me había acostado con ella. Claro que la deseaba, pero quería tenerla de la manera correcta: con iglesia, vestido blanco, el pastel entero. Trina era la única cosa que yo no iba a permitir que las calles me dañaran.

Tanto nos asustó aquel tiroteo que dejamos de trabajar por un tiempo. Además, Danny había chocado el Oldsmobile, y esto nos presentó con la necesidad de obtener otro carro. Pensamos primero en robarnos uno de un garaje privado, pero decidimos que no valía la pena correr el riesgo. De repente se me ocurrió una idea tremenda. Podríamos ir a comprar un carro, entrando tres y dejando a uno afuera. Después de concluirse la venta, el de afuera entraría, le robaría el dinero que terminábamos de entregarle al vendedor, a la vez llevándose cualquier otra cosa que éste tuviera encima. Escogimos entre palitos de diferentes tamaños, para decidir quién recibiría el honor de quedarse afuera. Escogí el palito más corto.

—OK, te toca a ti, —dijo Luis.

—Chévere, —respondí, con una mirada cara de palo.

Danny, Billy y Luis me dejaron a como una cuadra del negocio de carros usados. Tenían $450 para gastar. Esperaría hasta que acabaran de gastarlos.

Sentí un escalofrío aunque era un día caliente y yo llevaba una chaqueta liviana.

Hombre, pensé, *¿por qué esos tipos no avanzan?*

Al rato salieron de la oficina y se montaron en un carro y se fueron. Luis, al pasarme, indicó que todos estarían esperándome en la próxima cuadra. Al mismo momento que me puse a caminar hacia la oficina del negocio, un policía en motocicleta llegó al cafetín que quedaba al otro lado de la calle. Pero ya era demasiado tarde para arrepentirme. Entré a la oficina.

—Sí, señor, ¿en que le puedo servir? —preguntó, todavía guardando los $450.

—Quisiera saber el precio de ese Buick del '56, —dije.

—¿A cuál Buick se refiere, señor? —El gerente era un hombre viejo, con pelo gris, y sentí un pequeño remordimiento, pero, maldito sea, ya no podía retroceder; mi reputación estaba en peligro.

—Aquél que está al lado del Chevrolet, —dije, señalando hacia afuera.

El viejo volteó para poner su libro de ventas sobre el escritorio. Saqué mi pistola y se la metí en la espalda. —Cógelo bien suave, señor; dame la plata y no habrá ningún problema.

El viejo se volteó y vi que no mostraba miedo, sólo coraje. Me agarró y me sujetó. Luchamos. Coño, *man*, ¡qué emburujo! El viejo era bastante fuerte. Nos caímos al suelo. Le pegué con la pistola una y otra vez hasta que se quedó quieto. Esta vez el viejo permaneció acostado, gimiendo, —*Ay, ay, ayyyyyyyyyyy...*

Me sentí enfermo, verde, como mierda. Me sentí pegajoso, como si mis manos estuvieran sudando pega. Era sangre. Mi chaqueta estaba toda cubierta de sangre. *Tengo que salirme de aquí*, pensé. Abrí la puerta y salí caminando. Al otro lado de la calle el policía de la motocicleta todavía estaba comiendo. Me eché a caminar hacia la esquina y de repente me detuve, frío. El dinero —se me había olvidado el dinero. *Corre, pendejo. No*, pensé, *esto no fue por nada, lo hiciste por el dinero. Esto no fue por nada, algo tiene que salir de todo esto.*

Volví y entré a la pequeña oficina. El gerente todavía estaba en el suelo, gimiendo suavemente. Estaba lleno de sangre. Me doblé y le quité la plata de los bolsillos. Evité mirarlo porque no quería compartir sus sufrimientos. Al alejarme de él, me chocó el pie contra algo: era sus dientes postizos. Parecían una pesadilla, sonriéndose al presenciar esta escena salvaje. Sentí pena por el viejo y lo quería ayudar, pero algo no me dejó que lo hiciera —y ese algo era todo el odio que tenía dentro de mí, un odio de cosas que ni podía nombrar.

Salí a la calle y me paré, frío como una piedra. A mi derecha, a veinte pies de distancia, se encontraba un garaje donde se hallaba un carro de policías con la capota abierta y un mecánico y dos policías con sus cabezas metidas en el motor. —Sí, Miguel, —oí a uno de los policías decir—, este maldito carro no corre bien. Creo que son las bujías.

—No, Patricio, creo que el problema es la transmisión, —dijo el otro—. ¿Qué piensas tú, Miguel?

El mecánico se frotó la cabeza y subió la mirada y pensé, *¿Cómo es que él no me puede ver parado aquí, todo embarrado de sangre?*

—Creo que son las válvulas, José, pero lo tengo que chequear. ¿Y qué de...?

Me alejé de sus voces. La gente pasaba por mi lado. *Jesús, ¿cómo es que no ven que estoy embarrado de esta sangre?* Me metí las manos pegajosas en mis bolsillos y crucé la calle. El policía de la moto estaba saliendo del cafetín. Miró por todos lados. *No me veas, Jara, no me mires.* Llegué al otro lado de la calle y vi nuestro carro media cuadra abajo. Luis estaba fumándose un cigarrillo, recostado contra el parachoques. Por fuera yo tenía cara de palo, pero por dentro seguí oyendo la voz de Mami —*Mi negrito, mi negrito, ¿qué cosa has hecho?*

Luis me vio y se montó en el carro y me aguantó la puerta abierta. Me arrojé al piso del asiento de atrás. Luis me miró y su voz se le puso débil. —Ave María, ¿qué paso? Toda esa sangre... ¿estás herido?

—Estoy bien, coño. Vámonos, hombre, vámonos.

Por todo el camino al bloque, permanecí acostado en el piso, pensando en el viejo. El carro llegó al frente de mi edificio. Esperé hasta que la calle y la entrada estuvieran vacías y entré corriendo al pasillo. Abrí la puerta del apartamento y todos entramos. ¡Suerte que la vieja estaba fuera! Billy y Danny se sentaron en la mesa de la cocina y no dijeron una palabra. No habían dicho ni una palabra en todo el camino a la casa.

Me metí en el baño y me miré en el espejo. No podía soportar lo que vi y vomité. Tenía muy mal sabor. Lo que quería decir era, —No lo pude evitar, —pero no pude; quería mentir, pero no lo hice. Me lavé y me volví a lavar, pero no bastaba. Me puse la cara dura, cara de palo, y salí a la cocina.

Los miré a todos, a Danny, Billy y Luis. Luis bajó la mirada, Billy se asomó por la ventana. Danny me miró y pude ver que estaba pensando, —Mejor tú que yo.

Tiré el rollo de billetes sobre la mesa. Estaban pegados con la sangre del viejo.

—Lo dividimos en cuatro partes, —dije.

23

Quisiera que fueras tú, Trina

Después de que pasó eso, decidimos cogerlo más suave. Luis se ingresó en el ejército. Billy y Danny regresaron a Newark. Yo me fui en barco por unos meses. Al regresar, empecé a traficar en marihuana, cosa ligerita, nada más, unos pesos aquí y allá. Pero no volví más a la heroína. Me iba a mantener limpio.

Trina se fue para Puerto Rico debido a que su mamá estaba enferma. Fui con ella al aeropuerto, y al ver despegar su avión me sentí como mierda. Como si estuviera un poco más perdido.

Unos meses después, estaba visitando a uno de mis muchachos, Chino; la onda estaba vibrando —habían unos tipos y unas gevas, las luces estaban bajitas y tocaba una música suave y pegajosa. Había tomado un poco de vino barato y fumado un poco de marihuana. Estaba sintiéndome bastante bien. Alguien me presentó a la prima de Chino, Dulcién, una tipa bonita que acababa de salir de algún tipo de asilo. Bailamos bien pegados, acariciándonos. Ella ya sabía lo que le gustaba a un hombre, ya que tenía un par de hijos con un tipo.

Le busqué un poco de vino y hablamos en voces bajitas y bailamos. El baile era bien lento, y no nos podíamos pegar más; los dos empezamos a respirar con dificultad. Yo no había tenido una conquista por bastante tiempo y se me notaba. De repente, ella se arrancó de mis brazos, corrió hacia el fondo del apartamento, y entró a una habitación. La seguí y la encontré acostada boca arriba sobre la cama, con un brazo cruzándole la cara. Cuando le toqué el brazo, gimió.

—Negrita, ¿qué te pasa?

Ya sabía lo que le pasaba, pero ambos teníamos que hacer nuestros papeles.

Sollozó. —No es mi culpa. Es que hace mucho tiempo que no me ha tocado un hombre, y no puedo evitarlo.

Corrí mis manos por todo su cuerpo y me agarró, suspirando y gimiendo una y otra vez, —Ay, sí, papi, está bien conmigo, me lo puedes hacer, está bien conmigo.

Con ese empujón, hicimos el amor. En ese instante, al único que ella conocía era a mí, lo único que yo veía era a ella —todo lo demás era un paisaje muerto. Nada. Como si fuera de lejos, oí que ella me decía en el oído, —La cama... la cama... no hagas tanto ruido. —Entonces se puso tiesa. Miré sobre mi hombro y vi el dibujo de alguien, parado ahí en la oscuridad.

—¿Qué quieres? —pregunté, en una voz mezclada de coraje y vergüenza.

—Soy yo, Chino. Mira, ésa es mi prima que tienes ahí...

—Pues ¿y qué? ¿Te estoy chingando a ti? Espera tu turno, carajo, o píntate de aquí.

A las dos semanas, Dulcién se fue para Puerto Rico. Después de un ratito, le empezó a crecer la barriga. Naturalmente su mamá quería saber por qué. Le escribió a la tía de Chino, quien montó una investigación estilo FBI y mandó un informe a Puerto Rico cuya veracidad fue confirmada en una confesión de Dulcién.

Mientras tanto, yo me había ido para Washington, D.C., pues alguien que yo conocía había comprado un restaurante al ladito de la Universidad Howard. Después de siete u ocho meses de estar trabajando allí recibí una llamada de uno de mis muchachos, Waneko. Me contó lo que había sucedido, y que todos estaban diciendo que el niño era mío. Trina, que ya había regresado de Puerto Rico, también lo sabía. Waneko añadió que a Dulcién la habían botado de su casa

en Puerto Rico, con todo y barriga, y estaba durmiendo en los pasillos y debajo de las estrellas. Que, en verdad, mi nombre representaba algo como mierda por la cuadra y que la familia de Dulcién me
estaba buscando para picarme en pedazos con sus machetes puertorriqueños.

—O regrésate o fúgate, —aconsejó Waneko.

Había estado pensando volver a la escuela. Había tomado un examen especial en la Universidad Howard, aprobándolo todo menos la
matemática, y Howard me iba a enviar a la Escuela Superior de
Dunbar para un curso especial en la trigonometría. Tenía trabajo; y
aquí por fin tenía la oportunidad de romper esa cadena loca que es la
vida de Harlem, aquí existía la posibilidad de tener una vida diferente. *Lo único difícil*, como dice la gente, *es que Harlem no te suelta fácilmente*.

Decidí en lo que tenía que hacer. *Voy a regresar*, le dije a Waneko.

Llegué a Nueva York como a las seis de la noche y me fui directamente a la cuadra. Me paré al otro lado de la calle del número 109.
Era allí que vivía Trina; yo había vivido ahí una y otra vez, y la mamá
de Chino vivía allí, aunque en el piso más arriba de Trina. Creo que
estuve parado por dos horas antes de ver a mi Marine Tiger. Tenía su
abrigo tirado encima de los hombros y estaba cargando unas botellas
de leche vacías al colmado a la vuelta de la esquina. Dejé que dobla-
ra la esquina en la Avenida Park y la Calle 104, y me le acerqué por
detrás y le arreglé el abrigo que se le había empezado a caer de los
hombros.

Dio la vuelta rápido, me vio, y se arrojó a mis brazos, e igual de rápido se retiró. Esa mirada de amor se había convertido en una de coraje y dolor.

—Estoy aquí de nuevo, nena, —dije; —¿no es eso lo que cuenta?

—No, las cosas no funcionan así, —respondió.

—Todavía me quieres, ¿verdad? Dime que sí.

Movió la cabeza que sí, y preguntó, —¿Y tú?

—Para siempre.

—Pero, ¿qué de esa muchacha y del bebé que va a tener?

—Mira, quizás ese niño es mío. —Calculé que exisitía una proba-
bilidad de mil a una. Aun siendo éste el caso...

Pero Trina no estaba apostando. Me dio una mirada feroz.

—Mira, —añadí rápidamente—, haré todo lo que pueda por el
niño cuando nazca. Pero yo no la quiero a ella; si me caso con alguien, será contigo.

No se mostraba estar impresionada. —¿Has visto a la mamá de
Chino? Lo hiciste en la cama de ella, ¿sabes?

—Sí, lo sé. Nada más dime que tú y yo somos para siempre.

Titubeó, y entonces dijo, —Sí, para siempre.

Di la vuelta y subí al apartamento de Chino. Su mamá me dio
una recepción que jode. Al entrar yo al apartamento, me empezó a
maldecir con tantas malas palabras que yo ni sabía que existían tantas. Dejé que la vieja se descargara de su ira. Estaba gritando algo de
cómo yo le había traído desgracia a su hogar, y si eso no bastara, de
cómo yo había cogido a su sobrina en su cama. —*Hijo de la gran
puta,* —concluyó.

—Mire, vieja, —respondí—. Hice lo que hice. Yo soy un hombre.
Dulcién me lo dio porque quiso. Yo no se lo quité; a ella le gustó
igual que a mí. OK, yo estoy dispuesto a hacer todo lo que sea correcto menos casarme con ella. No es como si hubiera sido yo que la des-
virgué. Usted bien sabe que yo no fui el primero. ¿Qué quiere que yo
haga?

Las lágrimas de la vieja se le secaron rápidamente. A lo mejor no
había esperado que yo le dijera directamente cómo fueran las cosas.
—Tienes que mandarle pasaje de Puerto Rico para Nueva York. Ya
dio a luz y no tiene donde quedarse.

—OK, está bien, —dije, y después de una semana la vieja y yo fuimos a esperar la llegada de la guagua del aeropuerto a la agencia de
billetes en la Calle 103 y la Avenida Madison. La guagua llegó como
a las 11:30 de la mañana. Pobre Dulcién, se veía acabada. *¡Qué duro
es ser una geva,* pensé, *pero así es la vida!*

Se sonrió conmigo y murmuró, —¿Cómo estás?

Moví la cabeza y estreché los brazos y cogí al niño. Era varón,

Pedro Luis. Lo miré y me sentí un poco orgulloso. *¡Coño, si sólo fuera mío y de Trina!* pensé. Quise poder quererlo más, pero ¿cómo sería posible algo así? Yo ni siquiera sabía lo que significaban todas estas emociones —desear, coger, el amor, el sexo, pertenecer, tener— en verdad no les sabía el verdadero significado.

Dulcién estaba caminando a mi lado; yo casi no la percibí, ni a ella ni lo que decía.

—Piri, este, Piri...

—¿Qué es?

—Piri, mira, yo podría serte una buena esposa. No te tienes que casar conmigo, vive conmigo nada más; haré que todo sea bien por ti...

—Mira, Dulcién, —le dije—, Yo no quiero ser duro de corazón, pero, caramba, te tengo que ser franco. Yo tengo una novia y la quiero de verdad. Lo siento por lo que te pasó. No me arrepiento de haber hecho el amor contigo; aquella noche nos caímos bien. Lo único que siento es que yo no hubiera tomado más precauciones. No pensé y me dejé llevar por la pinga aquella noche, pero tenemos que seguir con nuestras vidas. Ya verás, te encontrarás a alguien; no eres una geva fea, y sabes cómo hacer a un hombre sentirse bien.

Seguimos caminando. Llevé al niño por la cuadra y se lo mostré a mis muchachos. Me felicitaron de gran manera y me sentí muy orgulloso. Después de un rato fui a visitar a Trina. Se volvió loca con el nene. Nos pusimos a hablar de que quizás Dulcién me daría al nene y que Trina y yo nos podíamos casar y criarlo, y otras cosas así por el estilo. Pero las cosas no iban a salir así.

24

Si vas a rezar, ruega mucho

Le di a Dulcién el dinero que podía, pero no era mucho. Me encontré en un aprieto. Necesitaba dinero para esta situación, necesitaba distancia de esta situación. Si pudiera conseguir el dinero, calculé, podría comprarme la distancia.

Luis había regresado del ejército. Se le había pegado algún tipo de microbio y le dieron de baja por razones médicas. Empezaron de nuevo a volver los pensamientos del asalto grande que me permitiera atravesar la barrera, el guiso que resolviera todos mis problemas.

Un día estabamos hablando y le dije, —Mira, Luis, tú ya no estás en el ejército, y yo no estoy haciendo nada, ¿por qué no volvemos a trabajar juntos otra vez?

—Sí, hombre, vamos a volver a trabajar. Hace un ratito vi a Danny y a Billy y ya les dije que quizás trabajaríamos otra vez.

Y así fue que nos metimos al negocio de nuevo. Había pasado casi un año desde el guiso del carro. Pero ahora iba a ser diferente: no más mierda insignificante. Íbamos a asaltar un sitio tan grande que tuviera suficiente plata para cuidarnos a todos pero muy bien.

Nos pusimos a buscar el arco iris. Danny encontró un club en el centro de Manhattan que pensaba sería fácil tomarlo. —No hay nada más que patos y culos suaves ahí, —dijo. Decidimos tomarlo el próximo viernes —en realidad, sábado temprano por la mañana.

Llegó la noche indicada. Subí a ver a Trina, quien estaba enferma con una fuerte gripe. La sobé con Vicks y la arropé bien con la frisa.

—No te vayas, Piri, —me rogó mientras nos abrazamos—, tengo un presentimiento malo.

—¡Qué tonta! No te apures. Me tengo que ir porque tengo algo importante que hacer.

Trina apretó su cuerpo contra el mío y de repente se puso tiesa.

—¿Qué es lo que tienes en el bolsillo de adentro? —preguntó.

Maldito sea, la pistola, sintió mi pistola, pensé, pero dije, —No es nada, nena, sólo una botella de whisky.

Me levanté y la arropé otra vez para que estuviera bien calientita. Subió la mirada y al dar con la mía me dijo, —Pórtate bien, Piri.

—Seguro que sí, negrita, como siempre, para ti.

En la calle el aire estaba frío y me abotoné hasta el cuello del abrigo y me bajé el sombrero. Hacía tanto frío que era difícil respirar, pero como quiera decidí caminar al barrio. Era temprano todavía. Luis se había excusado porque tenía la monga y yo no tenía que encontrarme con Billy y Danny hasta las once. Caminé bloque tras bloque, alejándome más y más de Trina, pero en la profundidad de mi mente estuve preocupado por su presentimiento. Decidí subir a mi apartamento a fumarme un pito de marihuana.

A corto tiempo empecé a sentirme más suave, aunque por dentro mis entrañas estaban un poco tensas, casi como si tuviera miedo. Me miré en el espejo del baño y puse la mejor cara de palo que pude. Reflejado en el espejo vi detrás de mí el altar de la viejita, con todo tipo de santos y velas. *Caramba, esta vieja sí que está en una onda con Cristo. ¿Traerá buenos resultados?*

Le di una palmeadita al yeso frío de la cabeza del santo, me arrodillé y me persigné. *Ni soy católico, pero quizás me traiga algún bien.*

—Santo, si me puedes oír, yo voy a cometer un asalto esta noche. Haz que sea uno bueno, que rinda mucha plata, para que éste pueda ser mi último guiso. Deja que haya miles... no, no, millones de pesos. ¿Por qué no? pensé. *Si vas a rezar, entonces ruega por mucho.*

Me levanté, sintiéndome un poco tonto y como si hubiera hecho algo malo. Acabé de vestirme y salí a la esquina para encontrarme con los muchachos. Danny y Billy ya me estaban esperando.

—Vaya, hombres, —saludé.

—¿Qué hay, muchacho, cómo has estado? —preguntó Billy. Danny sólo levantó la mano como señal de saludo. —¿Dónde está Luis? —preguntó.

—Está enfermo, —les expliqué—. Parece que tiene un poco de fiebre o algo.

—Entonces él no será parte de este asalto, ¿verdad?

—Parece que no. Pero me dejó la llave de su carro.

Decidimos darnos unos tragos. Llevé a los gringos a un sitio cercano que quedaba en la Avenida Madison. Al entrar al bar, nos abarcó un olor a humo de cigarrillo viejo. No había mucha luz y un mambo salvaje estaba explotando de la vellonera. De repente el ambiente se puso tenso. En Harlem español, como todos los blancos parecen policías, todos los que estaban sentados al bar se pusieron a mirar hacia nosotros. Sin duda estaban pensando, *A Piri lo agarraron, y aquellos dos jaras están buscando a otros que él conoce.* Me reí y en español les dije, —No se preocupen, no hay problema con estos tipos. Son blancos, pero son buenos. Unos socios de negocio nada más.

Pasaron unos minutos antes de que se aflojara el ambiente. Por fin uno de los traficantes de marihuana parado junto a la vellonera se me puso al lado y me dijo, —Vaya Piri, no me jodas, ¿estás seguro que estos gringos no son jaras?

—Sí, hombre, —dije—. ¿Tienes pitillos?

El tipo se puso jincho, convencido de que yo le estaba haciendo trampa para que se lo llevaran arrestado. —Mira, pela'o, —le dije—, tú me conoces, déjate de tu mierda. Jamás he traicionado a nadie y no voy a comenzar contigo.

—Toma, *brother*, —me dijo, y me metió un paquete de seis pitillos en la cara—. Yo te invito.

Caminé hacia la mesa donde se encontraban Danny y Billy.

—¿Qué está pasando, Piri? —preguntó Billy.

—Nada, —dije—. Sólo que pude conseguirnos un poco de marihuana gratis.

Nos sentamos y bebimos, y fui al baño a fumarme un poco de la yerba. Después de un rato empecé a sentir la onda. La cabeza se me sentía como si alguien estuviera apretándola con una goma elástica.

—Vénganse, vámonos de aquí, —dije en voz baja, y Billy dejó caer unos billetes en la mesa y salimos al carro.

Les di a mis amigos gringos un pito de marihuana y nos pusimos a dar la vuelta en el carro por Harlem. Estaba completamente embala'o y me estiré en el asiento de atrás y estudié las calles que pasaban.

—Oigan, —dije, medio alto—, sería mejor para nosotros si lloviera, ¿verdad? Así habría menos personas en la calle.

—Tienes razón, chico, —dijo Billy.

—La noche va a ser clara, —dijo Danny—. Pero hace un frío bellaco ahí afuera, típico del tiempo de febrero, y no serán muchos los que caminen las calles a las dos y media de la mañana.

Como a las doce y media nos dirigimos hacia el centro de Manhattan. Mi nota se me había bajado y estaba de un humor perfecto. Estacionamos el carro y descendimos unas escaleras largas. Entramos a un cuarto largo, oscuro. Parecía un granero, con luces rojas y verdes y salpicado de manchas amarillas. Había mucha gente. *Jesús*, pensé, *casi diría que hay demasiado gente aquí para poder cometer un asalto*. Pero me callé la boca.

Nos sentamos en una pequeña mesa redonda en el fondo del bar y pedimos tragos caros. Cuando los ojos se me acostumbraron a la oscuridad, discerní dónde quedaba todo lo importante: el bar, el escenario, la oficina del gerente. Como a las dos y media, Billy sacó la pequeña caja negra donde guardamos nuestras pistolas. Había llegado la hora. Metí la mano debajo de la mesa y abrí la caja y le di sus piezas a mis socios blancos —instrumentos que no distinguían entre los colores de los recipientes— dos .38 a un par de manos, un .45 a otra mano. Yo me quedé con un P-38.

Una parte de mí quería olvidarse de este asalto. Tanta maldita gente...

Pero la otra parte de mí, la que tenía coraje y hambre, quería efectuarlo y que se jodiera todo. Ya no había cómo arrepentirnos.

Todos estaban mirando el espectáculo en la tarima. Una tipa vestida de hombre estaba en el escenario. Rodeándola se hallaban unos hombres vestidos de mujer. Las luces hacían temblar las sombras, dándole a la escena un aspecto de pesadilla. Parpadeé los ojos y me moví hacia la puerta del frente, pensando, *Todos pueden entrar, nadie puede salir.* Danny se movió hacia el escenario; Billy estaba cubriendo el bar.

Danny se saltó al medio del escenario, empujó a la tipa y agarró el micrófono. —Si se quedan todos callados, nadie sufrirá ningún daño, —gritó—. Esto es un asalto. —Su voz sonaba como bombas al caer.

Asimismito, Danny. El próximo paso era de buscar todo el efectivo en la oficina del gerente, y luego, hacer que todos los 200 y pico de huéspedes pusieran sus carteras y sus prendas en el medio de un mantel grande que Billy estaba haciendo circular. Pero la cosa no resultó así. Los clientes pensaron que Billy formaba parte del espectáculo y se empezaron a reír. Hasta yo mismo casi sentí ganas de reírme. Entonces Danny disparó dos tiros al aire y a los espejos y de repente todo se puso quieto. —No estoy bromeando, —gritó—. Somos seis en este guiso y algunos estamos sentados a sus lados. Quédense callados y nada malo les pasará.

¡Qué inteligente, panín, qué chévere, eso se llama usar la cabeza! Entonces gritó una mujer, y como si alguien le hubiera pegado un fósforo a un tanque de gasolina, todos se pusieron a gritar. La gente sentada al fondo empezaron a caminar hacia la puerta, donde me había estacionado yo. Apunté con la P-38, y rugí, —Alto, no se acerquen más o los voy a quemar.

Siguieron viniendo, por lo cual bajé mi pistola y disparé contra el piso. Eso los detuvo.

La gente toda amontonada me miraron como buitres en vigilia, con temor de moverse contra mí, pero todos estaban listos para brincarme encima si yo fallase. Una tipa bien parecida, más borracha que el carajo, tambaleó hacia mí y trató de abrazarme, diciendo, —¿Qué te pasa, eh? Si tú no eres nada más que un gángster... ay, caramba... cómo me gustan los gángsters... —Traté de empujarla para alejarla de mí, pero sólo se quedó ahí parada, tratando de abrazarme. *Si ésta me emburuja*, pensé, *seguramente alguien me va a caer encima*. De repente sentí mi mano izquierda cerrarse en un puño y golpearla en la quijada. Se cayó al piso y no la volví a ver más.

Agucé la vista para ver si Danny y Billy habían agarrado el dinero. Y fue entonces que, a través de la marihuana, a través del licor, a través de la neblina, vi un movimiento a mi derecha. Di la vuelta un poco. Había un hombre cerca del bar, arrodillado en una pierna. Tenía algo en la mano y me lo había apuntado hacia mí. A dos segundos de ver el relámpago, sentí que algo me explotó en el pecho y me hizo dar media vuelta.

Dios mío, ¿con qué sería que este tipo me tiró? Lo que sucedió después pasó muy rápido. Mi cuerpo se tiró para atrás, mi mano agarró el P-38, y mi dedo apretó el gatillo. El revólver saltó en mi mano y el hombre de rodillas gruñó y se cayó contra el bar.

Coño, ¡estoy herido! Los dedos me buscaron el pecho y sentí sangre, caliente y pegajosa, al esparcirse por mi camisa blanca. El hombre se deslizó para atrás y se quedó acostado. *Estoy herido yo*, pensé, *pero también le pegué un balazo al gringo, ese hijo de la gran puta*.

El pecho se me llenó de fuego y miré el rotito en mi camisa. Me metí el dedo en el boquete, recordándome del cuento que había aprendido en la escuela cuando niño de lo que pasó en Holanda, cuando un tipo metió el dedo en una presa por donde estaba entrando agua, salvando así a su pueblo de una inundación. Sólo podía oír gritos y tiroteo y un rugido aun más fuerte que cubría todo. Un brazo me agarró por detrás. Luché como loco para soltarme. Sentí sangre en la boca. El brazo me arrastró al piso y vi que estaba conectado a un gran buitre que se encontraba encima de mí. De repente me sentí renovado, con nueva energía. Miré por encima de su hombro, y grité, —¡Pégale un tiro en la cabeza, Billy! —y tomé un paso hacia un lado como para salirme de la trayectoria de un balazo. El hombre grande cayó en la trampa y se me quitó de encima. Empujándome hacia arriba, me puse de pie, todavía con la pistola en la mano. Nadie me tocó. Mis piernas se sentían como manteca derretida. Pensé, *La sangre se me está vaciando. Estoy herido. Vámonos de aquí.* Pero lo que hice fue gritar.

Oí una voz cercana, haciendo ecos como los que se oyen en una cueva, —Ándale tú primero, nosotros te cubriremos.

—Ahora me toca a mí... tengo que parar este chorro de sangre... —Di la vuelta y empecé a subir las escaleras interminables. *Piri, métete el dedo en el rotito. Si la sangre no se te escapa, no te puedes morir. Dios mío, si sólo pudiera volver a Harlem, todo estaría chévere otra vez... si sólo alcanzo llegar a Harlem de nuevo, nada pero nada me puede hacer daño ahí.* El aire frío de la mañana me pegó como un cantazo, y sentí más dolor. El portero estaba gritando como loco. Lo tumbé por las escaleras y corrí por la calle. Mientras corría por el mismo medio de la calle, en mi cabeza la misma frase seguía repitiéndose rítmicamente, *Si sólo alcanzo llegar a Harlem, todo estará bien. Si puedo llegar a donde está Trina, todo me va a salir bien...*

—¡Dios mío, qué frío hace! —balbuceé. Oí voces desde lejos—. Piri, Piri, estás corriendo pa'donde no es. El carro queda para acá.

Pero no podía parar de correr. Aquí me moriría. Tenía que llegar a mi cuadra. Cerca de la esquina vi un taxi parado en el semáforo, esperando que cambiara la luz. Abrí la puerta de un jalón. En el asiento de atrás se encontraban un tipo y su novia. —No causen problemas y nadie saldrá herido, —les dije, y los empujé hacia un lado—. Vámonos de aquí rápido, dale, —le dije al chofer—. Llévame a Harlem.

El tipo en el asiento de atrás dijo. —Mira, no dispares. ¿Está bien si yo me siento a tu lado en vez de mi novia?

Dios mío, a mí no me importaba un chingazo quién se sentaba a mi lado, lo único que quería yo era llegar a Harlem.

—Por favor, ella es muy nerviosa.

Miré a la muchacha y parecía que le iba a dar un ataque de nervios. *Seguro que sí, yo comprendo*, pensé. *Yo mismo tengo una novia, se llama Trina y vive en Harlem, donde vivo yo, y...* Pero dije, —Chofer, coge pa' Harlem ahora mismo o te vuelo la cabeza.

Me sentí el cuerpo poniéndose como gelatina y todo se me puso negro. Luché contra la oscuridad. Despejé los ojos por un segundito, y se me aparecieron luces que se prendían y se apagaban. Todo parecía tan raro... y de repente me di cuenta de lo que estaba sucediendo. El taxista estaba prendiendo y apagando sus focos como señal a la policía.

Ya no me importaba nada. Me sentía como que no iba a alcanzar a Harlem esa mañana, o tal vez ninguna otra mañana. Sentía la sangre pegajosa en mi boca, entre medio de mis dedos. Moví los dedos de mis pies dentro de mis nuevos zapatos de cuero y ellos también se sentían pegajosos. Pensé en Mami, en cómo no se debiera de haber muerto, pues yo todavía la necesitaba mucho para que me llamara su negrito y me dijera que jamás me cambiaría ni por cinco blancos.

El taxi se detuvo y el chofer se apeó y se puso a gritar. Me caí para afuera y el tipo me agarró. Tiré un puño, apunté mi pistola y jalé el gatillo. Pero no sucedió nada. Jalé el gatillo de nuevo y de nuevo no sucedió nada. Entonces me miré la mano y no vi nada, sólo la mano vacía puesta en forma de una pistola, como hacíamos cuando niños jugando a los policías y ladrones. Apuntábamos el dedo, jalábamos el gatillo imaginario y decíamos **Pum, pum,** —y mírame ahora aquí, haciendo lo mismo, sólo que esta vez no era de juego.

Vi a un hombre recostado en el parachoques de su carro, fumando. Caminé hacia él. Era un policía. Le apunté con la mano, pero ésta no disparó. *Piri*, me entró un pensamiento de alguna parte, *no tienes revólver, sólo la posición*. No sé por qué, pero la mano que no bloqueaba la sangre la tenía por delante. Me quedé ahí parado, mirando al policía. El cielo de la mañana se veía muy alto; hacía frío y la sangre en el pecho y en la mano se sentía fría. Todos los ruidos de las sirenas y el brillo de las luces no me molestaban en nada. Sólo podía pensar en el policía delante de mí y si le debiera pedir un cigarrillo... entonces todo se derritió y me dormí.

Cuando desperté estaba en un carro. Abrí los ojos un poquito y vi que un policía me miraba. Mis muñecas estaban esposadas. Traté de mover las manos para tapar el agujero, pero me quedé dormido nuevamente. Cuando volví a abrir los ojos, estaba de nuevo en el club, sentado en una silla. Por todas partes la gente estaba gritando todavía, asustados. Las mesas estaban volcadas. El policía a mi lado llamó a un desgraciado maricón y le dio un plato vacío. —Si se mueve, pégale un cantazo con esto, —le dijo.

Me sonreí al pensar en un machote grande siendo vigilado por un maldito maricón. Una mano áspera me agarró. Era la de un policía grande vestido en ropa de calle. Se dobló cerquita de mí y pude sentir su saliva rociarme la cara. —¿Qué crees, que todo esto es gracioso, bastardo negro?

—Vaya, y yo pensaba que era puertorriqueño, —respondí en voz baja—. Si te da lo mismo, soy entonces un bastardo negro *puertorriqueño*. —No sabía si los sonidos me estaban saliendo de los labios, pero sentí que me funcionaba la boca.

—Bastardo negro sucio, piojoso, canto de spic desgraciado, debería matarte. Ése es mi socio acostado ahí en el suelo.

Dije algo como —¿Pues y qué? —o —¡Deberías estar ahí tú también, gringo blanco, hijo de la gran puta, —cuando algo me golpeó duro en la orilla del ojo.

—*Hey*, déjalo quieto, —dijo otra voz. Se nos acercó un hombre vestido de blanco. Miró el chorro de sangre y de dónde salía y en una voz cansada, casual, dijo, —Déjalo quieto. Tiene un agujero que lo está traspasando y por lo tanto ahora se considera mi paciente.

Miré el suelo donde estaba tendido un tipo con pelo cano. Era el policía a quien yo había herido. Me sentí un poco orgulloso de él, porque tenía corazón. Había estado solo y aun así había tratado de hacer lo que pudo; macho valiente y duro. *Cristo*, pensé, *por fin le pegué un balazo a un Míster Charly. ¿Cuántas veces no le pegué los tiros mentalmente?*

Oí las sirenas de las ambulancias que chillaban como loco. Los policías trajeron a un tipo que estaba herido en el brazo. —¡No soy uno de ellos! —gritaba—. *Se lo juro por Dios, señor guardia, sólo estaba tratando de ayudarles a ustedes, por eso tenía la pistola. Lo agarré sólo para ayudarles y...*

—¿Lo conoces? —me preguntó un policía.

Nunca lo había visto. Indiqué que no con la cabeza.

Entonces sentí que unas manos me empujaban. Luché. Quería quedarme de pie. *Piri, si te acuestas te vas a morir. Puedes caminar.* Pero me obligaron a recostarme en una camilla, acostado boca arriba. Las bombillas de las cámaras de los periodistas relampagueaban. Con una mano tapé el agujero del balazo, con la otra me cubrí la cara. Si estaban sacando fotos, yo no quería que nadie supiera quién era yo.

Ascendieron las escaleras largas que salían del club, cargándome en la camilla. Parecía que sólo ascendíamos y descendíamos escaleras largas. El aire frío me chocó la cara y me robé una ojeada por entre medio de los dedos y vi una ambulancia con el nombre de "Saint Vincent Hospital" en una puerta. Me colocaron cuidadosamente dentro de la ambulancia, a ellos no les importaba que yo fuera el malote. Una vez adentro, le pedí un cigarrillo al asistente.

—No le des nada al bastardo, —dijo el jara.

—De todas formas no puedo, pues tiene una herida en el pecho.

Ya no sentía el dolor, sólo una pesadez, mucho cansancio. La ambulancia se detuvo y llegamos al hospital donde me colocaron en una camilla de ruedas. Habían monjas y médicos por todas partes. ¿Cómo habrían salido Danny y Billy de todo esto? Uno de los policías dijo, —Hirieron a tres personas estos sinvergüenzas. —Sentí curiosidad de quién más, además del policía, había caído, cuando vi a un tipo con la mano tapándose el pecho y a otro tipo aguantándole el brazo al primero. Retiré la vista. En ese momento los policías me trajeron dos tipos y, ¡Dios mío, qué masa de golpes y sangre! *Ay, mierda,* pensé, *¡son ellos!* Jamás hubiera pensado que un gringo fuera capaz de golpear a otro gringo en semejante forma...

—¿Están estos dos tipos contigo? —preguntó un policía.

—No, jamás los he visto en mi vida.

Danny me rogó, —Díselo, Piri, dile que estamos juntos, nos están matando.

No sabía cómo jugarlo, por lo tanto sólo dije, —No, señor guardia, no los conozco.

Billy gritó, —Díselo, chico, no estamos vacilando.

Me cansé de esta jodienda y le dije en voz bajita, —Está bien, yo los conozco, —cuando todo se desvaneció en un desmayo.

Cerré los ojos y sentí el olor del hospital. Alguien me puso una máscara en la cara y me mandó a respirar.

—No puedo respirar con esta mierda en la cara, —balbuceé.

—Si no respiras por este aparato, vas a dejar de respirar, —respondió una voz.

Unas manos expertas me quitaron la ropa. El aire se sentía fresquecito contra mi desnudez. No sentí vergüenza acostado ahí, desnudo. Me sentí como un bebé, casi como si estuviera esperando que me cambiaran los pañales. Me colocaron en una cama en un cuarto oscuro y un sacerdote vestido de negro con un cuello blanco se me acercó. Una mano me colocó un vendaje sobre el pequeño agujero en el pecho y metió otro pedazo de vendaje debajo de mí para cubrir el agujero en mi espalda. El padre me tomó las manos e hizo la señal de la cruz. Me sentí mareado, como si estuviera deslizándome por un papel de cera, eternamente pálido, aun después de haberme comido todo el arroz con habichuelas que quisiera. —Tengo que confesarle que no soy católico, Padre, —dije—. No soy nada.

—No importa, hijo, le da lo mismo a Dios.

Dios mío, no quiero morir.

El padre se fue. Oí que le preguntó algo al médico. El médico le contestó, —Sus posibilidades no se ven muy buenas.

El personal médico caminaba alrededor de mí, con las cabezas moviéndosele penosamente de un lado al otro mientras yo me estaba ahogando en mi soledad. Por fin, sentí que alguien me estaba afeitando el pecho y traté de mirarlo.

—Lo estamos haciendo para la operación, —dijo una voz. Alguien me metió una aguja en el brazo. Sentí el arranque, como cuando se empieza a sentir la eficacia de la heroína, sólo que esta inyección me cubrió bajo una frisa oscura. Era casi como embalarse con heroína.

Sentí que mi boca trató de formar palabras, —*Mami... no quiero... Mami, yo no quiero morir...* —Pero como no quería dejar que me vieran con miedo, hablé y lloré por dentro... Hasta que todo se disolvió en una gran nada y me quedé dormido.

EL PRESIDIO

Odiaba los atardeceres
porque la noche entera
   me quedaba por delante
y odiaba las mañanas
porque me sentía como Drácula
   regresando a su ataúd.

25

La casa de "Hazlo Bien"

Cuando desperté, mi primer pensamiento fue que tenía que dejar de usar la heroína porque me estaba causando sueños malos. Empecé a levantarme —¡ay, Dios mío! era demasiado el dolor y el ardor que sentía en las profundidades de mi ser. Caí de nuevo sobre la almohada y traté de controlar mi respiración y alejar de mí el dolor y el mareo. Entonces alguien vestido de blanco se me acercó, sentí que me pellizcó el brazo y me volví a dormir.

La próxima vez que me desperté, supe que no era un sueño, era la realidad. Todo era real.

—El bastardo se está despertando, —dijo una voz.

—Ese spic negro apestoso.

Abrí mis ojos, pero lo único que alcancé ver fue al policía a quien había herido y a los demás que habían sido heridos. ¿Por qué estaban todos juntos? El ruido que hacían se puso más fuerte; me estaban mirando y cerré los ojos, queriendo regresar a la oscuridad. Entonces oí el movimiento rápido de unas pisadas, y mi cama entera se echó a rodar. Abrí los ojos de nuevo. Un par de enfermeras estaban moviendo mi cama, con todo hasta las botellas de suero y las agujas espetadas en mis brazos. Una vez fuera del cuarto y lejos de todas esas voces, no necesité regresar a la oscuridad.

Después de unos días empecé a sentirme mejor. Se me había aliviado el dolor y me podía sentar en la cama. Siempre tenía un policía de guardia que me velaba, sus ojos siempre llenos de odio. Me dijo que se estaba muriendo el policía que yo había herido. Si se moría, me darían la silla eléctrica.

Los otros que estaban alrededor de mí no dijeron nada; no me dieron miradas malas, pero estaba seguro de que sabían algo. Yo podía leer sus ojos; algunos sentían coraje, otros piedad y otros nada. Por dentro, ellos no eran como yo.

Así pasaron los días. Las enfermeras me ayudaron a pararme de pies y me hicieron caminar, una enfermera a cada lado aguantándome. Poco a poco me puse más fuerte. Igual como en las películas —quizás había visto demasiadas, empecé a pensar en cómo escaparme. *No les dejaré saber que me estoy poniendo más fuerte.* Mientras estaba despierto me pasaba pensando, *Si pudiera salirme de la cama y gatear por el piso...* Soñé que lo estaba haciendo. Pero siempre, siempre, justo al llegar, después de haber gateado hasta el portón principal, me pegaba un tiro, *pum-pum,* —y me caía. Un día, cuando pensé que de veras estaba listo para intentarlo, llegó la policía para interrogarme. Habían venido antes, pero siempre estaba demasiado endrogado para poder comprender lo que querían.

Las preguntas empezaron a salir en torrente rápido y yo me hice el débil. El jara me miró seriamente y me prometió que si no me portaba correcto, me iba a tumbar de la silla de ruedas en la que me encontraba sentado.

Grité, —Enfermera, tengo que vomitar.

El jara me dio una mirada de malote y se fue. Pero al día siguiente entraron con una camilla de ruedas, y me pusieron encima de ella, con las manos esposadas.

—¿Para dónde voy ahora? —le pregunté al asistente.

—Al Hospital Bellevue, para la sala de los presos.

En Bellevue me pusieron en una sala grande con muchas camas y muchos tipos. A un extremo de la sala se hallaban unas celdas para encarcelamiento solitario (puertas de acero con una ventanilla cuadrada, con barrotes y un cuarto que había sido convertido en celdas con barrotes —debe haber sido para los tipos locos.) Aunque mis heridas se estaban sanando, todavía me sentía bastante mal. Hacía frío en esa sala. Un tipo hasta se murió de pulmonía durante la noche. Pensé que quizás ahora se encontraba en mejores condiciones que nosotros. Uno de los guardias me había dicho que se murió el policía al que había herido. Para mí, eso iba a significar la silla.

En una de las celdas al final de la sala, había un tipo que se llamaba Jimmy, que se la pasaba haciéndose el loco, hablando basura. Hasta se comía su propio excremento. Después me enteré del porqué. Junto con uno de mis amigos, Ramón, habían asaltado un colmado. Todo había marchado bien; todos se estaban fugando con el dinero cuando el tendero empezó a tirarles con unas latas. Sin mirar, uno de los muchachos pegó un tiro para asustar al tendero. Y, ¡no lo asustó! —el tiro lo mató. A Ramón lo acusaban del asesinato; Jimmy estaba tratando de ser más listo que el sistema, montando un acto de loco. Y lo hizo muy bien. Me dijo que yo también debía hacer papel de loco y así podría escaparme de la silla. Pensé duro sobre esto, pero concluí que jamás podría fingir estar loco. ¡¡Deja eso!!

Mi tía me vino a ver. Todo el mundo, me explicó ella, estaba apenado por mi sinvergüenzada. Trina estaba casi a punto de una depresión nerviosa, mi hermana se las pasaba llorando constantemente, y Papi tenía mucho coraje. Según ellos, yo era un desgraciado. Según yo, no me había acobardado, y sobre todo, estaba vivo.

Un poco después, me dijeron que me iban a dar de alta de Bellevue. Me dieron mi ropa. La sangre seca la había puesto tiesa y todavía tenía los rotos de los balazos. En ese momento, mi dolor se sintió aun más real. Dos policías me esposaron las muñecas y me llevaron a un cuartel de policías, a subir unas escaleras largas. Cuando llegamos arriba, me pidieron que cooperara con ellos y les diera cualquier información que tuviese sobre unos asaltos no resueltos. También me dijeron que me ayudarían a conseguir la libertad bajo palabra. *Parole**, dije, *eso significa que me mintió el guardia al decirme que el otro policía había muerto.* Les pregunté con respecto y me contestaron que el policía permanecía en el hospital, pero que sus posibilidades de recuperación eran bastante buenas. Con respecto a las preguntas que me hicieron, la única respuesta que podía darles era, *Este fue mi primer guiso, este fue mi primer guiso*. Por fin se dieron por vencidos y acabaron con mandarme a las Tumbas, *la Casa de Hazlo Bien*, que quedaba en el 125 de la Calle White, a esperar algún tipo de juicio.

En las Tumbas, me dieron una celda, dos frisas y una cama de hierro sin colchón. —Te tienes que poner una frisa por debajo y te tapas con la otra, —aconsejó el guardia que me conducía a la celda. Asentí con la cabeza, y cerró el portón detrás de mí.

—*Vaya*, ¡allá en el rancho grande!

—*¡Danny!* Vaya, ¿Danny, eres tú?

—Sí, amigo, ¿cómo has estado?

—Mal, hombre, adolorido, pero echando pa'lante...

—¡Cállense! —gritó el guardia, y me quedé quieto. Un poco más tarde me dio un mareo y me recliné contra la pared.

—Oye, muchacho, ¿tú estás bien? —me preguntó un tipo en la próxima celda.

—Estoy un poco mareado, nada más, hombre, no es nada malo.

Danny oyó lo que dije y me preguntó, —Oye, Piri, ¿qué te pasa?

—Sólo estoy un poco débil y tembloroso, hombre, nada malo.

Danny empezó a gritar, —¡Guardia, guardia! Hay un hombre enfermo en el tercer piso!

Algunas voces más se unieron al clamor y llegó el guardia a mi piso, soplando del esfuerzo, refunfuñando. —¿Y qué es lo que pasa aquí?

—Guardia, este muchacho está enfermo, —dijo alguien.

El guardia vino a mi celda.

—Yo estoy bien, —insistí—, no es nada de que preocuparse.

—Oh, tú eres el muchacho que estabas emburujado en aquel asalto en el Village y te dejaron todo tiroteado. ¡Dios mío! ¿Por qué será que ustedes hacen esas cosas tan locas? Caramba... mierda, no vale la pena decirles nada. Vámonos, —me dijo informalmente—, te vamos a mudar a otra sección más abajo donde te podremos observar un poco mejor. Yo no quiero estar subiendo todas estas escaleras cada vez que te tiras un peo.

—Oye, Piri, —gritó Danny—, te están poniendo en la fila de los asesinos.

Se me enfrió la sangre. El policía no se había muerto, pero ¿suponte que se fuera a morir...?

Dije una oración cortita para su recuperación.

Ya adentro de mi celda, le puse una frisa a la cama para que sirviera de colchón. Pero la cama era tan dura que el balazo se sentía como que se aplastaba. Le puse la otra frisa encima del colchón, pero el resultado fue igual. *¡Que se joda!*; decidí dormir sentado. El comandante me miró y se fue. Regresó unos minutos después, trayéndome cuatro o cinco frisas, y las dejó caer sobre mi cama.

—Gracias, —le dije, un poco sorprendido.

—¿Por qué no, muchacho? —dijo el comandante—. Bastante otros problemas tienes.

En la fila de los asesinos me encontré con Ramón, alto y flaco como siempre. Tenía seis dedos en una mano, cosa que había ayudado a los testigos poder identificarlo, me dijo. También me dijo que Jimmy había disparado el tiro fatal. Jugamos a las cartas y maldecimos a los maricones en el piso de encima que a cada ratito se entretenían gritando, —*No se preocupen, quince o veinte años no son nada,* —o —*La silla es rápida y grasosa.*

Pasé tres o cuatro meses en las Tumbas, esperando mi juicio, yendo a la corte, esperando que clausuraran mi caso, tratando de conseguir una pena menor, y qué sé yo qué más. De noche, me quedaba despierto en la cama tramando y pensando en los miles de años que podrían echarme encima. Me enteré de que Luis también estaba en las Tumbas. Habían investigado las placas de nuestro carro hasta llegar donde él. Cuando lo agarraron, se había vuelto chota y les había contado todo lo mío.

—Piri, *man*, fue que esos maricones me engañaron. Me dijeron que tú estabas muerto, —trató de explicarme cuando lo vi en la corte—. Yo pensé que ya que estabas muerto, que no te iba a perjudicar. —Lo miré con cara de palo; le quería comer el corazón a esa chota.

—Sí, panín, —le dije—, en otra ocasión hablamos.

Al fin llegó el gran día, la hora de recibir sentencia. Fue por casualidad que nos sentenciaron a Ramón y a mí el mismo día. Yo estaba en el *corral de toros*, la sala de espera, afuerita de la corte. Lo llamé, rápido, mientras que lo pasaron aun más rápido por el corral, —¿Qué te dieron?

Su respuesta salió larga y bajita, —*La silla, panín, la silla.*

Mierda, pensé, *pobre cabrón. De una forma u otra, algún bastardo siempre encuentra cómo pisarnos.*

—Oye, tú, —un guardia me señaló—, eres el próximo.

El portón se abrió y entré con el guardia al otro corral de toros que era aun más grande, donde esperaban Danny, Billy y Luis. —OK, todos ustedes, vénganse, —dijo el guardia, y todos nosotros, menos Luis, le seguimos al entrar a la sala de la corte.

—*Allá en el rancho grande,* —me dijo Danny.

—Ya no, amigo, —le dije—. Alguien se robó las vacas. Pero, mira, ¿por qué Luis no se está presentando ante la corte con nosotros?

—Quizás hizo un arreglo, —murmuró Billy en voz baja.

Nos paramos ante el juez. Vestido en su toga negra, sentado ahí arriba, parecía un gigante. Me sentí pequeño, pero me puse cara de palo y me enderecé la espalda en lo que me lo permitía el dolor. Me pude controlar todo menos las rodillas, que se me empezaron a volver locas. Luché contra el temblor y la debilidad; y mentalmente ordené que las malditas rodillas lo cogieran suave y tuvieran corazón, pero al fin y al cabo se acobardaron y casi no pude controlar el temblor. ¡No quería que nadie lo viera! Eché un vistazo detrás de mí y vi que la sala de la corte estaba completamente vacía. ¡Qué solo me sentía! Me pregunté si Danny y Billy también se sentían igual, pero a lo mejor no. Ellos ya tenían experiencia en esto. El juez quería saber si yo tenía algo más que quería decir antes de que pronunciara la sentencia. Los abogados se acercaron al juez para pedir otra oportunidad, un poco de clemencia, misericordia y toda esa vaina. Pensé que tal vez no debiera verme demasiado malote o títere; que debiera aparentar tan siquiera un poco humilde. Rápido, me agarré las manos detrás de la espalda y doblé la cabeza. Fue entonces que el juez llamó, —John Peter Tomás.

¡Qué raro se oía mi nombre verdadero! No me había llamado "Piri", y fue casi como si estuviera llamando a otro tipo.

—Te sentencio... al trabajo pesado... en Sing Sing... por no menos de cinco y no más de quince años por atentado de robo armado en el primer grado.

Subí la cabeza; ya no había necesidad de aparentar ser humilde; el juez no había apreciado mi humildad. Sentí dos manos que me agarraron por cada brazo y me sacaron de ahí rápido (creo que para impedir que yo explotara de rabia e hiciera algo estúpido). Mientras me conducían fuera del lugar, el Fiscal del Distrito le dijo algo en voz bajita al juez. Al oír lo que le dijo, el juez me volvió a llamar para echarme sobre las espaldas otra sentencia, ésta de cinco a diez años, por asalto con intención de matar, y las sentencias deberán servirse...

Por un momento, contuve la respiración. Si el juez dijera *consecutivamente*, tendría que cumplir una sentencia antes de comenzar a servir la otra; pero si dijera *concurrentemente*, las dos sentencias podrían servirse a la misma vez.

—...concurrentemente, —concluyó el juez.

¡*Puta*! Aunque el lío no se había desaparecido, al menos cada día que estuviera preso, contaría por dos.

Me condujeron del lugar, y desde donde estaba parado cerca de la puerta, pude oír que Danny recibió de cuatro a ocho y de cuatro a diez, Billy de cinco a diez. No oí más, ni me importaba un carajo oír más. La sentencia mía, mi tiempo, ésa era mi preocupación, la de ellos, preocupación ajena. Entré al corral de toros, riéndome y caminando suave hasta la última nota.

El guardia me miró con mirada extraña. —Tú ahí, ¿no te molesta que te hayan dado todo ese tiempo?

—Hombre, —dije, jactándome—, tiempo para dormir nada más, tiempo para dormir. Lo cumplo patas arriba.

Luis entró a la sala de la corte, para estar solo cuando recibiera su sentencia, pero después de unos minutos, salió pálido y sacudido. El guardia dijo, —Se desmayó y cayó al suelo como un muerto.

Coño, pensé, *parece que lo enterraron*. —¿Qué le dieron? —le pregunté con pena al guardia.

—De cero a cinco, de cero a cinco.

—¡A este maricón le dieron de cero a cinco! —grité—. Dentro del año estará libre. Y *él* se desmaya. ¡Qué cobarde, qué maricón, come-mierda!

Cuando yo regresé a las Tumbas, lo primero que oí fue: —¿Cuánto te dieron, Piri?

—¿Qué pasó, muchacho?

—¿Cómo saliste?

Todos quieren saber lo tuyo, sea grande o pequeño, tal vez para medir sus propias esperanzas.

—Me dieron quince bolos, —grité. Lo dije con un tono desesperado pero orgulloso de poder por lo menos decir algo.

—¡*Coño, qué duro!*— o —*No es tanto*— fueron algunas de las respuestas.

Los maricones de arriba arrullaron, —*Yoo-hoo, yo te lo dije, mi nena*.

—¡**Cantos de maricones, métanselos!** —les grité.

—¡Qué mucho me gustaría poder, mi amorcito!

Me reí. ¿Cómo no iba a reírme? O me reía o me tendría que volver loco. Prendí un cigarrillo, tomé un jalón profundo y me recosté. Por lo menos la incertidumbre había terminado. Al fin sabía lo que me esperaba.

26

Acostumbrándome

Al día siguiente, después del desayuno, un guardia tocó los barrotes de mi celda con la macana. Yo estaba acostado sobre mi montón de frisas, pensando en Trina y en que representaba mucho tiempo, esos "de cinco a quince años".

—Tomás, —llamó el guardia—, Tomás, estás en un envío.

Coño, pensé, un envío... ¿qué carajo soy, un paquete o algo por el estilo?

—Tomás, ¿no puedes oír? ¿Qué te pasa, eres sordo?

Cógelo suave, Piri, no te alteres. Este guardia blanco está loco con ganas de darte un macanazo en esa cabeza de piedra que tienes. Dije, —Ya vengo—, *ya vengo, pues traigo la cabeza bajita*... *y les escupo la cara, chingones de madre.*

—Date prisa, que no tenemos todo el día. Estás en un envío a Sing Sing.

Mira, amigo, dime, ¿cómo es que no tenemos todo el día? Yo tengo quince años, mucho tiempo. Tengo más que todo el día. —Sí, señor, ya vengo—. *Juégalo suave, Piri, porque si no, te van a gastar... espérame Trina, no me vayas a olvidar...*

—OK, párate ahí.

—González. Rivera. Washington. O'Leary. Puluksie. Goldberg...
Goldberg, mueve la pata.

—Sí, señor, vengo.

—OK, vamos a revisarlos otra vez:

—Tomás.

Presente.

—González.

Presente.

—Rivera.

Presente, señor.

—Washington.

Presente, señor.

—O'Leary.

Presente

—Puluskie.

Aquí.

Aquí, pensé, *¿quién no está aquí?*

—Walters.

Presente.

—Abran el portón, —gritó el guardia, y el portón se deslizó sobre
el suelo al abrir. Haciendo fila uno tras otro, seguimos al guardia por
el pasillo de acero. Descendimos en un ascensor, bajando más y
más y más, hasta salir por una puerta que parecía una boca grande.
—OK, de dos en dos, —dijo el guardia—, pueden salir para afuera
de dos en dos.

Mostrando un par de esposas, añadió, —OK, extiendan las
manos... uno de ustedes la derecha, y el otro la izquierda.

El aire tenía un olor que nunca había presenciado anteriormente,
pero no estaba destinado a durar mucho. Nos esposaron y nos metieron en una guagüita verde. La guagüita se fue y eché un último vistazo al paisaje que era Nueva York. La velocidad de la guagüita
apartó mi corazón de Harlem, dejándolo en la lejanía y causando
brotar el sentimiento de que todo lo que hice para ganar mi reputación no había valido la pena. Entonces no volví más a ver nada hasta
que llegamos a Sing Sing.

—Extiendan las manos, —dijo el guardia. Abrió las esposas y mis manos estaban libres, pero eso era todo; lo demás se encontraba en Sing Sing, por un máximo de quince años. La primera orden del día fue purificarnos.

—Quítatelo todo.

—Abre las nalgas.

—Muestra las plantas de los pies.

—Toma una ducha.

—¿Para dónde quieres que enviemos tu ropa?

Y una charla dictada por un superintendente o Uniforme Azul de cómo debes portarte bien porque si no...

Caminé despacio y jugué mi papel de suave. Pero ya en mi celda, me acosté en la cama, me quedé mirando los barrotes a ver quién ganaba; con las esperanzas estrelladas, me tragué el orgullo y luché por no llorar. Me esforcé duro para que la mente no se me consumiera con la presión de sentirme enjaulado como un canario. Me conté los dedos, entonces miré a ver cuántos dientes tenía en la boca y adiviné cuántos pelos tenía en la cabeza; me quité los zapatos y me corté las uñas de los pies con dedos rajados; descargué el inodoro sólo por oír el ruido; me rasqué, y jalé y torcí y di vueltas; pensé y soñé, esperaba y deseaba... y traté de aplastar ese sentimiento cagado de *aquí se acabó todo.*

Quince años de muerte, número 109-699. Señor Sing Sing, brisa fresca, ¿dónde estás? Enrosqué los dedos alrededor de los barrotes fríos. *Desenróscalos, niño, no los vas a poder calentar... ¿Por qué está tan quieto todo el mundo? Sólo estamos en la cárcel, no estamos muertos... Si tuviera compañía... una botella de refresco, un cigarrillo, el olor a Trina, un vellón para la vellonera, un saborcito del humo de la marihuana... Ha sucedido algo bueno, se me ha aliviado el dolor... Ahora me estoy poniendo un poco más fuerte. No me van a quebrar. Estos maricones todavía ni han visto lo que es tener corazón. Oye, ¿cuánto tiempo es quince años? Rómpelo en pedazos pequeños, en meses, en semanas, en días. Ay, caramba, eso es demasiado largo. ¿Cómo carajo voy a jalar todo este tiempo? Es demasiado tiempo vacío.*

Las semanas pasaron y la "orientación" se convirtió en cosa del pasado. Ya nos habían purificado lo suficiente para quitarnos los complejos de civiles y convertirnos en parte de la población prisionera. Tenía problemas todavía al caminar recto; la herida me jalaba para un lado. Pero los médicos del cuerpo y de la mente me habían examinado por dentro y por fuera, y me habían pronunciado en buenas condiciones, aunque un poco doblado. Me asignaron a trabajar en el taller de carpintería, haciendo tareas pequeñas aquí y allí. La especialidad del taller era construir ataúdes verdes para los recién quemados que se habían graduado de la silla eléctrica.

Había mucho que hacer y suficiente tiempo para hacerlo todo. Nos levantamos a las 6:30, barríamos nuestras celdas, nos desayunábamos y empezábamos a trabajar a las 8:00. Podíamos trabajar por la mañana y estudiar por la tarde, o viceversa. Al mediodía tomábamos el almuerzo y podíamos conversar juntos durante un corto tiempo. Después, trabajábamos (o estudiábamos) desde la 1:00 hasta las 3:30. Durante la próxima hora estábamos libres para hacer lo que quisiéramos: jugar a la pelota en el patio, relajarnos en el salón de recreo, o masturbarnos en nuestras celdas. De las 4:40 a las 5:00 cenábamos; entonces nos encerraban para toda la noche. Nos despertaban con trompetas, y esas mismas trompetas indicaban la hora de encerrarnos; en los intervalos, marchábamos a comer al ritmo y vaivén de la música de John Philip Sousa. Me sentí como un prisionero de guerra.

Un día estaba sentado encima del armario en el salón de recreo, haciendo mi papel de suave, ya casi no sintiendo tanto el dolor monótono en el pecho. Estaba colgando los pies, dejándolos mecerse lo más suave, cuando capté que tres morenos americanos me estaban mirando, un poco extraño. Inmediatamente comprendí la mirada. Era la mirada de la cárcel, de un lobo mirando a una oveja. Ya sabía lo que iba a suceder. Alguien me iba a empezar a hablar mierda y si yo me acobardaba... ahí mismo se acabó lo que se daba. Cualquier tipo que se acobardaba en la cárcel se veía obligado a rendir sus paquetes de comida, sus cigarrillos y, como postre, su culo. *Hijos de la gran puta*, pensé, *sólo me queda una cosa, mi reputación, y ésta nadie me la va a quitar.*

Se sentaron en el armario junto al mío y empezaron a hablar mierda como si yo no estuviera ahí. De vez en cuando se sonrieron entre ellos, como quien sabe algo. Seguí meciendo los pies, suave, como si ellos no estuvieran ahí, y esperé.

—Oye, papo, ¿sabes dibujar? —me preguntó uno de ellos.

—Sí, papo, —respondí—, yo sé dibujar.

—¿Dibujas bien?

—Sí, yo dibujo bien. ¿Tú quieres que te dibuje? —*Sigan sonriéndose con sonrisas de chocha, ya puedo ver lo que ustedes tienen pensado.* Me bajé de la mesa. Me fijé que estaban tratando de hacer que me sintiera relajado, a gusto. Primero cultivarían amistad conmigo, después me harían favores y conseguirían que me endeudara con ellos y luego me lo pedirían todo de vuelta... no ahora mismo, pero después de pasar un poco de tiempo. Cogí el lápiz y los miré, suave.

—¿Cuál de ustedes quiere que lo dibuje?

—Dibújame a mí, —dijo el que los otros llamaban Rocky, arrastrando sus palabras lentamente. Todavía portándome suave, tomé el lápiz y el papel y sin expresión ninguna en la cara, caminé hacia mi baúl, miré seriamente al tipo, de un lado a otro, y dibujé y seguí dibujando. Luego le di el papel y le dije, —Hombre, mira, así es que te veo yo.

Sus sonrisas mierdosas nuevamente se les aparecieron en las caras. El tipo miró el papel, y si se pudiera haber puesto colorado, lo hubiera hecho, pero su piel era demasiado trigueña para poderlo hacer. Los ojos casi se le saltaron de las órbitas. Tiró el papel hacia un lado; sus muchachos lo llegaron a ver y se reventaron de carcajadas. Lo había dibujado como un caníbal negro, estilo de los cómics, con todo y hueso grande traspasándole la nariz.

Rocky explotó. Yo seguí mirándolo, suave. Si me golpeaba con un puño al pecho, seguro que abandonaría yo el hábito de vivir. Pero tenía yo que mostrar cojones. —Canto de cabrón, so cara amarilla, —me gritó.

Seguí meciendo los pies. —¿Por qué no vas y se lo dices a tu madre, hijo de la gran puta? —le dije con voz suave. Entonces lo miré, —primero en la cara, luego detrás de él, luego por encima y por debajo de él, y entonces le escupí a los pies.

El tipo se volvió loco y vino por mí, pero sus muchachos lo detuvieron, diciéndole, —Cógelo suave, Rocky, aquí viene el guardia.

Mientras que sus muchachos lo arrastraban lejos de mí, me miró y dijo en voz baja, —No te preocupes, que tarde o temprano yo te cojo, canto de maricón.

—Tienes razón, moreno, —dije—, vas a coger un bicho para'o en el mismo culo.

Ya sabía que Rocky esperaría hasta que él o sus muchachos pudieran agarrarme solo. Yo no iba a dejarme gastar por algo nada más que eso, por lo tanto esa noche en mi celda, después del último trompetazo que clausuraba toda conversación, toqué a la celda junto a la mía. El tipo adentro había sido devuelto como un violador de su libertad condicional. Nos habían esposado juntos en el viaje desde las Tumbas a Sing Sing. —Oye, *man*, —dije en voz baja.

—¿Qué pasa? —respondió en una voz igual de baja.

—Mira, hombre, necesito un cuchillo. Como ya tú has estado aquí antes y estás enterado de cómo funcionan las cosas, necesito que me consigas un cuchillo.

—Oh, ¿sí? Dime, ¿qué es lo que está pasando?

Le expliqué la situación y me dijo, —OK, hombre, pero estás en este guiso solo. Te consigo uno por la mañana. Pero mira, joven guerrero, no mates al chingón, porque así te van a meter de quince a treinta por encima de lo que ya tienes. Lo dejas un poco jodido nada más.

—Tienes razón, —dije—. Le voy a cortar esa cara de mierda, suave, así y así. —Moví la mano como si ya tuviera un cuchillo, como si el aire fuera la cara del moreno Rocky—. Y cuando todos vean su cara fea, sabrán que se lo hice yo. Cada preso aquí sabrá que mi reputación es de ser puro hombre, un hombre muy suave.

—Buenas noches, vecino.

—Buenas noches, panín, —le respondí.

Casi no dormí. Me puse a pensar, *Estando aun aquí adentro, sigo peleando, todavía estoy luchando. Caramba, Dios, si es que estás ahí arriba, este número no me gusta. Después de que yo lo corte, este tipo quizás no va a querer parar ahí y tal vez tenga que enfriarlo para siempre.* No quería hacerlo, pero si me veía obligado, ese chingón de madre se iba a encontrar cosechando algodón en el infierno.

Por la mañana del próximo día ya tenía el cuchillo. Era un cuchillo de mesa ordinario, pero afilado como una navaja de afeitarse. Aplastado contra la barriga debajo de mi camiseta, lo sentía, frío, como la muerte. Me desayuné y me fui al trabajo.

Estaba peleando con un mapo* de veinte libras cuando me llamó un guardia, —Oye, ¿tú eres el número 109-699?

Moví la cabeza, indicando que sí.

—Ven conmigo, —me ordenó.

Deje caer el mapo contra la pared y lo seguí. *El cuchillo*, pensé. *Alguien choteó.* Me pregunté si mi muchacho me había entregado a cambio de clemencia. El guardia me llevó a mi celda y me encerró. No me registró el cuerpo; únicamente sacó una tarjetita delgada con las palabras **Manténgase Bajo Llave Constante** y la puso entre los barrotes de mi celda. —Mira, guardia, —le pregunté—, ¿no me puedes decir lo que está pasando? ¿Por qué me han puesto bajo *llave constante?*

—Si, te lo puedo decir, —respondió—. Estás en un barco.

—¿En un qué? —pregunté.

—Un barco. Te van a embarcar de aquí mañana a las 5:00 de la mañana.

Madre mía, pensé, *es como si Dios oyó mi plegaria de anoche.* Esperé a que se fuera el guardia y saqué el cuchillo del cinturón y me sentí cien libras más liviano. Esa noche le devolví el cuchillo a mi muchacho, pasándoselo por los barrotes. ¡Qué contento estaba! No tendría que darles sus cuchillazos a ese chingón de madre, Rocky; pero al final de cuentas, tampoco me había acobardado.

El próximo día me desayuné temprano. De regreso a mi bloque

de celdas, vi a Rocky. Él tenía que haber sido un tipo a quien le tenían confianza para poder andar suelto así afuera de su celda tan temprano. Me miró duro y dijo en voz baja, —¡Qué suerte tuviste...!

Le di una sonrisa fría. —No, *amigo*, —dije—, la suerte la tuviste tú, come-mierda.

A menudo he considerado cuál de nosotros tuvo la mejor suerte.

En el patio que conducía al ferrocarril, como cincuenta de nosotros esperábamos el tren, encadenados de dos en dos con cadenas y grilletes en nuestros tobillos. Por fin llegó el tren. Era un tren de pasajeros regulares, menos que nos dieron un vagón sólo para nosotros. Un mal sabor me entró por los ojos cuando vi a esos ciudadanos libres, respetuosos de la ley, mirándonos a nosotros, mirándome a mí. Les oía los pensamientos, *Oh, así es que mueven a los encadenados. ¡Ahora lo vengo a saber!* Traté de hacerme invisible.

Abordamos el tren, y después de caminar dos horas, nos dieron unos sandwiches de queso. Después de otra hora, nos dejaron ir al baño, de uno en uno. Durante otra hora jugamos a barajas arrodillados en piernas temblorosas. Después de otra hora habíamos llegado a nuestro nuevo hogar: al Presidio Estatal de Comstock.

Mi mundo se me estaba encogiendo más y más, y cada día se sentía más y más apretado, como la ropa que se le queda a uno después de que ha crecido. Dios mío, pensar era lo único que me quedaba que los guardias no podían controlar. Y me hubiera gustado poder dejar de pensar acerca del otro lado, del lado libre. *Fíjate*, pensé, *¡el lado libre! Al principio solamente decía "afuera"; ahora estoy diciendo "el lado libre", hablando igualito que un preso.*

Pues, un preso es lo que soy, ¿verdad?

Pensé que sí, eso mismo era lo que yo era.

27

Muchos días
y muchas noches de gris

Uno de los peores sentimientos del que me puedo imaginar es de ser algo o estar en algún lugar y no poder aceptar ese hecho. Así era conmigo: yo era un preso en la cárcel, pero nada en el mundo me podría obligar a que lo aceptara. Ni la ropa gris, ni los barrotes verdes, ni el tiempo medido por la trompeta, ni los guardias uniformados de azul, ni la comida sin sabor, ni las nuevas arrugas que se me aparecieron en la cara... nada.

No importaba cuánto trataba, no me podía acostumbrar. El conflicto interno seguía martillando contra mi ser. Me llegaba este mismo conflicto cada mañana y cada atardecer. Se sentaba, pesado, sobre mí, como la muerte en carne viva. Odiaba los atardeceres porque la noche entera me quedaba por delante, y odiaba las mañanas, porque me sentía como Drácula, regresando a su ataúd.

Traté de fingir que los días eran más cortos en vez de más largos, que la luna nacía a la media hora de nacer el sol. Odiaba ver el calendario. Traté de no contar los días y las semanas y los meses y los años... y me encontré que estaba contando los segundos y los minutos. Contaba los tornillos y las ventanas, los barrotes pintados de verde, a los guardias, a los otros presos; todo junto se sumaba a mil años. No existía en mí el razonamiento de que mi castigo tal vez fuera merecido. A la medida que la cárcel aprisiona tu cuerpo, también te sofoca la mente.

Mi vida se convirtió en una masa de odio gris. Odiaba los días soleados porque me hacían pensar en los días chéveres que pudiera estar pasando con Trina en la playa, y odiaba los días de lluvia porque eran deprimentes y hacían que mi celda, mi ropa y hasta las entrañas se me pusieran húmedas. Odiaba los sonidos de la cárcel y el olor de los uniformes azules de los guardias. Odiaba a los otros presos por hacerme recordar que yo era uno de ellos, y me odiaba a mí mismo porque, en realidad, era uno de ellos.

Hombre, ¡qué lío es éste en el que he metido el culo! La cárcel te da tiempo de más para pensar, y yo pensé y pensé y pensé: acerca de estar afuera y de la cuadra y de Trina. ¿Qué estaría haciendo ella ahora? ¿Qué hora es? Debe estar dormida o preparándose para dormir. *Si hago un esfuerzo con los ojos, casi te puedo distinguir, nena, con tu pelo suelto y tus rizos rebotando y tu boca en una punta, con una trompa como si siempre tuvieras coraje con alguien...* Esfuércense más, ojos míos,... *puedo sentir el calor de tu cuerpo, olerte, saborearte...* ay, Cristo, por favor, sácamela de la mente...

Comstock era igual que Sing Sing. Cada preso tenía un oficio; cada guardia estaba estacionado justamente donde tenía que estar; y sobre todo, cada barra estaba colocada correctamente, tapando las ventanas y puertas. Como curso de estudio, me asignaron albañilería; mi trabajo regular era en el equipo de pintores. Me pagaron cinco centavos al día, que después lo aumentaron a diez. El dinero lo acreditaban a mi cuenta, y dos veces al mes me permitían hacer una compra usando la mitad de mi sueldo mensual.

Si recibías comida de tu casa (digamos, comida enlatada) o la comprabas, podías comer como un rey. De otra forma, comías como un preso. Sin embargo, siempre se comía como un preso cuando comías en el comedor, no importa lo que estuvieras comiendo. Cabían más de mil personas en él y los sonidos de las cucharas al raspar contra las tazas de lata llenas de café con sabor a yodo, combinados con los sonidos de los hombres al masticar la comida, cuyas voces reflejaban sus eperanzas; sonidos de los pies al arrastrarse contra el suelo, y las bandejas de metal chocando contra metal —todo eso convertía la hora de comer en un sueño loco. **Pero era real**. Si no te mandaban un paquete de afuera y si no podías hacer una compra, te hacías sándwiches de pan y de lo que pudieras obtener en la cena. Podría ser cualquier cosa: espaguetis, sancocho, ensalada de repollo, hasta un poco de sopa serviría.

La comida no era mala una vez que la hubieras aceptado con la misma disposición que aceptaste tu sentencia. El almuerzo del domingo era bastante bueno. Nos daban carne de res asada o jamón, salsa, pan, papas, postre y café. Nos daban lo mismo en los días festivos menores como lo era el cumpleaños de George Washington. Los tres días festivos principales eran el Día de Acción de Gracias, las Navidades y el Año Nuevo. Para el Día de Acción de Gracias y las Navidades nos daban una presa grande de pollo asado con todos los condimentos; el día de Año Nuevo nos daban un pedazo grueso de bistec, también con todos los acompañamientos. Sin embargo, el tipo que cortaba la carne a menudo la cortaba muy fina, como una navaja. Nuestra broma favorita fue de poner una carta debajo de una rebanada de carne y empezar a leer la carta a través de la carne.

Yo usaba discreción estilo chirola* al escoger mis amigos. Existía una jerarquía entre los prisioneros. A primer nivel se encuentran los joseadores*, los listos. Debajo de ellos están los abogados expulsados del Colegio de Abogados y los médicos que realizan abortos ilegales, porque sus cerebros merecen respeto. En el medio están los bandidos. Los ladrones y rateros están directamente debajo de ellos. Y por el suelo se encuentran los violadores sexuales, los maricones, los policías corruptos y los tecatos.

Yo quería aprender todas las movidas, conocer todas las artes de interpretar a la gente y lo que se creen que son. Llegué a conocer a un tipo, Sam, mayor de edad, quien era uno de los mejores joseadores que había existido. Él me contó de cómo trabajaba. Pero siempre terminaba su cuento diciendo, —Pero entiende una cosa, muchacho, gané mucho dinero, pero mira dónde estoy ahora.

Mi mejor amigo era un puertorriqueño grande, negro, a quien todos llamaban Turco el Joven, un tipo gentil que estaba sirviendo de cinco a quince por cortar a otro tipo durante una pelea.

También tenía amistad con un tipo que procedía de buena familia y que había estudiado en todas las escuelas correctas. Su nombre era Kent, y hablaba inglés como un profesor universitario. Lo escuché y lo imité. Quería hablar como Kent, pero no todo de un cantazo; eso hubiera sido como echármela. Lo que hice fue agarrarme un diccionario y poco a poco empecé a aprender las palabras y durante una de nuestras conversaciones me puse a usarlas. Cuando lo hice por primera vez, Kent se alzó las cejas y se sonrió un poco, pero sin arrogancia. La verdad era que estaba contento por dentro de que yo quería imitar su manera de hablar, y desde aquel día en adelante me corregía cada vez que yo malpronunciaba una palabra, y se sonreía conmigo en aprobación cuando decía algo correctamente. Un día me dijo, —Piri, ¿por qué tú no escribes?

—¿Por qué no escribo qué?

—Pensamientos, ideas, poesía, —dijo.

Me reí. —Seguro que sí, algún día.

No fue hasta muchos años después que me puse a escribir en serio, pero sí hablé mucho. Hombre, en la cárcel, todo el mundo habla. La conversación ocupaba tiempo, mataba el tiempo, especialmente en los días largos como eran los sábados y los domingos, cuando no trabajábamos y pasábamos mucho tiempo en el patio. Usábamos cualquier cosa que pudiéramos para embalarnos, en parte por el mismo deseo de ingerir algo estupefaciente y en parte para rebelarnos contra el sistema. Circulaban regularmente los "Goof balls"*, la benzadrina, el fenobarbital, los "splits"* y mucho dinero verde. En Sing Sing, podíamos conseguir whisky también, pero en Comstock nunca vi ninguna clase de whisky oficial. En lugar de eso teníamos ciruelas fermentadas, vino hecho de frutas y laca colada —todos hechos a mano, por supuesto, pero aun así te daban una fuerte patada. Una vez la laca mató a un preso, quien tenía una carrera exitosa como saxofonista por delante, a la misma vez que cegó a otros dos.

Los splits eran muy comunes. Son píldoras blancas, redondas con una franja por el medio, algún tipo de tranquilizante. Si te tomas uno con un vaso de agua caliente, el embalado que coges es casi igual que el que consigues con la heroína. También podíamos comprar cápsulas rojas de *feno*, que producía un embalado en el que te olvidabas de todo cuando te tomabas dos con agua caliente. Cocinábamos nuez moscada o canela; con tomarte una cucharada de esto se te cierran los ojos con el sentido de volar. A veces los presos de confianza, o el equipo que trabajaba afuera, nos traían marihuana silvestre, y la secábamos encima de la bombilla en nuestras celdas.

Pero los splits eran el follón. Un tipo, Clarence, un negro joven que pintaba muy bien, estaba totalmente volado con ellos. Clarence verdaderamente amaba las drogas.

—Ésa es mi mujer, la Dama de la Nieve, —me dijo una vez—. ¡Cómo me gustaría tener una cura! Alguien logró conseguir un poco hace unos meses, pero sólo fue un chispito. Es difícil. Estos guardias te lo revisan todo, hasta le quitan los sellos a las cartas para estar seguros de que no las pegaron con cola hecha de drogas. Y si recibes una camisa blanca de tu casa, te la lavan para estar seguros que no la almidonaron con drogas...

—Olvídala, Clarence, —le di de buen consejo.

Clarence se sonrió conmigo y me preguntó, —Vaya, Piri, ¿a quién tú quieres?

—A mí mismo, —le dije.

—Bueno, y yo amo a la Dama de la Nieve. Tú no te puedes olvidarte de ti, y yo no me puedo olvidar de la Dama de la Nieve.

Unos días después Clarence murió mientras dormía. —¿Qué le pasó a Clarence? —le pregunté a Turco el Joven.

—Ese maldito imbécil. Se consiguió unos splits. Y él ya con su mala costumbre de tomárselos tres o cuatro a la vez, esta vez los molió y se consiguió una aguja y un gotero, y se inyectó. Se le paró el corazón.

Cuando murió Clarence, ya yo había estado en Comstock dos años y todavía me quedaban tres años o quizás más, dependiendo de lo que decidiera el comité del "parole". *Jesús*, pensé, *si solamente los días se variaran, si solamente un día fuera de catorce horas y el otro de tres, y si solamente el amanecer llegara de noche y viceversa... cualquier cosa serviría para romper la monotonía.* Pero el tiempo pasó igual que siempre. Al desayuno lo seguía el almuerzo y luego la cena, y entonces el ciclo empezaba de nuevo. Yo podía sentir que estaba creciendo, madurándome. La pelusa en la cara se me estaba poniendo más gruesa, el pecho se me ensanchó, la voz se me puso más profunda, mis ideas estaban cambiando. Cada día traía consigo el doloroso conocimiento de lo dulce que sería poder estar libre y del horror al ver los años de prisión desaparecerse por el inodoro.

A veces la presión era demasiada, como sucede con todos los presos. Buscando una salida para el odio abrumador que sienten contra una sociedad que convierte a los seres humanos en canarios enjaulados, los presos vierten sus agresiones los unos sobre los otros. Yo tenía problemas con un preso llamado Chiquito. Estaba bien nombrado, pues era bajito, pero con un cuerpo poderoso. Y estaba de la misma mentalidad que yo, fastidiado, y cuando dos prisioneros fastidiados se encuentran cara a cara, la presión tiene que escaparse de alguna manera u otra. Nos metimos en algún tipo de discusión, y no se necesitaban ni dos palabras; él me dio una mirada de malote y yo lo miré mal a él. Le dije, —Mira, hombre, estoy cansado de tu jodida mierda.

—Pues, ¿y qué vas a hacer? —me desafió.

—Pelear hasta ponerte el culo en el suelo, —respondí.

—OK, hombre, vámonos al fondo de la sala de pintar y ahí bregamos.

Los presos cerca de nosotros oyeron todo lo que estaba pasando, pero no hicieron ninguna movida que lo indicara. En la cárcel uno se preocupa por lo suyo y pelea sus propias peleas, porque si no, lo nombran cobarde. Además, nadie quería que los guardias se enteraran de que algo iba a explotar; y finalmente, todos querían asegurar sus lugares para mirar el espectáculo, cosa que les daría un cambio de la monotonía de otro día.

Chiquito y yo caminamos lado a lado, bajamos la rampa y entramos a la grande sala de pintar donde trabajábamos. Las entrañas se me trincaron y chupé aire. Casey, un guardia grande, gentil, amistoso, estaba encargado. Era uno de los pocos seres humanos que quedaban en este mundo mío. Nos miró a nosotros y a los demás presos que, caminando disimuladamente, querían ver esta pelea. Discerniendo que algo estaba por suceder, con calma movió su macana marrón, grande y dura, a una posición más favorable. Pero no dijo nada. Miré a Chiquito, quien estaba parado cerca de mí para que cuando empezáramos a tirar puños, estuviera ya en una posición de golpearme rápido. Lo empujé y por poco me arranca la quijada con un izquierdazo. No había pensado que fuera zurdo. Caí duro al suelo y lo único que me vino a la mente fue levantarme. Lo agarré y le metí un puño y lo sujeté, y coño, por fin me sentí que aquí se encontraba alguien, frente a frente conmigo, con quien yo podía dejar escapar ese vapor hirviendo que tenía por dentro. Pienso que él debió haberse sentido igual. La verdad era que Chiquito era mi amigo, uno del grupito... y aquí estábamos, uno tratando de aplastar al otro. Le metí por la barriga con derechazos e izquierdazos y con los codos; él me martilló contra la cara.

De repente se acabó la pelea, concluída por un silencioso consentimiento mutuo. Solamente nos miramos, con los labios apretados y ensangrentados. Entonces Casey se nos acercó calmadamente y dijo, —¿Ya se despojaron? —Nuestras dos cabezas indicaron que sí a la misma vez—. Miren, si ustedes dos hubieran agarrado tubos o palos o hubieran usado cualquier otra cosa más que sus puños, yo les hubiera amarrado este palo por la cabeza, ¿me entienden? Pero siendo las cosas como son, yo no he visto nada y ustedes no han hecho nada. ¡Que esto no se repita!

Miré a Chiquito y él me miró a mí, y ambos ya sabíamos que no queríamos más de lo mismo. Una pelea entre dos hombres a veces los hace mejores amigos, debido al respecto que nace de los puños. Casey se fue. Chiquito y yo nos palmeamos las manos mientras que yo le pregunté en voz baja, —Chiquito, ¿por qué no me pegaste en las tripas?

—No te quería golpear donde cogiste la bala, —me dijo—. Pensé que quizás te haría demasiado daño.

Se alejó de mí caminando, y coño, ¡me encontré con lágrimas en los ojos!

28

El sexo en la chirola

Todo el mundo hablaba de ese tópico, casi todos nosotros lo practicamos a solas, y algunos tipos se satisfacían unos con los otros.

La conversación casi siempre se trataba de recuerdos. Uno de los mejores echones* era un preso grande a quien llamábamos Ching. Él tenía una memoria muy gráfica. —Escuchen esto, —contaba, y como sólo lo puede hacer un preso, mordía su labio inferior y respiraba profundamente y apasionadamente—, yo tenía cierta tipa que se llamaba Dolores, y cuidado que era bonita, —y al seguir hablando pintó para todos el cuadro de un ensueño. Cada uno de nosotros nos imaginamos un cuadro diferente de Dolores. Podría ser rubia, trigueña, puertorriqueña o lo que nosotros mismos quisiéramos.

Pero la acción verdadera ocurría entre los hombres. Si no tenías cuidado, si no te defendías y le decías definitivamente, —No me toques, cabrón, —te convertían en un culo público. Y si lograbas superar esa prueba, y salías intacto, entonces existía la tentación de agarrarte un poco de culo para ti. Un moreno que se llamaba Claudio andaba detrás de mí, pidiendo que yo lo hiciera mi *"novia"*.

—Oye, mira, Piri ¿por qué es que no quieres ser mi hombre? Te doy la luna, las estrellas, el mundo, el univer-...

—Métetelo por el culo, —silbé—. Déjate de esa mierda. Deja de creerte que eres una verdadera mujer y vete a colocar ese culo prieto en otra parte.

—Te doy cigarrillos, cualquier cosa, amorcito; yo te mantengo muy bien, —insistió.

Miré a Claudio más allá de los barrotes verdes y vi la cara de una mujer, atormentada, rogando. *Se quiere comprar un papito**, pensé, *pero yo no me voy a rendir. Ni una vez. Porque solamente una vez y se acabó todo. Estaré chingando a maricones tan rápido como los pueda agarrar. No voy a dejarme institucionalizar. No quiero perder el odio que siento por este maldito lugar. Una vez que pierdas el odio, la chirola te tiene vencido. Puedes completar todo el tiempo que te asignen y no te molesta. Sales afuera y te va bien; regresas a la prisión y te va bien ahí, también. Sin problemas, sin dolor. Pero no, lo de afuera es lo real; esto adentro todo es una mentira. Afuera es una forma de vida, adentro es otra. Y si tú le pierdes el odio a la cárcel, entonces consideras las dos formas de vida como iguales.*

—Claudio, —dije—, si tengo que romperte la maldita quijada, lo haré. Ellos han puesto una pared alrededor de mí por quince años, pero yo tengo algo real afuera, y no importa cuándo salga, casada o no, ella es mía, y no habrá un pasado para nosotros dos, sólo un presente real y un futuro chévere. Mientras tanto, me haré la puñeta cuando sea necesario, pero no me voy a casar contigo, maricón, no importa lo que suceda.

Claudio por fin comprendió y se fue a vender el culo por otra parte. Como dos semanas después, encontró quien se lo cogiera, Julio el Grande, un machote que estaba sirviendo cadena perpetua por haber picado a un tipo en pedacitos pequeños. Tuvieron una boda formal, con todo y ministro, padrino y otros acompañantes. Yo observé la escena completa. Lo celebraron en la esquina del patio. El sol estaba brillando y los pájaros cantaban. Juntaron algunas mesas para formar una mesa larga y sentaron a todos los invitados. La novia y el novio se sentaron detrás de un bizcocho grande, la novia vestida en una blusa blanca limpia, y el novio, suave y atento. Frente a ellos estaba sentado el ministro, un preso quien, cuando había estado en el otro lado, a lo mejor fue un estafador suave haciendo el papel de ministro fraudulento.

Miré alrededor de mí y pensé, *¿Pensarán los guardias que esto es una fiesta de cumpleaños, o saben lo que está pasando y se hacen como si no lo estuvieran viendo?* Oí al ministro decir,

—Claudio, ¿recibes a este hombre como tu esposo legítimo, para amarlo y cuidarlo, honrarlo y obedecerlo...?

—Si, lo recibo, —dijo Claudio en una voz baja, como cualquier otra novia. ¡Dios mío, qué mundo irreal! Mírale el rostro a Julio el Grande, de veras está serio. Este maricón va a ser su esposa, sea mejor o peor su suerte, hasta que la muerte los separe. Y de repente comprendí la realidad dura y espantosa, que esto era precisamente lo que yo tenía que combatir. Para Claudio y Julio el Grande esta farsa era su vida real, la totalidad de su existencia. Mira, ellos se están mirando como Romeo y Julieta se miraron, como si el mundo formara parte de ellos en vez de ellos ser parte del mundo.

El novio le puso un anillo en el dedo de la novia y el ministro dijo, —**Ahora los declaro marido y mujer,** —y los invitados les ofrecieron felicidades y les desearon la mejor suerte. Todo esto me hizo sentirme enfermo por dentro. Y ¿ahora para dónde, matrimonio? Las Cataratas de Niágara, Bermuda, Europa para una luna de miel dichosa. ¡Maravilloso! ¿Dónde van a conseguir su golpe de suerte? ¿Dónde van a consumar sus votos? ¿En los pasillos detrás de la cuadra de celdas, en una esquina del taller, durante el tiempo libre?

—*Ah, síííí, ahora es verdad que él es mi hombre,* —le ronroneó Claudio a un invitado que lo felicitaba.

Unos días después se me presentó otro problema de amor para resolver. Había estado jugando al balonmano en el patio y tomamos un descanso. Yo estaba sentado contra la muralla gris, cuando Chiquito se me acercó, se ñangotó al lado mío y me preguntó si yo tenía un primo que se llamaba Tico. No lo tenía, pero le dije, —Quizás, ¿por qué me preguntas?

—Pues mira, hay un muchacho que llegó en el envío nuevo de Elmira y dice que es tu primo. ¿Lo conoces? Su nombre verdadero es Ricardo, y tiene como dieciocho años.

—Sí, lo conozco. —*Carajo*, pensé, *¿de veras será Tico, el hermani-to del Coloraito? ¿Por qué será que está diciendo que es primo mío?*

Más tarde, cuando lo vi, inmediatamente supe por qué. Era un muchacho con carita de bebé, con cuerpo pequeño, guapo, que pa-recía tener como catorce años, cebo perfecto para los lobos de la chi-rola. Además, tenía miedo, aunque trataba de no mostrarlo. Necesitaba un amigo o un *"primo"* ya establecido en la cárcel, que tuviera una reputación como un machote. Lo vi agruparse con todos los novatos verdes. Estaban hablando duro y haciendo conversación, poniéndose aires y tratando de parecer imperturbables, como si el estar en la cárcel fuera algo que ellos hacían todos los días. Caminé hacia el montón de ciudadanos y Tico me vio. Se me acercó con unas movidas espasmódicas, nerviosas, pelado con la sonrisa más grande que jamás he visto en mi vida. Me dio un abrazo y me dijo, —Piri, ¡qué bueno, hombre, qué contento estoy de verte!

—Yo también, Tico. ¿Cómo supiste que yo estaba aquí?

—Mi hermano me contaba de vez en cuando de cómo y dónde estabas. Cuando supe que me habían puesto en un envío a Coms-tock, ya sabía que estarías aquí.

—Vente para acá, —dije—, vamos a sentarnos un rato.

Tico me dio la espalda y con la voz fuerte llamó hacia sus amigos agrupados, para que ellos y todo el resto del patio pudieran oír, —Oigan, muchachos, éste aquí es mi primo del que les contaba—. Ya se veía más seguro de sí mismo habiendo hecho esa identifica-ción, y sus amigos agrupados se sintieron envidiosos de él porque él ya había podido establecer su residencia.

Me senté sobre mi saco, una bolsa de tela para cargar cualquier chuchería que querías tener contigo, y Tico se ñangotó al lado mío. No dije nada. Saqué una bolsita de tabaco suelto (Bull Durham), lié un cigarrillo, y se lo di. Él lo tomó y a la vez sacó un paquete de ciga-rrillos comerciales y me ofreció uno. Lo acepté, y los encendimos, inhalamos, exhalamos, y fue entonces que él empezó a salir con todo lo que estaba sintiendo. —Piri, espero que no tengas coraje conmigo por haber dicho que tú eras mi primo, —dijo, y bajó la mirada a la in-fértil acera de concreto.

Lo miré y pensé, *Hermanito, ¿no sabes que yo comprendo todo lo que sientes? ¿No puedes ver que yo era igualito que tú hace un millón de años? ¿Con un frente valiente, y como defensa, una cara de palo? Mierda, hermanito, si estuviéramos en cualquier otra parte, te tomaría en mis brazos y te abrazaría y te contaría el ABC de la vida encarcelada.* Interrumpí mis propios pensamientos y dije, —Tico, somos más que primos, somos hermanos. Ahora, pórtate correctamente, no hagas amistades muy rápido, y camina suave. No vaciles demasiado ni pegues vellones, y, beiby, nunca jamás aceptes dulces o cigarrillos de un preso que no conozcas. Puedes acabar pagándolos con el culo.

Siguió con la mirada en la acera de cemento y la cara se le puso roja y las esquinas de su boca se le pusieron más blancas de la cuenta. —Piri, ya me lo están pidiendo, —dijo.

Pensé, *Dios mío, ya le dieron la recepción de los gorilas encarcelados.* —Sí, —indiqué que siguiera—, Y ¿cómo es esto?

—Pues, me puse amistoso con un tipo que se llama Rubén.

Rubén era un degenerado con músculos sobredesarrollados, cuyo único motivo de vivir era cogerle los culos a los muchachos jóvenes. —Sí, y ¿qué más...?

—Pues, este tipo ha cumplido en traerme cigarrillos y comida y dulces y, pues, es un spic como yo y me habló de afuera, de la calle y de los tipos que ambos conocemos afuera, y me ayudó con unos favores, tú sabes, un amigo de verdad.

—OK, —dije—, y ¿entonces qué...?

—Entonces esto, —dijo Tico, sacando de su bolsillo un papel doblado y pasándomelo. Ya yo sabía lo que era, pero lo abrí y lo leí de todos modos.

Querido Tico,

Desde el primer momento en que te vi, supe que eras para mí. Me enamoré de tus tiernos labios rojos y tu pelo que les hace juego. Me gustaría poder seguir haciendo cosas para ti, cuidarte, y no permitir que nadie jodiera contigo. Prometo no decírselo a nadie que tú eres mi vieja y tú no tienes que preocuparte por nada, porque yo no te voy a causar ningún dolor. Yo

sé que tú debes pensar que va a ser algo malo, pero no lo es. Podría encontrarme contigo en el fondo del pasillo, nadie sabrá
lo que está sucediendo. He estado haciendo mucho por ti y
jamás me he sentido así por una muchacha. Si me dejas cogér-
telo, te lo hago suavecito. Usaré brillantina y te entra suave.
¡Que no se te ocurra decepcionarme, porque estoy loco por ti y
no me gustaría tener que dejarte todo jodido!

       Amor y besos XXX
       Ya Sabes Quién
       R.

P.D. Rompe esto en pedazos y bájalo por el inodoro.

Dios mío, pensé, *¿qué le puedo decir?* Tico tenía que mostrarse ser
hombre o estaría jodido. Rubén usaría esa primera vez como chanta-
je para poder seguir cogiéndolo, amenazándolo con decirle a todo el
mundo que se lo había metido. Y si alguien se fuera a enterar, cada
lobo en la chirola se lo iría a querer meter. Los guardias se enterarían
y transferirían a Tico al piso A-1 donde guardaban a todos los maricones, y él se convertiría en lo mismo.

—¿Qué le debes, Tico? —pregunté.

—Como tres cartones de cigarrillos, catorce dulces, unas latas de
comida y un par de camisetas.

—Pendejo, —dije—, ¿no podías ver lo que estaba pasando? Ese
culo cagado te estaba cortejando, enamorándote, como lo has hecho
tú con las tipas cuando estabas afuera. Tú le caíste bien porque
según él, eres igual como sería una virgen para alguien afuera, la primera cogida.

—¿Qué voy a hacer, Piri?

—Mira, yo te consigo lo que él te regaló y...

—No, eso no va a funcionar. Ya le dije que le devolvería toda su
vaina, pero no aceptó; ese chingón de madre me lo quiere meter y
me dijo que si yo no se lo daba, que él y sus muchachos me atacarí-
an. ¿Qué puedo hacer?

—Mira, Tico, —dije, con la mirada fija en la acera—, sólo hay
dos cosas que puedes hacer. Una, puedes dárselo y convertirte en

una hembra. —Sentí que se puso tieso y supe que me estaba mirando, o quizás tratando de verme por dentro—. O te lo puedes quitar de encima. ¿Trabaja el tipo en tu taller?

—Sí, ahí es donde trabaja.

—Mira, la primera vez que él te diga algo o te mira mal, coge un pedazo de tubo o un palo pesado 2 x 4. Sin decirle nada, agarra ese instrumento y camina adonde él y rómpele la cara y sigue rompiéndosela hasta que se caiga y se ponga inconsciente. Entonces gritas duro y claro para que todos los otros presos te oigan, —**Chingón de madre, yo soy un hombre. Entré aquí un hombre chingón de madre y voy a salir un hombre chingón de madre. La próxima vez, te mato.**

—¿Y...? —dijo Tico en voz baja.

—Y nada, panín. Estarás libre, un hombre aceptado, formarás parte de esta escena de la chirola. Todo el peso se te habrá quitado de las espaldas. Todos estarán diciendo que nadie se debe meter contigo porque tú tienes corazón y no tienes miedo de bregar. —*Ba-ra-ta-ta-ta*, sonó la trompeta, y dije—, Vámonos, primo, —y nuestros ojos se encontraron por primera vez desde que nos sentamos en la acera de concreto y él dijo, —*Gracias* —con los suyos y yo respondí, —*De nada*, —con los míos. Al alejarse, no se veía tan nervioso, espasmódico. Calculé que aun sin tener la oportunidad de hacerle daño a Rubén, aun si Rubén le quitara el palo y lo jodiera, todo el mundo sabría que tenía suficiente corazón para enfrentarse con Rubén, el rey de los músculos. Pensé que sería mejor que lo golpearan por fuera donde se le podía ver y cuidar, que por dentro, donde le duraría toda su vida.

Dos días después me enteré de que Tico estaba encerrado en aislamiento. Las noticias viajaron rápido: Rubén se le había acercado a Tico con una sonrisa en la cara como quien dice, *Me lo vas a dar, muchacho*. Tico no había dicho ni una palabra, pero antes de que Rubén supiera lo que estaba pasando, Tico lo había golpeado con un fierro. Si hubiera cogido a Rubén cuadrado en la cabeza, sus sesos estarían por todas partes. Lo que sucedió fue que Tico lo había cogido con un golpe indirecto al hombro y el guardia se había metido antes de que Tico pudiera tirar otro golpe. Tico le había gritado con odio a Rubén y a cualquier otro a quien se le pudiera ocurrir tratar de meterse con él. Ahora Tico sería aceptado, pero lo iba a pagar con una semana de comer sólo pan y agua y una comida al día.

Al próximo día pasé por la cuadra de las celdas de aislamiento y le dije a Tico en voz baja, —¿Cómo estás, muchacho?

—Chévere, —dijo—, pero tengo hambre.

—Precio barato por quedarte con el culo, muchacho, —respondí. Miré rápido alrededor de mí y dejé caer al piso un paquete de cigarrillos comerciales. No podía alcanzar la celda, puesto que una tela metálica nos mantuvo a todos a cinco pies de distancia. Pero había un espacio debajo de la tela metálica, y le di una patada rápida y dura al paquete de cigarrillos y cayó justo dentro de su celda. Entonces seguí caminando.

29

Ya no quedan mañanas para nosotros, Trina

—Número 18193, —llamó el altoparlante—, repórtese al escritorio de la administración central.

Con un salto desperté del estado medio dormido en que me encontraba, sentado en el sol caliente con las espaldas contra la pared de la prisión. Repitieron la orden. El número 18193 era yo, y la llamada sólo podría significar una de dos cosas. O me habían metido en algún tipo de lío, o tenía una visita. Me fui rápido a buscar la administración.

—¿Qué quieres? —preguntó el oficial administrativo.

—Soy el número 18193. Oí llamar mi número por el altoparlante.

—Este, deja ver. —El guardia cogió una hoja de papel y la miró y luego me miró a mí. Me pregunté, *Carajo, ¿en qué tipo de problemas me tendrán metido? Quizás me reportaron por estar cocinando en los alambres de la cama. Pero estaba seguro de haber usado la revista Sa-turday Evening Post de combustible, y ese tipo de papel no echa mucho humo.* —Es una visita, —dijo por fin el guardia.

Dios mío, pensé. Había estado en Comstock ya tres años y las visitas habían sido pocas: mi hermana dos veces y mis dos tías un par de veces. Era un viaje largo, lo sabía, y un viaje caro, y quizás un viaje difícil, también. Caminé al portón de barrotes verdes que conducía al salón de visitas de la prisión y le dije al guardia que abrió el portón, —Tengo una visita.

—¿Cuál es tu número?

Se lo dije.

—OK, camina hacia el fondo del pasillo.

Caminé por el pasillo largo, donde me registraron, y entré al salón de visitas. Ahí estaba la familia entera, Jaime y José, Miriam y su esposo, mis dos tías y hasta Papi, quien estaba sentado ahí más nervioso que el carajo, como si los barrotes también lo fueran a encarcelar a él. Me puse una sonrisa muy grande y caminé como si sucediera esto todos los días.

—Piri, Piri, —llamaron Jaime y José. Traté de caminar suave y sin prisa, pero tuve que llegar lo más pronto posible y darles abrazos a todos tan fuerte como pude.

—Mi hijo, ¿cómo estás? —preguntaron mis tías.

—Oye, Piri, —dijo José—, ¿Cómo me veo vestido de uniforme?

—Vaya, —dije—, paracaidista, ¿eh?

Y una sonrisa grande de Miriam y una lagrimita que se le quedó sin salir.

Miré a Papi y él me miró a mí: dos viejos, padre e hijo. Quería abrazarlo y hacer como si todos los días del pasado no hubieran sido como fueron, pero de alguna forma, los dos supimos que se necesitaría algo más grande para poder borrar todas las broncas que habían ocurrido entre nosotros. —Hola, Papi, —me sonreí—, ¿cómo estás?

—Bien, Piri, te ves bien.

—Sí, estoy estudiando albañilería y tomando unos cursos para conseguir mi diploma de escuela superior, para que cuando salga pueda empezar a caminar bien. —Miré a este hombre a quien llamo Papi. *Papi, ¿por qué no me puedes comprender? Estoy tratando de decirte que quiero que las cosas sean como antes. No, no como antes; lo que quiero decir es, como no lo fuimos antes. Quiero tener una relación estrecha contigo, como lo tienen otros hijos con sus padres. Quiero ser amigos de verdad. Caramba, Papi, ¿no lo puedes ver?*

Papi se quedó ahí parado, el perfecto extranjero, como siempre lo fue conmigo, y dijo, —¡Qué bueno, Piri! —Entonces miró indecisa-

mente por todo su alrededor y dijo, hablándole a nadie en particular—, Cristo, no me gustó que me hubieran tomado las huellas digitales al entrar aquí. ¿Tuvieron que hacerlo?

—No es nada, Papi, —dijo mi hermana—. Lo hacen cada vez
que alguien viene a visitar por primera vez.

—Sí, —dije—, por primera vez, —y miré a Papi y mis ojos le dijeron que yo ya sabía que él no vendría a visitarme otra vez. *Es como si
jamás hubieras venido, Papi.*

Todos nos sentamos a hablar, pero después de un rato noté algo
extraño. Un velo triste había caído sobre la conversación. —¿Qué
pasa? —le pregunté a Jaime.

—Este, pues, —dijo Jaime—. Ay, díselo tú, Miriam.

—Este, pues, —dijo Miriam—, se trata de... díselo tú, Jaime.
Fuiste tú que lo supiste primero.

—Coño, dime alguien lo que pasa.

—Trina se casó.

Ya lo sabía. Ya lo sabía. Tenía que suceder. Agarré la orilla de la
mesa dura. Mis días y mis noches los había pasado medio esperándo-
lo, temiendo que sucediera, pero a la vez casi deseando que sucediera para poder ponerle fin a mi incertidumbre. Le había escrito desde
las Tumbas para decirle que no me esperara, que se buscara una vida
nueva. Ella había respondido que yo era la única realidad en su vida
y que todo lo demás era ilusión. El superintendente de aquí no me
había permitido escribirle debido a la existencia de Dulcién y el
niño que le di, pero yo había esperado que Trina comprendiese.
Ahora todo eso se había acabado.

—Piri, Piri, ¿estás bien? —me preguntó Jaime.

Me sentí un poco agitado por dentro. —Sí, seguro que sí, estoy
bien, —dije—. Hombre, no hay problema, ya lo esperaba. Caramba,
bastante tiempo esperó por mí. No es justo pedir que una tipa espere
tanto tiempo, y a mí me dieron una sentencia de quince años. Si ustedes la ven, denle mis parabienes y díganle que espero que sea feliz.
Díganle que estoy contento por ella. —Ay, *Trina,* pensé, *¿por qué no
me esperaste? ¿Por qué carajo te tuvo que importar el hecho de que no*

te escribiera? Cristo, nena, ¿por qué no tomaste en consideración todas esas noches que pasé, haciendo el amor con la ilusión de ti? Los sueños que tuve de ti fueron tan reales que hasta te podía oler. He construido imágenes del manaña, juntos los dos, y de cómo sería nuestra vida juntos. Y así las cosas se me habían puesto un poco más soportables. Pero ahora lo único que tengo son pesadillas esperándome en esa celda, sueños con ojos exagerados de que no hay un mañana contigo, y sueños que me enferman porque son de ti en los brazos de otro tipo. Carajo, Trina, no te toqué porque quería que cuando nos casáramos, todo fuera maravilloso... y lo que hice fue conservarte para otro. Maldito sea, maldito sea.

—¿Vas a presentarte ante el Comité de Parole? —preguntó Miriam.

—Oh, sí, me toca muy pronto, dentro de unos meses.

—Caramba, Piri, —dijo José—, espero que te aprueben.

—No te preocupes, muchacho, pienso que me van a aprobar.

—Se acabó la visita, —anunció un guardia.

—Cristo, —dijo Jaime—, apenas acaba de comenzar.

—No te preocupes, coño, tenemos muchos mañanas. —*Pero ya no quedan mañanas para nosotros, Trina.*

—Cuídate.

—Sí, y todos ustedes también.

Nos abrazamos y todos se fueron. Les miré las espaldas y me sentí mal, pues parecía que se habían llevado a Trina con ellos. Pensé que si ellos no hubieran venido, ella todavía estaría conmigo. Salí del salón de visitas y me desvestí para que me registraran y me volví a vestir y emprendí la caminata larga para regresar a mi celda, colocando un pie delante del otro. Entonces suavemente abrí la puerta de barrotes verdes y suavemente la cerré detrás de mí y oí el traqueteo al trancar la cerradura detrás de mí; y como por primera vez, miré mi pared, pintada de amarillo en la parte inferior y de color crema en la parte superior, y también la cama pequeña y el lavamanos y el inodoro, éste mi mundo fantástico con dimensiones de seis pies por ocho pies por nueve pies. Me acosté suavemente y me estiré como para hacerme más largo, y con las manos detrás de la cabeza, me puse a pensar, *Trina se casó.* En ese momento, desde la próxima celda, Turco el Joven comentó, —Vaya, hombre, ¿tuviste una visita?

—Pues sí, de mi familia.

—¿Está todo bien?

—Sí, todo está bien.

—¿Te van a venir a visitar otra vez?

Me hubiera gustado que el tipo se callara la boca. No quería enojarme con él, ni quería odiarlo, pues era mi muchacho. Pero, Dios mío, algo tendría yo que tomar para matar estas ganas de volverme loco, entonces le pregunté, —Beiby, ¿tienes algo, cualquier cosa, para matar este dolor, antes de que trate de meterme por este pequeño espacio que queda entre los barrotes verdes? Hombre, aquí no hay suficiente espacio ni para que entre el aire para poder respirar.

—Vaya, cógelo suave, hombre, —dijo—. No te alteres. Te cayó encima una mala noticia, ¿verdad?

Respondí, —Sí, beiby, un poco. Se acaba de morir la parte más importante de mi vida. ¿Qué tienes para matar el dolor, beiby?

—Beiby, —dijo—, lo único que tengo son unos fenobarbital, un poco de marihuana silvestre, unos splits y un poco de nuez moscada.

—Dámelo todo, —le dije, y me volví a sentar en la orilla de la cama. Unos minutos más tarde oí el casi imperceptible sonido de las uñas de Turco el Joven que raspaban el acero y saqué la mano fuera de los barrotes y la volví a meter otra vez, agarrando un par de metros de papel higiénico. Adentro estaban los analgésicos.

Abrí mi termo y me puse la nuez moscada en la lengua y me tragué un buche de agua caliente; me tomé el split con otro trago de agua caliente; y entonces encendí el pito de marihuana silvestre y me lo fumé. *Jssssssst.* Cuando me levanté, no sentía nada, y traté de hacerme sentir algo. Quería embalarme, volarme, lavarme de todo el dolor. *¿Cómo carajo se atreve acostarse ella en los brazos de otro hombre? ¡Ay, Cristo! Pienso que lo más dulce que me pudiera suceder ahora mismo sería morir.* Vaya... Y dejé de hablar y todo dejó de importarme y dejé de pensar...y entonces fue que empecé a recordar...

Tú sabes, me estoy recordando de aquella noche en que me quedé a

dormir en casa de tu tía y dormí en el sofá que se convertía en una
cama doble, y yo entré a tu cuarto y tú estabas despierta, y me senté a
tu lado y me preguntaste, —¿Es así que me quieres? —y te colocaste
así, haciendo un molde de tu cuerpo con el mío al lado tuyo...

Sintiéndose como papel de lija, mis tímpanos detectaron un eco
reverberante. Un coro de —Cógelo suave, *man*— se oía saliendo de
las celdas alrededor de mí y desde lejos sentí un murmullo vestido de
azul conversando con los barrotes verdes, —Está bien, a lo mejor
está hablando dormido.

No es tu culpa, nena, no es tu culpa. Siempre voy a recordarme de
esa carta, nena, esa carta única y esa frase única. ¿Qué fue lo que di-
jiste?

—Cógelo suave, hombre, ¿qué quieres hacer, hombre, que toda
esta gente te caiga encima?

—Vaya, OK, hombre; OK, beiby, OK, Turco el Joven... Estoy
bien... —Y por fin sentí caerme encima el bendito don del sueño, la-
vándome de todo mi dolor...

En el enorme comedor la próxima mañana, me senté a desayunar
en una de las mesas grandes, y me quedé muy quieto entre medio de
todos los murmullos de mil o más hombres que comenzaban otro día
sin tiempo. Antes de tragarme la avena empelotada y de tomarme el
café ácido, mi último pensamiento fue, *¡Maldito sea! Dios mío, Trina,*
¿por qué te tuviste que casar? Y en ese momento, todo lo que tenía
que ver con ella se me fue de la mente, reemplazado por la realidad
de que me encontraba al comienzo de otro día más, uno que había
empezado desde hace tiempo y faltaba mucho más por terminar.

30

Estoy sudando, hombre, sudando

Al cabo de casi cuatro años de prisión, por fin tenía derecho a ser considerado para la libertad condicional. Éste fue el período de encarcelamiento más inquieto para mí. Al acercarse el día grande de presentarme ante el Comité de Parole, hice todo lo posible por no pensar en el hecho. Jugué a barajas, balonmano, softbol; leí y trabajé —pero sin resultado alguno. El pensamiento *Espero que me den la libertad condicional*, se me quedó pegado como un disco rayado, y los sueños y las esperanzas que hasta ahora los había tratado de mantener suprimidos, brotaron a la realidad de mi conciencia. Acostado en la cama la noche antes de mi cita, me puse a pensar en cómo serían las cosas si me fuesen a aprobar. Dibujé elaborados cuadros mentales de toda la escena, desde el instante en que me dejaran libre hasta el momento de mi regreso a Harlem. También pensé que quizás no me aprobarían, pero no le puse muchos detalles. Nadie que conozca lo que es el infierno quiere meterse en muchos detalles al respecto.

Al filtrarse la luz gris del amanecer adentro de mi celda, me recliné duro contra los barrotes y, a través de mi pequeñísima ventana, miré salir el sol. *Éste era mi día. Jesús, éste es el día*, pensé. *¡Ay, Dios mío! ¡Que éste sea mi día. Voltéate, beiby, y mírate en tu espejo redon-*

do. Me contemplé en el vidrio y vi una cara morena, pequeña, con los ojos cansados de una sobredosis de querer ser libre; entonces viré el espejo al otro lado y me miré la cara magnificada, hinchada por tanto tiempo de estar encarcelado y cicatrizada por espinillas viejas y líneas largas. Los labios se me veían secos y la lengua tenía un capa amarilla de nicotina causada por estar fumando cigarrillos uno tras otro toda la noche. Inhalé sólo la mitad y exhalé el doble y volví a colocar el espejo en su lugar. Miré por mi hogar de seis por ocho por nueve pies, y empecé a pulirme para mi audiencia con el Comité de Parole.

Me desayuné con calma, como todos los demás presos, tratando de no mostrar que hoy era un día especial. Pero todos lo sabían, y oí expresiones dichas de paso de —Buena suerte, espero que te aprueben, campeón, Buena suerte, panín, Que te vaya bien con el Comité, socio. —Entonces de repente me encontré en el principal bloque de celdas, sentado en una silla de espaldar recto. Habían cinco filas, con diez presos en cada fila, y cuando un preso entraba a la oficina del Comité de Parole, todos los demás se movían a ocupar la silla del frente y la tensión se aligeraba al oírse los sonidos de los fondillos gruesos de los pantalones grises, que raspaban y aplastaban las sillas de madera.

El número escrito en mi pedacito de papel blanco era el 42. Eso quiso decir que cuarenta y un tipos entrarían antes de mí. Significaba también cuarenta y un millón de años de sudor, de ponerme cara de palo cuando la tristeza la quería vencer. Conté las caras grises, las miradas vacías y las sonrisas ocasionales de los tipos que salían de la oficina. Esperé que la noche anterior los Reyes Magos del Comité hubieran dormido bien, que no estuvieran peleados con su familia, y finalmente, que se estuvieran sintiendo bien.

Por fin llamaron mi número. Con prisa caminé despacio por el pasillo largo y pasé por una puerta de barrotes verdes abierta, hasta llegar a un espacio en el pasillo donde cuatro tipos, primeros que yo, estaban sentados en unas sillas. Un guardia me registró. *Jesús*, pensé, *ni tengo las uñas largas, ¿cómo voy a tener un cuchillo? Caramba, es amistad lo que quiero hacer con este Comité de Parole.*

Tomé mi asiento al lado de los otros tipos. Los únicos sonidos que se podían oír en ese pequeño espacio eran los latidos de los corazones tal vez falsamente esperanzados, y el cerrar y abrir de pestañas. Observé a los tipos delante de mí, mientras que uno tras uno, entraron y salieron de la oficina del Comité. El primer tipo salió sonriéndose amargamente; y en voz baja dijo, —Creo que me pegaron con un año más. ¡Que se joda! —Los demás nos sonreímos juntos, pensando que ahora la ley de promedios nos favorecería a nosotros un poco más. Otro tipo salió llorando, y juré que aunque me dieran los quince años enteros, el máximo, no mostraría ninguna emoción. *Así como entré, así mismo saldré.*

—Número 42.

—Aquí, —grité en voz baja. Me levanté y pensé, *Espero que mis malditas rodillas no se me doblen ahora,* y de repente me sentí calmado, suave, tenso, pero tranquilo. Entré al salón. El superintendente estaba ahí. *Con su macana y todo, probablemente,* pensé. *Bueno, caballeros, conmigo no tendrán ningún problema. No me van a tener que dar una paliza. Sólo tienen que mirarme la cara y podrán ver la palabra "rehabilitado" escrita en mi frente.*

—Siéntate, Tomás.

Me senté, pero no le pedí mucho espacio a la silla: solamente la orilla. No sabía lo que debía hacer con las manos, si las debía poner detrás de mí, por delante, cerca de la cara o debajo del fondillo. Por fin, crucé los dedos y empecé a buscar señales de amistad en las caras de los hombres, todos vestidos de traje de negociante, y cuyas manos estaban ocupadas moviendo papeles blancos con letras negras de un lado a otro —mi expediente. Me pregunté si los papeles también contenían algo del bien que yo había hecho. El ruido de los papeles se puso inaudible y me transporté a un tiempo muchos años atrás.

...Vaya, Mami, conseguí un trabajo, uno de verdad, Mami, después de la escuela, en una farmacia, y voy a ganar $2.50 por semana y aquí tienes un dinero y te puedo dar mucho dinero todas las semanas para ayudar y quizás entre tú, Papi y yo, no habrá límite a lo que podamos hacer, ¿verdad, Ma?

Una voz quebró el velo de mis pensamientos. —Bueno, Tomás, —dijo—, tú no estás pensando que esta vez te vas para casa, ¿verdad?

Jesús, pensé, por mucho tiempo trabajé en la farmacia y ayudé a Mami y a Papi y tan sólo dejé el trabajo porque Mami declaró que yo era demasiado flaco para seguir trabajando tanto y además, mis notas de la escuela estaban sufriendo, pero ésa fue una de las cosas buenas que hice...

—...Y consideraremos tu caso la próxima vez que te veamos. Tu caso es muy serio.

¡Ay, Dios mío, no me van a dejar salir! Así mismo no más, después de casi cuatro años aquí adentro, en cuatro segundos me dicen, —*Quizás la próxima vez*—. Sentí un golpecito en el hombro proveniente del dedo del mayordomo, y sorprendiéndome a mí mismo, me levanté y en una voz clara dije, —Muchas gracias, señores. —No había amargura en mi voz, mi agradecimiento lo pronuncié con una cortesía casual, como si yo estuviera lleno de tecata o algo parecido, embala'o y adormecido.

Esa noche, después de que nos hubieran encerrado y que hicieran sus rondas los muchachos que dispensaban agua caliente y sandwiches, y cuando se empezaba a oír salir por los barrotes la mezcla de conversación y la música de guitarras, saxofones, trompetas y bongós, me puse a tocar mi guitarra, tratando de no pensar por qué sería que no venía el guardia que estaba supuesto a traerme la hoja de papel del Comité de Parole que me diría cuántos años más me habían dado. Por fin pasó el guardia, y nítidamente puso la hoja de papel, doblada cuidadosamente y engrapada, y murmuró algo que parecía —Buena suerte—. Me sonreí y seguí tocando la guitarra, dejando ahí la hoja blanca de la indecisión. Cuando el guardia se fue, puse la guitarra hacia un lado y cogí el mensaje. Lentamente le quité la grapa y con cuidado abrí el papel. Tenía escrito nítidamente en letras de maquinilla,

SUJETO PARA RECONSIDERACIÓN
SEPTIEMBRE, 1956

¡Dios mío! pensé. *Voy a estar aquí dos jodidos años más. No lo puedo hacer; maldito sea, no lo voy a hacer. ¡Ay, mierda!*

—¿Qué pasa? —murmuró Turco el Joven desde la próxima celda.

—Nada, hombre, excepto un dos: dos años. Los hago de cabeza. —Quería romper a gritos, pero en su lugar pensé, *Pues, mira, hombre, ya te dieron dos años más. Ahora la próxima vez que te presentes ante el Comité, estarás seguro de ser aprobado. Después de todo, la ley de prome...* —Coño, mierda, mierda, mierda, —dije—. Apuesto que si hubiera habido un molleto o un Spic en ese Comité, me habrían aprobado. En esos Comités, ¿sólo trabajan los blancos?

Por la mañana, la trompeta señaló el comienzo de mi nuevo intervalo de dos años. Me sacudí para quitarme de encima el sueño en el que me había escondido, y encontré que me sentía extrañamente calmado y suave. Completé el rito de lavarme, vestirme, y hacer la cama y barrer el piso y esperar en la salida con sus barrotes fríos para que el guardia me abriera el portón del nuevo día con su llave grande de latón. Parado en la terraza de las celdas, me hice cara de valiente y respondí a los que preguntaban, —¿Cómo saliste?— con palabras casuales, —Un dos suave, pero es mejor que un tres.

Pero al desayuno de repente la realidad me agarró, como un sentimiento loco, como el jazz, desatado con su ritmo loco y áspero y sus instrumentos de latón; empezó a soplárseme por el pecho desde la barriga y explotó en la garganta y me dejó pequeñas lágrimas de rabia en los rabillos de los ojos. Por fuera, me puse cara de palo, duro y silencioso, pero por dentro estaba como una granada de mano, esperando que alguien jalara la clavija.

Subí por el pasillo encaminado a mi taller. —¿Cómo están las cosas? —oí que preguntó alguien detrás de mí. La cabeza se me volteó rápidamente y con la lengua empecé a formar palabras de odio, pero le puse un freno a mi coraje al darme cuenta que era el capellán de la prisión. Varias veces a través de los años habíamos tenido conversaciones profundas. Él era el único ministro con quien yo había hablado, cuyas palabras de Dios no se me quedaban clavadas en la garganta. Alto y delgado, tenía canas y estaba un poco jorobado, como si los años se le hubieran adelantado un poco. Cuando lo conocí, me impresionó su gentileza, luego su sabiduría y después su habilidad de comunicarse con uno sin ahogarlo. Pero más que nada, me molestaba su cara, porque era capaz de penetrar mi odio, ese odio y esa sospecha que lo maldice a todo. Era como ver la faz de Dios —y para mí, Dios era demasiado bueno para poder existir entre los hombres, especialmente entre tipos como yo.

Ahora este hombre quieto, humilde, me paró en el corredor. Mi cara impasible le pintó el cuadro general. Me indicó con la cabeza que me le acercara y me puso una mano en el hombro. No la quité, pero mi piel rechazó el contacto. Hubiera hecho lo mismo aun si él fuese el mismo Dios Todopoderoso. Nos paramos ahí, un hombre del evangelio y un hombre de la prisión, y nos miramos sobre el abismo de nuestros propios sentimientos, y entonces él me preguntó, —¿Cuánto más te dieron?

—Dos años, —respiré.

—Tienes coraje, ¿verdad?

—Como una bomba vacilón-de-madre, —contesté.

—Mientras menos digas, mejor, —respondió—. Si tienes corazón, ahora es cuando se te va a ver.

Me sonreí. Me alcanzó tocar el lado blandito, mi sentido de honor. Lo miré suavemente, —Tienes razón, Capellán, —dije—. Lo cogeré suave.

—Vas a sobrevivir, joven, ya sé que vas a superarlo todo, —dijo—, aquí adentro y afuera también.

¡*Dios mío!* pensé, *¿cómo voy a poder...?* —Gracias, Capellán, —dije, y seguí caminando hacia el taller con la determinación de superar la situación, quizás hasta sin el odio.

—Vaya, hombre, —me dijo uno de los presos—, ¿te has enterado? Van a construir una escuela nueva para los presos, y la van a poner donde ahora queda el salón de recreo, y van a usar como trabajadores a los estudiantes presos pintores o los que están aprendiendo albañilería y los demás oficios...

Estudiando albañilería, pensé. *Ése soy yo. Hablaré con el mayor-*

domo civil y me anotaré. Me dará algo nuevo que hacer y además, qui-
zás me pintará en una mejor luz para cuando me presente nuevamen-
te ante el Comité de Parole.

La decisión de cogerlo suave ocasionó que los próximos dos años
fueran los más difíciles que habría de completar, porque tenía que
cogerlo suave y evitar problemas, cosas que en la prisión son difíciles
de hacer, pues cualquiera de mil presos podría empezar una bronca
contigo por cualquier razón, real o imaginada, y si no te enfrentabas
al problema, corrías el riesgo de que te marcaran como que no tenías
corazón. Y corazón era lo único que me quedaba.

Sucedió que por un año y medio me pude mantener sin líos. Entonces, a principios de la primavera, llegué a mi primera encrucija-
da. El día estaba brillante y soleado, el tipo de día que le mete a un
preso ganas de estar afuera. Estaba involucrado en el serio negocio
diario de matar el tiempo, jugando al balonmano en el patio. Este
tiempo solía ser uno de baja tensión, pero ese día el patio parecía
estar todo cruzado con alambres de alta tensión, por los cuales vibra-
ba una corriente de murmullos. Había un aire de motín. Jugué al balonmano como jamás lo había jugado antes. Todos hicieron lo que
estaban haciendo como si jamás lo hubieran hecho antes. Y a la
misma vez, todos nos preguntamos cuál sería nuestro papel una vez
que estallara el infierno de la situación.

Tocó la trompeta, indicando que era tiempo para que nos pusiéra-
mos en fila y marcháramos de regreso a nuestros bloques de celdas.
Pero al empezar a formarse las filas, la conversación sonora de los
presos no se oía tan intensa como siempre; ojos miraron ojos y las
caras reflejaban reflexión, y los presos se prolongaron en tomar sus
posiciones asignadas. Rápido, los guardias se dieron cuenta de lo que
estaba pasando.

—Dense prisa, hombres, pónganse en fila, —gritaron—, Vámonos, pónganse en fila. —Por todas partes del patio estaba sucediendo
lo mismo. No todos los presos iban a ser parte del motín, en el sentido físico, pero espiritualmente, todos lo iban a ser. En la esquina
oeste del patio, los presos empezaron a salirse de sus filas y a juntarse,
sin decirle una palabra a sus respectivos guardias. Más presos se salie-

ron de sus filas y caminaron hacia el lado oeste del patio. Los guardias se miraron; unos se fueron corriendo a buscar un teléfono. No hubo esfuerzo de restringir a los presos para que no se salieran de sus filas, y ellos, casi como si todos fueran uno, pudieron creerse ser más libres, propiamente hombres, hombres que no le pertenecían a nadie.

Me quedé ahí parado, observando y midiendo la situación, tratando de decidir si me consideraba ser primero un preso y después una persona libre. El tiempo lo había estado cumpliendo encerrado adentro, pero cada minuto viviente posible, lo vivía afuera; ahora tenía que escoger una vida o la otra. Me quedé parado en el medio del patio. Pasaron por mi lado algunos presos que caminaban al oeste a juntarse al motín, y otros que caminaban al este hacia territorio neutral. Sentí el llamado de mi reputación, que me quiso rajar las entrañas, mientras que el sentimiento de ser un cobarde me encubrió como una bandera amarilla. Tenía que tomar una decisión. *Soy un preso, y estos malditos presos son mi gente... ¿Qué estás diciendo, tu gente? Tu gente no está encerrada en celdas, está en sus casas, en la calle. ¡NO! Mentiras... Mira cómo caminan hacia la pared del oeste. ¿Por qué carajo estoy tomando tanto tiempo para decidirme? Hombre, ahí va Papo, y ZuZu y Micky el Boxeador; y hasta Rubén está con ellos.*

La quietud morosa se había convertido en un rugido fuerte, al empezar la pared del oeste a respirar, alimentándose de la fuerza de vida de cientos de presos, jóvenes y viejos. La masa de hombres se estaba convirtiendo en un monstruo unificado. Los guardias de chaqueta azul se pasaron corriendo de un lado a otro, dirigidos por unos oficiales de camisa blanca, tomando posiciones para armar una defensiva o un empuje ofensivo. Ya no le hablaban a los presos. Todavía estaba yo parado en el medio del patio.

Por el altoparlante, un guardia anunció, —Cualquiera de ustedes hombres que quieran ponerse en sus filas, callados, lo podrán hacer, y se les escoltará a sus celdas. —Los presos no participantes hicieron una fila de dos en dos y caminaron hacia los bloques de celdas.

Algunos de mis muchachos se me acercaron, —Piri, —me dijo uno de ellos—, si te metes, nosotros nos metemos.

Carajo, pensé, y con la cara lo expresé, *no me hagas a mí escoger por ti. Yo ni puedo escoger por mí mismo.* Consideré mi situación. Había estado encarcelado por cinco años y medio. Dentro de menos de seis meses me presentaría ante el Comité de Parole otra vez. Les debía nueve años más, y si me fuera a meter en el motín, seguro que me harían completarlos. Eso quería decir que tendría más de treinta y cinco años de edad cuando saliera de aquí. Caramba.

Los sonidos de la pared occidental se pusieron más rabiosos a la medida que los presos despedazaron las casetas de madera de los guardias, tomando los palos para usarlos de garrotes. Y de repente la respuesta me vino por dentro. "Nunca seas cobarde" había sido mi código de vida; el miedo ocupaba segundo lugar, la reputación venía primero. Carajo, siempre que había sucedido algo, yo estuve ahí metido; y si nos tuvo que doler, yo soporté mi parte del dolor. Entonces, ¿qué me impedía participar? ¿Era miedo lo que tenía? ¡No, carajo! ¿Quería ver de nuevo al Comité de Parole y poder irme para casa? Sí, carajo. Pero ¿el querer esto me hace un cobarde? No lo sabía.

—¿Qué dices, Piri?

Lo único que tenía que hacer para librarme de nueve años más era ponerme en una fila. Me quedé parado en el medio del patio.

—Piri, ¿qué me dices?

Déjense de estarme jalando.

—Escoge algo, Piri, escoge algo.

Ay, maldito sea, tengo que hacerlo, pensé, y empecé a caminar hacia la pared occidental.

—Espérate ahí un momento, —dijo un guardia. Estaban ellos ahora por todas partes. Los miré, los muchachos los miraron, y nosotros nos miramos los unos a los otros. Nuestra decisión la estaba haciendo otro, y así mantrendríamos nuestra dignidad. Permití que me acomodaran en la fila; mis ojos y mi corazón estaban con ellos en la pared occidental pero mi mente estaba libre, en la ancha y vibrante calle libre.

El coraje de los gritos de los presos creció en fuerza y volumen.

—¡Queremos comida mejor! —gritaron, lo suficiente fuerte para esconder su temor de lo que ya sabían era una lucha fútil. Era la típica queja de un preso. Yo no lo podía comprender. La comida no era como la del Hilton, pero entonces, yo jamás había comido en el Hilton. No, yo lo sabía, y todos los demás presos que tenían una cabeza lo sabían, que la comida no era el objeto del motín. Ellos, nosotros, todos nosotros, de una forma u otra, nos estábamos rebelando contra el tiempo, contra el sentimiento de estar encerrado que te deja como si fueras parte del edificio más que de la vida. La comida era sólo el fusible. Y cada preso ya sabía cuál sería el resultado del motín, pero los doscientos y algo motineros rechazaron ese pensamiento. —¡Queremos ver al gobernador! —cantaron. Vi a algunos de los presos viejos entre los motineros, pero los demás eran principalmente muchachos saludables, de ojos grises, buscándose una reputación o una salida explosiva de su aburrimiento.

Caramba, hombre, pensé, *el infierno se va desatar aquí.* Mi último vistazo del motín de cerca fue de los presos amontonados cerca del muro occidental, tensos y listos, y de los guardias en el muro oriental que estaban haciendo lo mismo. Entre medio de ellos se hallaba el patio, grande y vacío, de la prisión. Nos marcharon adentro y nos encerraron en nuestras celdas. Desde afuera se oía el rugido de voces humanas, que gritaban su rebelión, con maldiciones y amenazas. Uno de los guardias pasó por mi celda y tomé un riesgo y le pregunté, —Vaya, ¿qué está pasando ahora allá afuera?

—¿No pueden ustedes imaginarse? —dijo.

—Sí, podemos imaginarnos, —murmuré. Y la verdad es que lo podía imaginar todo. Podía imaginar el superintendente y el asistente del gobernador preguntándole a los presos que cuáles eran sus quejas, diciéndoles que todo se podría resolver si sus quejas eran legítimas. Podía oír a los presos responder, —Métetelo, chingón de madre—. Entonces el superintendente declararía un ultimátum: —Si regresan a sus celdas, nosotros investigaremos hasta el fondo la raíz del problema. Si se dispersan ahora, no habrá represalias—. Y los presos gritarían: —Váyanse al carajo, métanselo por el culo. Ra, ra, ra.

Chino, el primo de Dulcién, también estaba encarcelado en Comstock. Vi su reflejo en la ventana de barrotes en frente de nues-

tro bloque de celdas, mientras pasaba por el piso debajo de nosotros.
—Chino, Chino, —llamé—, dime, beiby, ¿qué está pasando ahí
afuera?

—Piri, ¿ése eres tú, hombre? Pensé que tú estabas allá afuera.

—Vaya, —respondí—, Y yo pensé que *tú* estabas allá afuera.
¿Cómo va la cosa? Aquellos gritos se están poniendo feos.

—Caramba, hombre, Piri, es un infierno allí afuera. Hace un frío
del carajo y los guardias le echaron agua fría encima a los hermanos.
Ellos, entonces, le cayeron encima a los guardias y se armó un revu-
lú. Trajeron patrulleros estatales y había todo tipo de gente. Pero tienen corazón, Piri, esos jodidos muchachos tienen corazón. Le están
cayendo encima a esos guardias con nada más que sus manos, y lo
único que les dan a cambio de su valentía son cabezas rajadas y coá-
gulos sanguíneos.

—Muévete, tú, —llamó un guardia.

—Piri, cógelo suave, yo voy a estar bien.

—Vaya, Chino, me alegro que estés bien.

—Vaya, beiby, igualmente.

La batalla se extendió hasta la misma cuadra de celdas, a la medida que los presos encerrados gritaron su simpatía iracunda por una
causa perdida. Ellos ya sabían que los rebeldes no tenían una queja
legítima, pero un preso es un preso, y la condena es más espesa que
la sangre. En el reflejo del espejo vi a un tipo joven moreno quitarle
las llaves a un guardia viejo, empujándolo al suelo. Siguió corriendo
por los bloques de celdas, abriendo las puertas, una tras otra, gritando, —¡Vámonos, vámonos, vámonos, vámonos! —Algunos se fueron, pero muchos, midiendo las probabilidades, decidieron no ser
pendejos y se acostaron, fingiendo estar muertos.

El rugido en el bloque de celdas te dejaba sordo. Por todas partes
volaban maldiciones y lamentos de —Soy un cobarde, debí haberme
quedado allí afuera—. La fiebre del motín se había encendido. Afor-
tunadamente para las autoridades de la prisión, la mayoría de los
presos habían sido devueltos a sus celdas, pero aun desde ahí, hicieron lo que pudieron. Mojaron bolitas de papel con combustible de
encendedor y las arrojaron al pasillo; dejaron caer botellas llenas de

agua, apuntadas cuidadosamente a las cabezas de los guardias en el piso principal, mientras le gritaban al objeto de su odio. El sitio parecía un infierno en llamas, un alboroto, un maldito manicomio. *¿Por qué no se callan la boca?* pensé, y al instante descubrí que yo mismo estaba gritando igual de duro, que yo, también, estaba arrojando botellas, latas, cualquier cosa; y que todos los presos se habían convertido en uno solo.

Los guardias estaban corriendo por todas partes. Cuando veían que un preso había arrojado algo de una celda, le pegaban un rótulo de bajo "llave constante" a la celda. No cabe duda que más tarde los ocupantes de dichas celdas recibirían consideración especial. Los presos, para evitar que hubiese represalias, antes de lanzar su odio para afuera, sacaron sus espejos fuera de las celdas para ver si los guardias estaban cerca o no. Cuando los guardias veían el relámpago de una luz contra el espejo, hacían otra anotación. Algunos de los guardias fueron a enfrentar a los presos ofensores. Se intercambiaron palabras y el ruido de una celda al abrirse y los sonidos que acompañan el dolor, contaron el resto de la historia.

De repente, el bloque entero de celdas se quedó quieto. Así no más, como si alguien se hubiera muerto, hubo un momento de silencio. Entonces salió una voz de una esquina de esa gran cámara de ecos, —Carajo, —dijo—, se acabó, nuestros muchachos perdieron, los están trayendo ahora.

Tratando de observar mejor, todos los cuerpos se aplastaron contra los barrotes de sus celdas; todos sentimos un poco de vergüenza por no haber compartido en el dolor de nuestros hermanos grises. Los guardias formaron dos filas y los jóvenes presos, mojados, con frío, derrotados, caminaron por entre medio de ellos. Algunos casi no podían caminar. Me hizo recordar una película en la cual los indios se pararon en una fila larga y permitieron que el cautivo blanco corriera a lo largo de la fila. Sólo que esta vez los colores estaban al revés.

Los presos entraron al bloque de celdas principal, donde yo no los podía ver. Pero las noticias fueron se difundieron de celda a celda: —Hay algunos tipos que están acostados en el suelo, botando sangre y bastante desbaratados. —A escondidas saqué mi espejo para ver lo que estaba pasando y me absorbí tanto que no me di cuenta cuando un guardia se me estaba acercando.

—¿No sabes cómo hacer algo mejor, joven? —preguntó. Era Casey, el guardia bueno. No dije nada. Esperé a ser marcado bajo "llave constante" y más tarde, probablemente jodido.

—No te equivoques así otra vez, joven, —me dijo.

Asentí con la cabeza y él me miró, y coño, se le veía que tenía disgusto en la cara por todo lo que estaba sucediendo en la prisión.

A las cuatro de la mañana los guardias todavía estaban entrando en las celdas. El sabor a gas lacrimógeno se hallaba por todas partes, aunque todos los motineros estaban encerrados, y el sonido de los puños al marcar la carne de los presos con cardenales se oía flotar por el aire frío de la mañana. —Déjenlos quietos, bastardos, guardias piojosos, —gritó alguien.

—¿Quién dijo eso?

—Yo, chingón de madre. Déjenlos tranquilos, ya han recibido suficiente castigo, —respondió alguien.

Se oyó el sonido de un portón que los guardias abrieron a golpe y tres o cuatro pares de zapatos ocupados por guardias avanzaron a la celda, seguido por gritos y gruñidos de un combate desigual. Grité, —Maricones, patos cobardes. ¿Qué fácil es, verdad? No hay peligro para ustedes, ustedes no sufren ningún daño; todo esto les hace sentirse grandes y feroces. ¿Quién carajo es el civilizado? Somos nosotros los que estamos supuestos a ser animales, no ustedes.

—Déjenlos tranquilos, déjenlos tranquilos, —empezó un coro. De vez en cuando, un lamento que recorría a su Mami le salió del corazón a uno de los jóvenes presos. Entonces la escena se puso quieta y me acosté y pensé en los muchachos a quienes les estaban sacando los dientes a patadas. De repente, un brazo vestido de azul se estrechó adentro de mi celda, levantó y mi catre lo dejó caer de nuevo. —Oye, tú, levántate de esa cama, —ordenó un guardia.

Me levanté, pero fingí haber estado dormido y me quedé ahí parado, con cara de cansado. Era un registro. Los guardias me indicaron que me parara en el pasillo; ellos entonces se pusieron a rebuscar toda la celda, la cama, el inodoro, buscando lo que yo llevaba escondido en la mente. Uno de ellos me echó el ojo, y bajé la mirada porque si me hubiese visto el odio en los ojos, me tendría que golpear y yo tenía miedo de tenerlo que golpear de vuelta, porque entonces él me tendría que matar. Por lo tanto, me quedé parado muy callado y me miré los pies descalzos y pensé en estar afuera. Después que hubieran desbaratado mi hogar, me ordenaron a ocuparlo de nuevo y trancaron el portón de barrotes con un *clanc* detrás de mí. El guardia empezó a irse, pero me cogió mirándolo.

—¿Sucede algo? —me desafió.

Le di la espalda y miré el inodoro, deseando poderme vomitar encima del mundo entero.

—Te pregunté, chico, —repitió disgustadamente—, ¿algo te pasa, tienes alguna queja? —Con la mano estaba apretando su macana y supe que como motivo para golpearme le serviría tanto una respuesta como un silencio.

Me moví los hombros y dije, —No, nada me pasa, sólo que quisiera irme para casa. —Le di una sonrisa forzada, pero solamente logré comunicar, *Te puedes ir al carajo.*

El guardia percibió esto y se movió hacia la puerta, pero Casey, el guardia bueno, le dijo, —Vente, ayúdame aquí con esto, —así retirándolo de la situación.

Quería maldecir. Me quedé ahí parado mucho tiempo, con lágrimas calientes que bajaban por mejillas coloradas del calor, odiando lo que había sido mi vida desde mi niñez hasta mi vejez. Para poder odiar, se necesita seguir viviendo.

Al próximo día, nos dimos cuenta de que habían tapado la botella. No entró ni salió el correo. No hubo visitas, ni recreo, ni comidas en el comedor. Nos sirvieron la comida en nuestras celdas, traída por prisioneros de confianza bajo la cuidadosa vigilancia de guardias de confianza. Después de más o menos un día así, nos permitieron entrar al comedor, pero solamente los ocupantes de dos o tres pisos a la vez, acompañados de un convoy de guardias. Habían prohibido la conversación, pero aun así los cuentos de represalias se divulgaron: cuentos de brazos fracturados y riñones machucados y presos que

cargaban sus colchonetas mientras los atacaban desde atrás con ma-
canas y una vez golpeados, cómo se cayeron encima de sus colchonetas. Los guardias y los presos se portaron como si no se conocieran.
Algunos de los guardias se veían cariduros y capaces de cometer violencia; otros parecían querer estar en otra parte. Encerrado en mi
celda, me recosté en la cama y repasé todo lo que había sucedido en
los últimos tres días. En lo único que podía pensar era, ¿cómo afecta-
ría el motín las decisiones del Comité de Parole cuando me fuera a
presentar ante ellos nuevamente? *Jesús, cómo quisiera que antes de
amotinarse, estos muchachos hubiesen tenido una queja legítima*,
pensé, y en el fondo de la mente, concluí que sí, la habían tenido.

Después del motín, la prisión conservó su ambiente de alta tensión por mucho tiempo. La comunicación entre los presos y los guardias se puso fría. Hicimos solamente lo requerido de nosotros; todo
lo demás era un vacío.

31

Vaya, Dios,
pensé que tú eras
para todos

Los meses pasaron. La construcción de la escuela había comenzado. Yo estaba trabajando en la instalación de divisiones de bloques de cemento, mientras ganaba mi certificado en albañilería. Ya había conseguido mi diploma de escuela superior y para matar el tiempo, había tomado tres o cuatro cursos más de los cuales también me otorgaron certificados. También había ganado tres diplomas por correo, tomando cursos de la Biblia. Me estaban interesando más y más los asuntos de filosofía y las distintas religiones.

Una noche estaba en mi celda, despatarrado en mi cama, y empecé a escuchar lo que desde hacía tiempo había oído cada noche. Sólo que esta noche lo escuché más de cerca:

Allahu Akbar, Allahu Akbar,
Allahu Akbar, Allahu Akbar,
Allahu Akbar, Allahu Akbar,
Allahu Akbar, Allahu Akbar.

Oí que el canto venía desde una celda debajo de mí. Sabía que era Chaplin, quien prefería que lo llamaran Muhammad. Bastantes veces lo oí diciéndole a un preso, que lo había llamado por el nombre de Chaplin, que no lo llamara por su nombre cristiano, puesto que era un Muslim*. Del material que había estado leyendo, aprendí que la religión de Muhammad era el Islam y era lo que creían los árabes. Sabía también que había mucha gente de color en Harlem quienes creían en esa religión árabe, pero me pregunté si los tipos en esta chirola de veras tomaban en serio esta religión, o si era sólo un follón de los presos para ayudar a hacer pasar los largos años.

Un domingo por la tarde en el patio de la prisión, tuve la oportunidad de averiguar lo que estaba pasando. Vi a Muhammad, sentado al estilo indio con cuatro o cinco tipos en un círculo. Les estaba leyendo de un libro. Yo me les acerqué y me senté lo suficiente cerca para que se dieran cuenta de mí. Muhammad levantó los ojos y se sonrió como un Cristo y preguntó, —¿Quieres sentarte con nosotros? —No pude reprimir el pensamiento de que su inglés era tan suave como el de Don Delicado. Indiqué que sí con la cabeza y el círculo se abrió lo suficiente para que yo pudiera formar parte.

—Estamos leyendo del Santo Corán. Como quizás ya lo sepas, somos seguidores de la religión islámica. —Moví la cabeza mostrando entendimiento y continuó su introducción de los otros miembros del círculo—. Éste es Ben Jussaf, y éste es Hussein, —dijo, señalando con el dedo cuáles eran los dueños de estos nombres extraños—, y éste es Jamal, Nassum, Ali, y yo soy Muhammad. —Continuó hablando, quizás al ver que la mirada en mi cara preguntaba por qué abandonaron nombres tan fáciles como Jones y Smith para tomar nombres tan difíciles de pronunciar—. Éstos son los nombres de feligreses o que escogimos o se nos fueron dados cuando nos convertimos a la religión islámica. Los nombres que llevan nuestros certificados de nacimiento, si es que tenemos uno, son los que el diablo blanco nos ha echado encima. Muchos de nosotros simplemente tenemos una X de apellido.

—¿Eres tú el pastor? —pregunté. Hubo un poco de sonrisa en su voz al responder—, No, no tenemos pastores ni reverendos. Tenemos lo que se llaman imams... este... maestros, y eso es lo que soy yo. ¿Cómo te llamas?

—Piri.

—¿Piri qué?

—Piri, número 18193, —me sonreí.

Con su cara, Muhammad mostró que no le había prestado atención a lo que dije que era mi apellido y continuó, —¿Estás interesado en el Islam?

—Estoy interesado en cualquier cosa que me extermine las cucarachas de confusión que tengo corriendo por la cabeza. Son muchas las veces que los he oído a ustedes orando en otro idioma. Parecía que estaban diciendo, *Alá-ju Actbarr*, o algo así...

—Ésas son las primeras palabras del *Adhan*, o el llamamiento a la oración. *Allahu Akbar*, *Allahu Akbar*: Alá es el magnífico.

Señalando el libro que tenía en la mano, le pregunté, —¿Es ésa su Biblia?

—Lo que es la Biblia para los cristianos, el Santo Corán es para los seguidores del Islam, y más, —respondió.

—He oído hablar antes de los musulmanes, —dije, sintiéndome incómodo por no haber leído más y por tener que sentirme ignorante como me sentía ahora.

—No somos musulmanes. Así es como lo dice el mundo occidental. Somos Muslims.

Otra vez se me subió y bajó la cabeza, indicando comprensión. Otro negro se acercó al grupo. Lo oí decir algo que parecía —*Asalam-alicum*—. Los otros en el círculo le respondieron, —*Waa-li-kum-salam*—.

—Nuestro hermano, Alberto X, acaba de saludarnos. "*As-salamu alaikum*" quiere decir "La paz sea contigo", y "*Wa-alai-kum-salam*" quiere decir "Y la paz sea contigo también".

Pensé en los judíos en Harlem y qué parecido era esto al saludo "Sholom" que ellos se daban de vez en cuando. Encendí mi cigarrillo y de repente sentí todos los ojos encima de mí. Me excusé por no haber ofrecido mi cajetilla a todos en el círculo. Cortésmente, todos rechazaron con la cabeza, y Muhammad, el imam, explicó, —Un verdadero Muslim no fuma, no toma bebidas alcohólicas, no come carne de cerdo, entre muchas otras cosas.

—Se parece a la religión de mi mamá.

—Vaya, ¿es ella una de las fieles?

—Ella era Adventista del Séptimo Día. Ella está muerta.

—Oh, eso no es igual que ser un Muslim, aunque el cristianismo tiene muchas cosas en común con la religión verdadera del Islam.

Adentro de mi cabeza pensé que, según lo que había visto, parecía ser una religión que proclamaba una vida limpia. Muchas veces había visto a los presos Muslims y nunca los oí maldecir ni comer carne de cerdo cuando la servían en el comedor. Ni una vez los vi embalarse con pastillas ni tomar vino hecho en la prisión. —¿Cuáles son las diferencias, entonces? —pregunté.

—El cristianismo es la religión del diablo blanco. Dios o Jehová es el dios del hombre blanco, quien ha usado su cristianismo como el arma principal contra los habitantes de piel oscura de este mundo. Lo que con su matanza no destruyó, su cristianismo hábilmente lo conquistó. Aunque llamen a Abraham el padre de nuestra religión, ahí termina la semejanza, según lo que creemos nosotros los Muslims negros.

Abrí la boca para decir algo, pero Muhammad me interrumpió gentilmente. —En otra ocasión, tú y yo hablaremos más. Me disculpas, voy a seguir enseñándoles del Corán a mis hermanos.

Me quedé ahí sentado con ellos y escuché mientras que Muhammad leyó, primero en árabe y luego en inglés. Más tarde supe que a la misma vez, él le había estado enseñando a los hermanos a leer, escribir y hablar en árabe. Durante los próximos años, llegué a conocer bien a Muhammad. Era un negro de piel clara, de cuerpo delgado, lleno de pensamientos profundos.

Unos días después, me encontré con Muhammad en la sala de recreo. Estaba sentado a una mesa, la cabeza metida en un libro. Lo saludé, —*As-salamu alaikum*—. —*Wa-alai-kum-salam*—, me respondió sin subir la mirada.

Cuando levantó los ojos y vio que era yo, me dijo en voz baja, —Sólo los creyentes se saludan así; de otra forma es blasfemia.

Balbuceé, —Perdóname, —y añadí—, Quisiera saber más.

—¿Acerca de qué? —señaló que me sentara.

—Estaba pensando, todos estos negros que se están convirtiendo en Muslims, quizás sea porque Alá es un dios del hombre negro.

—Uno no tiene que ser un negro para ser Muslim. Hay muchos Muslims caucásicos.

—¿Dónde?

—En el Medio Oriente, donde nació nuestra religión.

—Nunca he oído de ningunos en Harlem, —dije.

—Si hay algunos, —respondió Muhammad—, son pocos. El diablo blanco de este país tuvo su oportunidad de ser nuestro hermano. Y esa oportunidad la perdió. Su dominio ha llegado al fin. Se le está acabando el tiempo. Su dominio está casi enterrado bajo seis pies de tierra, adornado con su famosa cruz. Nosotros, los Muslims Negros, estamos entrando en la era nuestra.

—Pero hay muchos negros que son cristianos, —empujé.

—Ése es el peor error que el hombre negro haya hecho, al permitir cristianizarse su cerebro. —La cara de Muhammad se le estaba poniendo tensa. Consentí con la cabeza, pensando de todos mis problemas con los diablos blancos de Muhammad.

El imam cerró su libro y siguió hablando. —Cuando el hombre negro se comió el veneno del cristianismo, el hombre blanco por fin lo tenía donde lo quería. Primero le quitó la libertad al hombre negro, luego su dignidad y su orgullo, y luego su identidad, todo a cambio de un sentido de valores de segunda mano —un concepto de dignidad no existente— al colocarlo en cierto puesto en la sociedad, mejor dicho, el puesto más bajo en todo aspecto de la vida, y entonces le enseñó todo acerca del cristianismo y cómo el cristiano podía resistir todo el dolor de su esclavitud, mientras que todo el tiempo el blanco le está llenando la cabeza de "No importa cuánto pierdan aquí en la tierra, Cristo les ama y todo se le será devuelto en el cielo". —De alguna manera Muhammad me hizo recordar las conversaciones que tuve con Brew. Escuché—, El diablo blanco sigue con el mismo canto, que "Todos los hombres son hermanos", cuando lo que quiere decir es "si dichos hombres son blancos".

La gentileza se le había desaparecido completamente de la cara de Muhammad. Todavía estaba hablando en voz baja, pero ahora la voz le resonaba con tensión y coraje, con el odio que los millones de diablos blancos habían cultivado tan bien en él.

—El cristianismo, practicado al estilo del hombre blanco, no es para el hombre negro. Para el diablo blanco, el cristianismo no es nada más que la salvación de primera clase, la salvación ofrecida por la sobreabundancia de la buena vida, la cual ha sido exprimida a latigazos de los millones de negros y de los millones y millones de rodillas dobladas en la oración de la esclavitud negra. —Disgustado, Muhammad movió la cabeza de un lado a otro, y la mía se me puso a moverse también, acompañándolo—. ¡Ay, el cristianismo, el cristianismo! —Muhammad dijo la palabra como si fuera una maldición—, la realidad de ellos es el poder que trae la vida buena; para nosotros los hombres negros, nuestra realidad es el dolor, el hambre y la degradación. El diablo blanco declara que él le dio al hombre negro todo lo que jamás haya tenido. En eso tiene razón, y todo lo que nos dio fue malo. Ha explotado todo recurso que el hombre negro le pudiera dar —su fuerza, su labor, su dignidad, sus mujeres, su espíritu— y ha hecho todo lo posible por también explotar hasta su alma.

Muhammad me preguntó en voz baja, —¿Dices que has visto a algunos Muslims en Harlem?

—Sí, —lo dije también con la cabeza—. Muchos de ellos usan un tipo de fez en la cabeza, y otros usan gorros de lana pérsica, y casi todos llevan un bigote y una barba, pero no todos. Sus mujeres no se pintan la cara.

—Sí, pero ¿qué más notaste acerca de nuestros Muslims negros?

—Este, que no fuman, no toman licor, no maldicen, y se visten bien, siempre bien planchados.

—Sí, pero ¿qué más? —empujó Muhammad. Antes de que pudiera pensar en otra cosa, Muhammad mismo contestó—, Que todos caminan con dignidad y un orgullo tranquilo. Somos un pueblo unido, y sólo Alá, a través de su amado profeta, Elijah Muhammad, pudo lograr tal cosa. Nos estamos educando a nosotros mismos, no como el diablo blanco quiere que nos eduquemos, sino en una manera mejor. Hemos aprendido lo magnífica que es nuestra herencia. Somos una raza fuerte. Somos superiores en cualquier cosa en que nos empeñemos, ya sea la ciencia, el arte, la música, el deporte; sea lo que sea, nosotros nos destacamos. El blanco ya no nos podrá mantener viviendo una mentira. Se acabó esa época. Él tiene miedo ahora, porque ya sabe que su tiempo se le acabó. Él sabe que éste ya no es solamente un mundo blanco. A él le gustaría la oportunidad de poder llevarse con nosotros como hermanos. ¡¡Bueno!! pero el hombre blanco no es nuestro hermano. Ni sabe cómo ser un hermano. Lo único que conoce es ser esclavista, y ahora que ve al hombre negro empezando a reclamar lo suyo, tiene miedo. Y con buena razón, pues ¿cuál amo cruel anticiparía el día que él mismo se convirtiera en el esclavo de su esclavo anterior? Su misma conciencia lo asusta al pensar que tal vez sea tratado como él mismo una vez trató al negro. ¡Qué cosa! Y ahora, a él le gustaría ser hermano.

—Nuestro dirigente tiene razón cuando dijo, "Por dos mil años, hombre blanco, has estado encima de nosotros, así", —Muhammad colocó las manos, una palma abierta encima de la otra, y continuó hablando,

—Y ahora que él se ha dado cuenta de que el día de ajustar cuentas está por llegar, quiere que las cosas sean así. —Muhammad volteó las dos palmas como si estuviera orando, y continuó—, Él quiere que todo sea nivel, igual, dice él, que debemos caminar hombro con hombro en igualdad... como hermanos. Pero él no es nuestro hermano. Desde el principio no fuimos hermanos y no lo seremos de aquí en adelante. Él es un diablo blanco con miedo. Él está consciente del infierno que nos ha hecho pasar, y no importa lo que haga para tratar de expiar su culpabilidad: no servirá. La cosa va a ser así.

Con sus palmas todavía juntas, Muhammad volteó completamente sus manos, sólo que esta vez, la mano que representaba al hombre negro quedó encima. Nuevamente, la voz de Muhammad se le puso casi suave y continuó, —Hombre blanco, por dos mil años has estado encima de nosotros, y ahora nosotros vamos a estar encima de ti. Queremos un pedazo de este mundo y lo vamos a obtener, aun si tenemos que quitárselo todo a ustedes.

No dijo otra palabra. Sonó la trompeta y ambos volvimos a nuestras filas para emprender nuestra caminata de regreso a la celda.

Muhammad y yo nos hicimos amigos, y después de un tiempo nos consideramos como hermanos. Pero primero, él me dio libros para leer sobre la religión del Islam y uno de ellos se titulaba *Hadith*, o el libro de oraciones de los Muslims.

—Lee primero el libro de oraciones, —dijo, y apréndete la que se llama el *Adhan*. Como te dije antes, es el llamamiento a la oración.

Moví la cabeza que sí, y empecé a hojear las páginas.

—Pero antes de decir las oraciones, apréndete el *Wudu*, o la Ablución, en la página 8.

Miré la página y estaba escrita en inglés, pero las palabras del Adhan, aunque eran en inglés, eran difíciles de pronunciar, y así se lo dije a Muhammad.

—No te preocupes, —dijo—, apréndete solamente el *Wudu* y daremos clases para lo demás.

Esa noche en mi celda, traté de aprenderme el *Wudu* de memoria. Rezaba más o meno así:

Antes de orar es necesario lavarse las partes del cuerpo que generalmente están expuestas al aire. Esto se llama *wudu*, o ablución. La ablución se hace así:

1. Se lavan las manos, lavándolas hasta las muñecas.
2. Luego se limpia la boca, con un cepillo de dientes o simplemente con agua.
3. Entonces se limpian las narices por dentro con agua.
4. Entonces se lava la cara.
5. Entonces el brazo derecho, y luego el brazo izquierdo, se lavan hasta los codos.
6. La cabeza entonces se limpia con las manos mojadas, unidos los tres dedos que quedan entre el meñique y el dedo pulgar de una mano con los de la otra mano.

7. Entonces se lavan los pies hasta los tobillos, primero el pie derecho, luego el pie izquierdo.

Si se están usando medias, y éstas sólo se han puesto después de hacerse la ablución, no es necesario quitárselas; se les puede pasar por encima con las manos mojadas. Sin embargo, una vez por cada veinticuatro horas o menos, las medias deben ser quitadas y los pies lavados. La misma práctica se puede hacer en el caso de llevar botas, pero lo más decente sería quitarse las botas antes de entrar en una mezquita.

Sólo es necesario hacerse una nueva ablución si un hombre ha hecho sus necesidades o si ha estado dormido.

En el caso de relaciones sexuales entre marido y esposa, se necesita el *ghusl* o lavarse el cuerpo entero.

Cuando una persona está enferma, o cuando no hay acceso al agua, se puede celebrar el *tayammum* en lugar del *wudzu* o el *ghusl*. El *tayammum* se celebra por medio de tocar la tierra pura con ambas manos y entonces pasar las manos por la cara y por encima de las manos.

Me levanté de mi cama y traté de hacerme la ablución, y luego de haber tratado un par de veces, decidí copiar el Adhan. Las siguientes palabras se hablan al mirar hacia el Oriente (Mecca):

Allahu Akbar, Allahu Akbar,
Allahu Akbar, Allahu Akbar.
    "Alá es el Magnífico" (se repite cuatro veces).
Ashhadu an la ilaha illa-llah,
Ashhadu an la ilaha illa-llah,
    "Soy testigo de que nada merece ser alabado excepto Alá"
    (se repite dos veces).
Ashhadu anna Muhammadan Rasulu—llah,
Ashhadu anna Muhammadan Rasulu—llah.
    "Soy testigo de que Mahoma es el Mensajero de Alá"
    (se repite dos veces).

Hayya ala-s-salah,
Hayya ala-s-salah.
   "Vengan todos a la oración" (se repite dos veces, voltean-
do la cara hacia la derecha).
Hayya ala-l-falah,
Hayya ala-l-falah.
   "Vengan todos al éxito" (se repite dos veces, volteando la
cara hacia la izquierda).
Allahu Akbar,
Allahu Akbar.
   "Alá es el Magnífico" (se repite dos veces).
La ilaha illa-llah.
   "Nada merece ser alabado excepto Alá".

Había más, pero por ahora esto era suficiente. En las semanas que
siguieron, sentado en el pequeño círculo con Muhammad de imam,
aprendí la pronunciación y las ceremonias que correspondían a las
oraciones. Entonces un día me invitaron a unirme a los hermanos
como un seguidor de la religión verdadera del Islam. Acepté y después de una corta ceremonia tomé la mano de la hermandad y fui
dado el nombre de Hussein Afmit Ben Hassen. Aprendí a orar en
árabe. Aprendí a mostrar respeto por el Santo Corán al no aguantar-
lo jamás con la mano izquierda, pues era la mano que sólo se debería
usar para limpiarse después de hacer caca.
   Como todo esto tenía que ver conmigo, aprendí muchas cosas
nuevas. Me puse curioso de saber de todo lo que se refiere a los seres
humanos. Aunque después de mi eventual salida de la prisión grande, no permanecí con la religión islámica, jamás me olvidé de una
cosa que me dijo Muhammad, pues yo también creía lo mismo: —
No importa el color o la raza de un hombre, éste necesita tener dignidad; y en su afán de obtenerla, irá adónde quiera, se convertirá en
lo que sea o hará cualquier cosa —repito, cualquier cosa que sea necesaria...

32

Caramba, hombre, mira qué bueno; estoy pensando como puro filósofo

El aprender me hizo dolorosamente consciente de la vida y de mí mismo. Empecé a comprender lo que estaba por dentro de mí. ¿Qué había sido yo? ¿Cómo me había puesto así? ¿Qué podría ser yo? ¿Cómo podría vivir una vida exitosa? Agarré unos libros sobre la psicología. Hombre, ¡qué lucha! Tuve que encontrarme un diccionario para poder buscar el significado de todas las palabras que no sabía, y entonces tenía que rebuscar las palabras que usaba el diccionario para explicar las palabras originales. Pero si tenía que armar una pelea con las palabras grandes, por lo menos lo haría con corazón.

La primera palabra que busqué era "*psicología*". Aprendí que se pronunciaba con la "p" silenciosa, y me sonreí, porque yo siempre había pronunciado la "p" en "pneumonía". Leí la descripción:

Rama de filosofía que examina y se trata del crecimiento, función y proceso, ya sea consciente o inconsciente, de la mente en relación a las sensaciones, sentimientos, emociones, memorias, voluntad y conducta, ya sea examinada introspectivamente [tuve que buscar esta palabra, también] o por el comportamiento de otros bajo condiciones específicas.

No va a ser fácil comprenderme yo mismo, pensé. *Esta psicología lo que dice es que los problemas más grandes que tiene la gente están en su cabeza. Está bien, esta chirola está llena de locos.*

Por primera vez me di cuenta de que yo no me conocía a mí mismo, aparte del hecho de que comía cuando tenía hambre, dormía cuando tenía sueño, y cuando estaba bellaco, buscaba con quien acostarme. Quería que mi vida fuera algo mejor. Quizás Dios es la psicología o la psicología es Dios.

El pastor de mi tía me había aconsejado ponerme en las manos de Dios, y me había dicho que Éste me forjaría en un tipo nuevo. *Carajo*, pensé, *el estado de Nueva York ya está empeñado en hacer eso por mí. Dios, no quiero ofenderte, pero Hombre, no te puedo ver. Quiero creer que estás ahí. La verdad es, Hombre, que sí creo que eres algo, pero ¿qué, cómo, cuándo? ¿Por todas partes? ¿Por dentro de mí o por fuera? ¿Aquí en el mundo o allá arriba en el cielo? ¿Vives en un apartamento con sofás y camas de nubes, o te pareces a mí? Por favor, Dios, dime cómo es la cosa. ¿De veras fuimos creados en Tu imagen? Es que somos tantos, de diferentes tipos, todos los colores, todos los tamaños. Vaya, beiby, ahí está la respuesta. Te pareces a nosotros, pero sólo en cuanto a nuestros —¿cuál es la palabra?— psiquis: el aliento, la vida, el alma, el espíritu. Caramba, Hombre, ¡mira qué bueno! Estoy pensando como puro filósofo.*

Seguro que sí, así era que tenía que ser. Dios se parecía a todos nosotros. Algunas almas son peores que otras, pero todas se parecen; tiene que ser así, pues nadie las ha visto, y por lo tanto nadie puede decir al contrario. El alma y el espíritu son sangre, con ojos azules, piel trigueña y pelo rizo. Somos todos iguales en lo que se refiere a nuestras almas y nuestros espíritus. *Óiganme, todo el mundo en todas partes, norte y sur, este y oeste: somos todos iguales en nuestras almas y nuestros espíritus, y no hay nadie mejor que nadie, sólo quizás mejor situado.*

Tenía sed de aprender todo lo que tenía que ver con el entendimiento. Y como un niño a quien lo habían dejado correr suelto en una tienda de dulces, comí de todos los dulces hasta que al fin encontré que todos tenían el mismo sabor y que tendría que ponerme más exigente en lo que aceptaría o rechazaría. Aceptar demasiado sin cuestionarlo era tan malo como no aceptar nada; un preso fácilmente podría dejarse llevar con algo loco si no tuviera cuidado. Chiquito, el tipo con quien había peleado, estaba estudiando los Salmos diligentemente. En los Salmos, me dijo, se encontraba la clave a grandes riquezas —dinero, oro, monedas, pan, botín —y él iba a descifrar el código. Leyendo a la luz de velas, tarde por la noche cuando el bloque de celdas estaba callado, trató de descifrar el código de los Salmos. Fue a parar en Dannemora, donde mandan a los que pierden contacto con la realidad.

Nadie puede soportar completamente la presión de una vida que otro le impone, donde le parece a uno que hasta el pulso le pertenece a otro. Fueron tres veces las que por poco me vuelvo loco, y cada vez tuve que luchar desesperadamente por mantener mi cordura. El primer susto ocurrió después de que había cumplido como tres años. La presión que tenía encima era grande, pues había estado viviendo mentalmente como si estuviera afuera en la calle.

Nos habían dejado salir de nuestras celdas y yo estaba bajando por la terraza hacia las escaleras que conducen al principal bloque de celdas. Haciendo fila para entrar al comedor, me cayó encima un sentimiento extraño, como una ola fría, separándome de mí mismo. Sentí unas ganas de ponerme a vacilar, empezando con una risa tonta, y siguiendo con carcajadas de loco. Quería reírme y reírme más; quería brincar para arriba y para abajo. La cara se me puso inútil, espasmódica. ¡Dios mío! Me agarré la cara con las dos manos y me recosté duro contra el acero blanco de las paredes afuera de las celdas. Turco el Joven y otro preso se me pusieron al lado y me preguntaron, —Piri, ¿qué te pasa?

Los miré a través de los dedos abiertos con que me cubría la cara. Sentí que se me saltaron los ojos y combatí el grito loco que se me estaba formando en el pecho. *¡Ay, Cristo*, pensé, *quítame esto de encima! Si me dejo ir ahora, jamás regresaré. Por faaaa-vorrrrr, Dios, por favor, si me vuelvo loco, me muero.*

—Suave, amiguito, suave, hombre. Carajo, te ves extraño. ¿Acaso fue algo que te comiste? —preguntó Turco el Joven.

Lo miré desde lejos. Se veía muy indistinto y su voz sonaba indistinta también. *Mierda, hombre, ¿no puedes ver? Me estoy volviendo loco, estoy perdiendo la cordura. ¿No puedes ver correr estas lágrimas, que me están ahogando por dentro?* Quería romper a carcajadas, gritar, ¡Ay, Mami, Ma, Mamá, resucítate y sácame de aquí! Dulce Cristo, que estas palabras no se me escapen. Si me hubiese permitido soltar un pequeño grito solamente, una pequeña carcajada, una risa tonta, lo hubiera hecho. Pero ya sabía que no sucedería así; me hubiera destapado y todo lo que tenía por dentro se me escaparía, virtiéndose encima de todo, y ahí se acabó el juego. *Mami, ¿cuál es esa oración? ¿Cuál es esa oración?*

> *Ahora que me acuesto a dormir,*
> *Le pido a Dios que mi alma guarde;*
> *Si antes de despertar me fuese a morir,*
> *Le pido a Dios que mi alma se lleve.*
> *Amén, amén, am...*

Se me está quitando, ay, Dios mío, se está alejando. Puedo sentir que se me derriten los pulmones duros. Gracias, Mami, gracias, Dios.

—Vaya, ¿estás bien? —Ahora la voz de Turco el Joven se le oía perfectamente normal.

—Sí, hombre, seguro que sí. Nada más me puse un poco mareado.

—Hombre, parecías que te estabas volviendo loco.

Me sonreí y caminé por la larga escalera de acero. Pensé en cómo es que acudía a Cristo en vez de Alá. *Será que he sido un cristiano por demasiado tiempo.* Sentí el sudor que se me corría por la cara, por la espalda y entre las nalgas. Desde aquel día en adelante, supe que no solamente eran otros presos los que podían volverse locos, también me podía pasar a mí.

Al acercarse el día de mi segunda audiencia ante el Comité de Parole, traté de jugarlo suave y evitar problemas. Pero tenía "cortitis", la aflicción de impaciencia que hace alargarse insoportablemente las últimas semanas que te quedan, y uno de los guardias que supervisaba la construcción de la nueva escuela me estaba jodiendo la pita. No sé cómo fue que comenzó la bronca, pero como dos semanas antes de mi audiencia, me cayó encima con unas palabras duras y yo me alteré con él. Apretó la mano alrededor de su macana y empezó a venir por mí. —Debería romperte la cabeza, —dijo.

Los presos alrededor de mí se quedaron mirando. Turco el Joven trató de calmarme, pero se me había subido la sangre. Y, sabiendo que cualquier problema me acabaría con el Comité de Parole, me sentí como un hombre enfrentando el paredón: puede decir lo que quiera porque no hay nada peor que le pueda suceder. Así es que le grité al guardia. Le dije que podía acabar conmigo; le dije que pensaba que él era un bastardo, que no me importaba un carajo lo que me hiciera, que estaba harto hasta los dientes de los pantalones y camisas azules de los guardias, cansado de presos grises y murallas altas, de pa'fuera por las mañanas y pa'dentro por las noches, de trompetas y portadores de agua, de Bajo Llave Constante y Comités de Parole, de tiempo y más tiempo. Me sentí bien, como un hombre completo, y esperé que su macana me cayera encima y me sacara de esta condena. Esperé y esperé, pensando que lo que no hice en el motín lo estaba haciendo ahora. *OK, Jesús, aquí se fue mi libertad condicional, aquí vengo, acaba conmigo. Mami, ¿me va a doler mucho? Aquí yace Piri Tomás, exterminado en la Prisión Comstock por un guardia vestido de azul y una macana grande. Trató de nuevo ser consejero de guerra, como siempre lo fue, y mostró corazón y salió con su reputación. No se quejó porque pudo decir lo suyo, y después de todo, la ley de los promedios estaba en contra de él desde el principio. Oh, sí, y este guerrero con corazón de piedra, como un campeón, no cedió su territorio y siguió silbando mientras que volaba la mierda... Ahora me acuesto a dormir, porque la cabeza este guardia me la va a partir... Caramba, ¿por qué no me está pegando?*

La neblina se despejó. Me sentí liviano y me llegó la voz del guardia, como una segunda oportunidad, —Coño, pa'l carajo contigo, no vales la pena.

Nadie lo pudo creer. Ahí estaba yo, no muerto, ni siquiera sangrando. —Eso es tener corazón, beiby, —dijo uno de los presos.

—Hombre, tú sí que resististe a ese maricón, —dijo otro. A mí no me importaba. Lo que sentía yo era como si los güevos, que me los habían arrancado, al fin acababan de ser reconectados.

Después del enfrentamiento con el guardia, sabía que lo iba a jugar muy suave. Pero era como ir en contra de la corriente. No podía quedarme callado, y me pusieron bajo llave constante por estar hablando en fila. Luego, cuando se suponía que estuviera trabajando en la nueva escuela, me encontré sentado en el patio con algunos hombres a quienes llamaban "compañía ociosa", (presos que no trabajaban), y me pusieron bajo llave constante por eso. El capellán se enteró de esta última situación y me vino a visitar en mi celda. —Vaya, joven, —me dijo—, ¿qué te pasa? Pareces que estás comenzando una epidemia de "bajo llave constante". ¿Qué sucede?

—Caramba, Capellán, —dije—, yo mismo no lo comprendo. Me falta tan poco tiempo que casi puedo oler la calle, y es como·si no pudiera creer que estoy aquí y como si ya no me aplicaran más las reglas.

—Bueno, hijo, veré lo que puedo hacer. Pero trata de resistir unos días más.

Miré mientras que su delgada y larga figura bajara por la terraza y me volví a sentar en la cama, pensando que tenía que aprobarme el Comité de Parole esta vez o me volvería loco. Me estaba dejando meter en todos estos pequeños líos por miedo de que no me aprobaran y sabía que si no me aprobaban esta vez, mi mente no lo podría soportar; o me tendría que institucionalizar, o me volvería loco.

Estaba en la barbería unos días después, recortándome el pelo, cuando un tipo moreno llamado Catre Grande empezó a decirme mierda. Yo me alteré y a escondidas le dije que saliera para afuera, detrás de la barbería. El guardia se dio cuenta de lo que estaba pasando, pero esperó a que pasara.

Caminé para afuera, suave e inocente; Catre Grande estaba detrás de mí, pero hacia un lado. Mirándolo por el rabillo del ojo, no le quité la vista de encima, para estar seguro de que no me fuera a coger de sorpresa con un puño. Una vez detrás de la barbería nos pusimos frente a frente. Con su expresión parecía decir, *Vaya, hombre, si empiezas una bronca, ¿cómo se verá eso, una pelea justo un mes antes de tu audiencia con el Comité? Hombre, dime cómo es, ¿no sabes cómo portarte bien, o no te importa la aprobación...?* Se sonrió y se quedó parado, listo, con una mano medio cerrada, medio alzada.

Le quería partir la cara, pero vi al guardia que miraba por la ventana, y en mi mente me vi sentado ante el Comité, y los Tres Reyes Magos decían, —Carajo, Piri, parece que a ti te gusta quedarte aquí en la prisión, como si no te hubieses rehabilitado. Como te gusta pelear, y como tienes otra reconsideración dentro de dos años, te vamos a dejar aquí sólo por dos años más... —Ay, no, hombre, no, no, no.

La voz se me abrió y dije, —No vales la pena, Catre. No voy a bregar contigo.

Movió los hombros y con las manos abiertas, hizo un gesto de "Fuiste tú el que te retiraste; la reputación es tuya", y dio la vuelta como para irse.

—Catre, —le dije con los dientes rechinados—, si es que el Comité me da más tiempo, chingón, te rompo la quijada. —Él se detuvo y volteó para darme la cara. Sus pequeños ojos brillaban; yo ya sabía que estaba listo para bregar conmigo. *Catre, si me obligas a bregar contigo, te voy a matar. Y si no lo puedo hacer hoy, lo haré mañana. No puedo soportar más tiempo; seis años es lo más que puedo extenderme.*

Catre me miró. No era pendejo; había cumplido muchos años de cárcel y podía percibir que mi deseo de ser libre era algo que me tenía casi a punto de volverme loco. Él no sacaría ningún provecho de pelear conmigo. Al mirarme los ojos, él sabía que yo no me estaba acobardando, sino que yo estaba dándole su vida. —Piri, hombre, —dijo—, fuiste tú el que me llamó a salir, no yo. Yo estaba jugando contigo nada más y a ti fue y te dio coraje.

—Pues, no me vaciles más, —dije—. La próxima vez que me encuentren vacilando, estaré otra vez en el mundo libre, no aquí adentro, vestido de gris como un animal.

Asintió con la cabeza y se fue. La cara del guardia desapareció de la ventana y yo volví a mi trabajo de construcción en la escuela. *Tienes que cogerlo suave, me dije. Estás empujando demasiado. Si te metes en una pelea con alguien y se te escapa toda esa presión que tienes acumulada por dentro, vas a salir con una sentencia adicional de quince a treinta años más por matar a un tipo en la prisión, igual que Papa Hill, quien vino a la prisión para servir una sentencia de cinco años y mató a dos o tres tipos con una cuchara amolada y todavía está aquí después de veintinueve años. ¿Qué es una reputación? Si estás en la cárcel, ¿quién quiere tener una reputación de cárcel? ¿Qué vale? Es mejor ser libre, poder estar afuera, en casa, con gente, comiendo arroz y habichuelas, escuchando música mambo y la risa de los niños. Es mejor poder usar la ropa que quieras, poder sentarte en el inodoro para cagar en privado, no como un mono en un parque zoológico que tiene que cagar mientras que todos lo miran. ¡Qué bueno será poder oler de veras el olor de una mujer, o tomar caminatas largas en el Parque Central y tirarle maní a las ardillas y las palomas y sentarse en un banco en el parque y observar al trabajador con su palo, que recoge papeles sueltos con el clavo en la punta...!* Sí, podría soportar un poco más de mierda a cambio de todo eso, pero solamente un poco más.

Dentro de unos días me encontré nuevamente sentado ante los Reyes Magos. Otra vez oí el ruido de papeles y vi las caras blancas indistintas por encima de los trajes oscuros. Oí murmullos, voces bajas... *Jesús, ¿qué es lo que va a ser? Déjense de perder tiempo y lleguen al punto central. Caramba, yo tengo cosas que hacer y sitios adonde ir y ustedes me tienen sentado aquí perdiendo tiempo. Uno, dos, gente; vamos al centro de la materia. ¿Es tan difícil decir, —OK, Piri, te vamos a dejar libre, —o algo así? Dios mío, estoy sudando por dentro. No te muevas, Piri, no sigas brincando como un nene en esa silla. No te rasques la nariz ni te jales la oreja. No mires el techo. No aclares la voz y no bosteces. No te comas las uñas. No mires de cara a cara y no trates de reconocer tus deseos escritos en los labios de ellos. Eres un machote de verdad. No respires, si es posible, sólo hazte parte de la escena. Piensa en cualquier cosa:*

Yo tengo tiempo, tú tienes tiempo
Todos los niños de Dios tienen mucho tiempo...
Tiempo, tiempo, mucho tiempo.
Todos los niños de Dios sí tienen tiempo.

Maldito sea, dense prisa, blancos, no tengo todo el día. Vaya, Dios,
¿estás escuchando? Todos tus niños tienen tiempo. A mí me gustaría
pasar el mío en mi Barrio, tú sabes, hogar dulce hogar. Interpreta esto
como una oración, Hombre, quiero ser un puertorriqueño libre...

—Bueno, Tomás, ¿cómo te gustaría poder irte a casa?

¿Qué dijiste, hombre? ¿Quién dijo eso? ¡Ay, cara, quédateme cara
de palo hasta que lo oigas de nuevo! Deja que tus ojos encuentren la
cara que pronunció esas palabras. Creo que es la cara con los pelos
canos en la cabeza...

—Pues, ¿cómo te gustaría poderte ir a casa?

La cara de palo se me partió y me sonreí y algo semejante a palabras secas me salieron de la boca, quietas y en un tono bajo. —Me
gustaría mucho, —dije—. ¡Qué bueno, señor! —Pero por dentro, estaba explotando: *¡Ayyyyy, qué bueno, gente, estoy hecho! Después de*
seis largos años en el presidio por fin me voy para casa...

—...sí, a pesar de algunas infracciones de las reglas...

Sí, unas cuantas, sin contar el par de millones por las cuales no me
cogieron...

—...te has esforzado hacia la rehabilitación. Ah, por supuesto,
Tomás, aunque nosotros te estamos dejando ir, todavía queda el
asunto de las dos órdenes de detención por robo armado en el primer grado en el Condado del Bronx y...

Dios mío, esas cosas se me habían olvidado. Hombre, ¿por qué tuvo
mi muchacho que chotear? Pero al menos estaré saliendo de aquí...

—Pues, Tomás, ¿qué dices?

—Muchas gracias, señor. —*Hombre, se me habían olvidado esas*
órdenes de detención.

—Que tengas buena suerte, Tomás. Es la opinión de este Comité
que como miembro de la sociedad, tendrás éxito y...

En la entrada del patio grande me encontré con Turco el Joven. Me examinó la cara, buscando señas de coraje, y no encontrando ningunas, me preguntó, —¿Cómo saliste, Piri?

—Chévere, —respondí—. Me aprobó el Comité, pero todavía tengo que responder a unas órdenes de detención.

—Ay, coño, pero no dejes que esas malditas órdenes te jodan la pita. Hace más de seis años que ustedes hicieron esos guisos, y no hay juez que te vaya a joder después de tanto tiempo. Te tiene que tocar un poco de suerte. Mírate, hombre, tú estás re-ha-bi-li-ta-do. Como que eres un tipo cambiado, le das prestigio a la raza humana.

Me sonreí con él y pensé, *Jesús, amigo, no sabes cuán correcto es lo que dices. Jamás seré igual. Soy de veras un hombre cambiado.*

EL BARRIO
DE NUEVA YORK

Mientras estuve fuera,
habían mutilado mi territorio,
aunque todavía le quedaba el corazón.
Caras nuevas y corazones viejos.

33

El lado libre es el mejor

Llegó la mañana del gran día, me desperté temprano y me senté al lado de los barrotes y miré hacia afuera, como por última vez. Había completado ya todo los trámites; me pusieron una camisa, un traje y zapatos (y me habían tomado fotos vestido así, como referencia para el futuro, si fuera necesario), me habían prometido una carta escrita por el Reverendo Winch al juez del Condado del Bronx, quien iba a decidir mi destino. Estaba feliz, casi temblando, aunque sólo por dentro.

El desayuno marchó suave, y cuando salí de mi celda por última vez y bajé por el pasillo hacia la sastrería, me sentí como si estuviera dejando mi hogar. ¡¡Mi hogar!! El pensamiento me dio escalofríos.

Dentro de poco tiempo ya estaba vestido. Al tratar de ponerme la corbata, los dedos se me pusieron torpes. Casi se me había olvidado cómo amarrar un nudo Windsor. Me miré en el espejo. El reflejo era el mío, sólo que ahora me tenía que afeitar todos los días y que había perdido unos cuantos dientes y el cuerpo se me había rellenado, ahora se parecía más a lo que debiera ser el cuerpo de un hombre de veintiocho años. Entré a la cárcel un muchacho, y salía un hombre.

—OK, chico, —dijo el guardia que me iba a acompañar a la salida—, ¿estás listo?

—Sí, —le dije, sonriéndome—, vámonos. —Alcé y bajé la mano rápido en un saludo militar de adioses a todos y seguí al guardia mientras bajamos por el pasillo largo y sonoroso. Y entonces vi una cosa que jamás olvidaré. Ahí en las esquinas, en las escaleras, estaba mi gente, mis panines, mis hermanos de la chirola, algunos con escobas en las manos, otros haciendo mandados inventados o pasando mapo, pero estaban todos ahí para despedirse de mí. Al caminar yo hacia el portón principal que conducía afuera, por ambos lados y desde sus lugares en las esquinas y por las escaleras, subieron las manos. Mi garganta se sintió seca y las rodillas me temblaron con una nostalgia repentina por ellos, por los barrotes verdes familiares y las murallas grises y los guardias azules. Sentí tristeza al dejar de ser parte de ese grupo, pero sólo fue por un instante. Seguí pasando por el pasillo largo que conducía afuera. En la oficina principal me devolvieron mi propiedad: papeles, libros, música, y poesía que había escrito; diplomas, cartas viejas que nunca me habían entregado, muchas de Trina. Me dieron un dinero —mis ahorros, resultado de haber acumulado los 10 centavos diarios que me habían pagado— y me dijeron que lo contara. También estaba ahí el capellán. —Vaya, buena suerte, Piri, —me dijo—, y que Dios te bendiga. Todo te va a salir bien.

—Gracias por todo, Capellán, —le dije—, eres un cheverote.

Entonces, por primera vez, noté a dos hombres que estaban parados en un rincón. En sus miradas se les veían las órdenes de detención del Bronx. El guardia les dio una señal con la cabeza y se me acercaron. Uno me registró y el otro sacó unas esposas. Alcé las manos hacia él, los codos doblados, como si el movimiento fuera algo natural, y el frío del metal me hizo recordar de lo libre que todavía no estaba.

Con las manos esposadas, las estreché para despedirme del capellán. Los jaras me ayudaron a cargar mis cosas. Yo me quedé con las cartas de Trina; nadie menos yo las iba a tener. Abrieron el último portón y salí para afuera, con un jara a cada lado, encaminados hacia su carro que quedaba como a 400 metros de la muralla de la prisión.

Por un momento quise hacer algo dramático y escaparme, como lo hacían en las películas, pero mi garganta estaba seca.

Me pusieron en el asiento de atrás con un jara, y el carro arrancó y se quedaron en la lejanía los barrotes verdes y las murallas grises de Comstock, a cada momento viéndose más pequeños. Traté de sacar una cajetilla de cigarrillos comerciales de mi bolsillo. El jara me ofreció de su cajetilla y cogí uno. Me lo encendió. Le di las gracias y empecé a leer las cartas de Trina. Eran todas iguales, decían lo mismo: *que ella no había podido esperarme más.* Habían un par de cartas de su prima. Éstas decían un poco más: que Trina se había casado, cosa que ya yo sabía; que Trina había abortado su primer embarazo; y que su segundo bebé había nacido retardado. Metí las cartas en mi bolsillo y seguí fumando y miré afuera mientras pasaba todo: la gente, los carros, los árboles, las casas, las montañas, los paradores. El carro llegó a un cafetín y paramos. —Vamos a comer algo, —dijo el más grande de los jaras—. ¿Qué me dices, muchacho, tienes hambre?

—No, gracias, —balbuceé. Tenía hambre, pero no quería entrar al cafetín con las esposas puestas.

El jara grande miró a su socio y dijo, —Si te quitamos las esposas, no vamos a tener problemas, ¿verdad?

Me sonreí, —No, ningún problema.

Y me las quitaron. Entramos y nos sentamos a una mesa en el rincón. La tipa nos dio un menú, y el jara grande dijo, —Puedes comerte lo que quieras, muchacho.

Le di las gracias y ordené pavo, el relleno, papas majadas, jalea de arándano, pastel y leche. Comí bien. El jara pequeño me compró un par de cajetillas de cigarrillos y me preguntó si tenía que usar el baño.

—Sí, —le dije.

Me senté, y por primera vez en seis años, cagué sin que alguien pasara y observara mis esfuerzos. Cuando salí, los jaras no parecían estar mirándome, pero ya sabía que me estaban vigilando. Estos jaras no parecían ser tan malos.

—¿Acabaste?

—Sí, acabé.

—Vámonos pues.

Metí la mano en el bolsillo para pagar mi parte de la cuenta y el jara grande me dijo, —No, está bien, joven. El estado todavía te lo está pagando todo.

—OK, entonces yo dejo la propina.

—No, está bien, eso ya va incluido.

—Pero me gustaría poder dejar algo.

—OK, entonces, deja algo si quieres.

Y ¡qué bueno poder sentirme como un hombre otra vez con dejar esa propina! Otra vez en el carro, presenté las manos para que me las esposaran, y el jara grande preguntó, —¿Será esto necesario?

—No, —le dije.

—Pues bien, entonces, no te las pondremos.

Hablamos tonterías el resto del camino. Los jaras querían saber cómo las cosas habían estado en Comstock, cuánto tiempo había cumplido, y cómo me había ido.

—Carajo, hombre, —dijo el jara grande—, debió haber sido algo duro, ¿no?

—Sí, hombre, pero la guerra era mi guerra.

Cuando llegamos a Nueva York ya era de atardecer y los jaras primero me llevaron a la comisaría del área donde había ocurrido el asalto. Ahí me tomaron las huellas digitales y me permitieron llamar a mi tía por teléfono. Después fuimos a la comisaría principal en el centro de la ciudad, donde me fotografiaron de pie a cabeza y completaron más trámites rutinarios. En el centro, miré todos los lugares familiares y pasé por la rutina como si no hubiese sido yo. Me sentía bien y hasta me sonreí para la foto. —Ponte serio, —dijo el jara grande. Me puse serio. Ya debí haberlo sabido: esto de tomarse las fotos es cosa seria.

Cuando acabamos, era más o menos la hora de la comida. Fuimos a un bar-restaurante y nos comimos algo. Después de la cena, hice otro viaje solo al baño. Este inodoro quedaba cerca de una salida en el fondo, y ese hecho no se me escapó cuando entré. Pensé en lo fácil que sería salirme a escondidas por la puerta de atrás y escaparme. No sabía lo que iba a hacer. Pensé en esas dos órdenes de detención. ¿Suponte que me dieran más tiempo? Recordé que el Condado del Bronx hubiera querido que Manhattan nos tumbara los cargos a mí y a mis muchachos por intento a robo en la primera instancia y que luego fuéramos entregados a ellos para que nos pudieran enfriar para siempre por robo armado en la primera instancia. Y en el Bronx, estaban dispensando sentencias locas, como de diecisiete y medio a treinticinco años. Si en aquellos días andaban tanto detrás de nosotros, entonces quizás después de seis años todavía nos tenían ganas. No sabía lo que les había pasado a Danny y Billy. Quizás el Bronx los tenía sirviendo un tiempo largo.

Salí del baño, que quedaba medio escondido de la vista de los jaras, y los vi que estaban masticando la comida y la conversación a la vez. Sentí pánico, como si me quisiera echar a correr. Empecé a moverme hacia la salida de atrás, pero me detuve, frío. *Si empiezo a correr ahora*, pensé, *tendré que seguir corriendo*. El capellán había prometido tratar de intervenir en mi favor; mis compañeros me habían asegurado que mi buena suerte estaba por llegar, mi tía me dijo que había orado por mí; y los jaras me dijeron que a lo mejor me dejarían libre bajo mi propia palabra, que a lo mejor después de presentarme ante la corte mañana por la mañana, saldría de ahí un hombre libre. Las probabilidades estaban a mi favor. *Corre*, me dijo el corazón. *No seas pendejo*, me dijo la mente. Despacio, los pies se me volvieron a encaminar hacia los jaras y regresé a la mesa.

—¿Ya terminaste, joven? —dijo el jara grande, sonriéndose.

—Este, sí.

Los jaras se me quedaron mirando. Luego se levantaron, y al salir, noté un espejo grande en la pared en el que se veía la salida de atrás reflejada claramente. ¡Ni siquiera hubiese llegado al otro lado de la calle! En su lugar, me hubieran echado encima más tiempo por tratar de escaparme, si no me mataban primero.

En camino a las Tumbas en el Condado del Bronx, donde me

iban a poner para pasar la noche, o tal vez más, me perdí en mis pensamientos. El jara grande me miró y me preguntó, —Muchacho,
¿por cuál sector de la ciudad quieres pasar?

—Bueno, pensé que como vamos para el Bronx, tenemos que
pasar por Harlem. Oigan, ¿podemos pasar por el Barrio Latino de
Harlem, por la Avenida Lexington o la Avenida Park, cerca de las calles 102, 103 y 104, y hasta la Calle 117 y más para arriba hasta llegar a
las Tumbas del Bronx?

—OK, está bien, por esa ruta vamos.

—Miren, muchas gracias, ustedes son unos tipos chéveres.

—Olvídalo, muchacho. Tú también has sido muy simpático.

Fue chévere el viaje por El Barrio. Era como si todas las bombillas brillantes en las vitrinas de las tiendas, en las ventanas, en los fa-
roles, todos estuvieran gritando, brillando, solamente para mí.
Escuché todos los ruidos que por tanto tiempo había echado de
menos: mujeres gritando, niños llorando, traficantes de drogas mur-
murando, perros ladrando, gatos haciendo cuevas en las montañas
de basura. Las entradas de la 104 estaban llenas de gente.

El jara grande manejó despacio para alargar mi alegría, y casi
sentí cariño por estos jaras tan comprensivos. La faz de mi Harlem se
veía un poco diferente. Habían proyectos de viviendas, grandes edificios de ladrillo, por todas partes, grandes intrusos extranjeros. Mientras estuve fuera habían mutilado mi territorio, aunque todavía le
quedaba el corazón. Caras nuevas y corazones viejos.

—¿Cómo lo ves? —preguntó el jara grande—. ¿Ha cambiado?

—Sí, un poco, pero mi gente todavía está aquí.

Harlem se quedó atrás y dentro de unos minutos el carro paró en
frente de un alto edificio gris, las Tumbas del Bronx. Me iban a ente-
rrar de nuevo. Sólo un corto tiempo atrás acababa de ser revivido y
ahora, metido de nuevo en una celda, seis por nueve por diez, o algo
así, tendría que comenzar de nuevo. Todavía estando en el carro, el
jara grande me volvió a poner las esposas, por si acaso un funcionario
importante estuviera por ahí cuando me trajeran. Casi le dio vergüenza tener que ponérmelas. Me sonreí con él en la oscuridad y le
dije, —Yo comprendo, hombre. —El traqueteo de nuestros zapatos

en la acera llevaba el mismo ritmo que mis entrañas. Subimos las escaleras cortas y nos paramos ante una puerta de barrotes con una ventanilla. Un guardia abrió la ventanilla y dijo, —¿Sí?

Tanto me hizo acordarme de un club en una película que había visto, que por poco digo, *José nos mandó.*

—¿Qué tienes aquí?

—Una Orden de Detención para este tipo, que fue dejado libre bajo palabra de la prisión estatal de Comstock, —dijo el jara grande.

La puerta grande se abrió y entramos. Me quitaron las esposas y me registraron las cosas, y a mí.

—Cógelo suave, muchacho, —dijo el jara grande—. Te vemos en la corte mañana, y a lo mejor estarás cenando en tu casa.

Con la cabeza indiqué que estaba de acuerdo con esa esperanza. Un guardia vestido de azul me dijo, —OK, hombre, por aquí, —y me dirigió a mi nuevo apartamentito. Había estado libre por más o menos doce horas.

Estudié mi nuevo hogar. Era tres partes concreto y una parte barrotes de acero —¿amarillos, o marrones? Me reí. Verde, amarillo, marrón... siguen siendo barrotes aun debajo de todo ese color. Subí la vista y registré todo a mi alrededor y me di cuenta que no estaba solo. Un muchacho muy demacrado, de aproximadamente veinte años, estaba sentado en el inodoro. Las celdas tenían dos camas, un arreglo donde, si estás en Comstock o Sing Sing y eres débil, pierdes el culo en un minuto. El muchacho delgado sonrió su saludo. Yo lo jugué cara de palo y sólo señalé hacia una de las camas. El muchacho dijo en un inglés matado, —Puedes coger ésa.

Noté su inglés malo y le respondí en español, —¿La de arriba o abajo?

—¿Tú eres hispano? —preguntó un poco sorprendido por el español.

—Sí, yo soy un spic. ¿Cuál cama cojo?

—Yo tengo ésta, —dijo, señalando la de abajo—. Estoy herido, —añadió—. Me dieron cuatro balazos. Le pegué uno a un policía.

Le miré el pecho y la barriga, que se veían rojos y rabiosos. En el estómago tenía una cicatriz igual que la mía. Me sentí como si me estuviera mirando a mí mismo seis años atrás. Abrí mis frisas, me quité la camisa, y me estiré en la cama. Encendí un cigarrillo y lo fumé, tratando de alejar ese sentimiento malo de estar otra vez encerrado en una celda. Cuando el muchacho se acostó, le regalé un cigarrillo y me empezó a contar su historia. Lo habían echado de un bar después de una pelea, se había ido a su casa para buscar su arma y había regresado, buscando acribillar al cantinero. Un tipo le gritó que soltara su arma. —Pensé que era un amigo del cantinero, —dijo—. El tipo tenía un revólver y empezó a disparar. Le pegué cuatro o cinco balazos y él me hizo lo mismo a mí. No sabía que era un detective. ¿Qué tú piensas que me va a suceder?

Me incliné por el lado de la cama y tiré la colilla del cigarrillo en el inodoro. —Mira, Chico, ¿se murió el policía?

—No, está vivo.

Jesús, pensé, *este tipo le pegó unos balazos a un policía y fue herido; yo le pegué unos balazos a un policía y fui herido. Lo que me pasó a mí le va a pasar a él. Lo van a condenar a servir tiempo, quizás mucho tiempo.* —No sé, Chico, —dije—. Mañana hablo más contigo de todo esto, ¿OK? No te preocupes. ¿Es éste tu primer arresto?

—Sí, sí, es el primero.

—Bueno, a lo mejor tendrás un golpe de suerte. No te preocupes. Buenas noches.

—Buenas noches.

Al día siguiente me llevaron a la corte y me metieron en un corral de toros que ya estaba demasiado repleto de gente. Después de media hora me llamaron a que entrara en la sala de la corte. Al pasar por la puerta, entré en un mundo revestido de paneles de justicia hecha por los hombres, con filas y filas de bancos llenos de espectadores y donde se encontraba un juez vestido en toga negra, cuyas manos barajaban los papeles blancos escritos con las historias de los hombres. Busqué por todos lados a ver si veía una cara conocida, esperando no encontrar ninguna. Encontré dos, el jara grande y el jara pequeño. Tomaron su lugar detrás de mí, y el jara grande me dijo en voz baja, —Buena suerte. —El Fiscal del Distrito le dijo algo al Juez. Otro tipo enumeró los cargos contra mí. El Juez dijo algo y el Fiscal del Distrito dijo que mis crímenes habían sido muchos y serios y que muchas personas habían resultado heridas. El Juez mencionó que yo había estado encarcelado por los últimos seis años. El Fiscal dijo que hasta que se hiciera una investigación y hubieran informes de los supervisores del programa de libertad supervisada, etc., hasta entonces no se podía hacer una disposición de mi caso; pidió que me pusieran una fianza de $5,000 por cada delito.

Dios mío, me costaría $10,000 poder salir por esas puertas principales, pensé. *Hombre, ¿por qué no me dan libertad bajo mi propia palabra? Yo no voy para ningún lado...* Oí al funcionario de la corte, o a alguien, decir, —28 *de noviembre.* —Esa fecha era en dos semanas. Un guardia me tocó el hombro y caminé de la sala grande toda revestida de sus paneles de madera, bancos grandes, escritorio grande, juez grande y justicia hecha por los hombres, para llegar al corral de toros, todo el tiempo dándome patadas mentalmente por no haber tomado la oportunidad de fugarme en el restaurante.

Regresé a mi celda y pasé las dos semanas observando los juegos de barajas y escuchando chistes y discusiones. Me corrían por la mente muchos pensamientos de Dios, y de mi tía, y de mí y de más tiempo. La noche antes de mi audiencia, decidí hacer una oración. Tenía que hacerlo de rodillas, porque si le iba a pedir clemencia a Dios, no podía hacerlo sin estilo. Así es que esperé hasta que el muchacho flaco se había dormido. Sin hacer ruido me bajé de la cama y me doblé de rodillas, sintiendo por primera vez en mi vida que al fin me iba a juntar con el Hombre Grande.

Me arrodillé al pie de la cama y le dije a Dios lo que tenía en el corazón. Me imaginé que estaba ahí conmigo, carnal. Hablé con él directamente, como siempre, sin palabras grandes, sin los "*todopoderosos*" y toda esa vaina. Le hablé a Él como le había querido hablar a mi viejo tantos años atrás. Le hablé como un niño, de mis deseos y de lo que me faltaba, de mis esperanzas y mis desilusiones. Le pedí que pasara por alto mis faltas y que me abriera un camino bueno, y que ya yo sabía que si Él y yo fuéramos amigos, todo lo que aprendiera o conociera, sería mejor. Empecé a sentirme mejor por dentro, como si Dios se hubiera convertido en Mami y Papi para mí. Sentí que le pertenecía a alguien que me quería. Que podía hasta llorar si así lo quería, cosa que no había podido hacer por muchos años. —Dios, —concluí—, tal vez no vaya a ser un ángel, pero sí sé que trataré de no ser un cero. Así que, en tu nombre, y en el nombre de Cristo, te pido todo esto. Amén.

Una voz pequeña añadió otro Amén al mío. Levanté los ojos y vi al muchacho flaco, con los codos doblados, la cabeza recostada en el brazo. Preguntándome si me estaba jodiendo la pita, miré por la oscuridad para verle la cara. Pero la cara se le veía igual que la mía, en busca de la ayuda de Dios. Ahí estábamos los dos, él acostado, cabeza en los brazos doblados, yo todavía de rodillas. Por mucho tiempo nadie habló. Entonces el muchacho dijo en voz baja, —Yo también creo en Dios. Quizás no lo vas a creer, pero yo antes iba a la iglesia, y tenía la mano de Dios sobre mí. Siempre me sentía como tú y yo nos sentimos ahora mismo, llenos de calor humano, quietos, en paz, como si no hubiese sufrimiento ninguno en nuestros corazones.

—¿Cómo se llama esto, Chico, lo que nosotros sentimos? —pregunté suavemente.

—La Gracia del Poder del Espíritu Santo, —dijo el muchacho.

No le pregunté más. Aquí, en la media oscuridad, había encontrado otro nivel de conciencia. Yo era un macho malote, y a pesar de todas mis lecciones de la Biblia, y de mis lecturas para conocer el mundo del Hombre Grande, tomaría tiempo comprender a Dios totalmente; pero al menos, ya sabía que Él estaba ahí. Y como dicen las lecciones de la Biblia, primero viene la fe, luego le sigue el entendimiento.

—Buenas noches, Chico, —dije—. Se me ocurre que Dios está siempre con nosotros; somos nosotros los que no estamos con Él.

Me dormí pensando que podía oír al muchacho, que estaba llorando bajito. *Llora, muchacho*, pensé. *Algunos más grande que tú lo han hecho. He oído decir que hasta Cristo lloró.*

34

Oye, Barrio, regreso a mi hogar

Por fin llegó el gran día, el 28 de noviembre, el día cuando sabría lo que mi iba a pasar. Una vez más me llevaron a la sala de la corte. Mi tía y su pastor estaban ahí, sus cabezas inclinadas en oración.

Llamaron mi nombre y me levanté, y la voz del juez bajó desde el otro lado del escritorio grande en ese salón grande, todo revestido de paneles de madera.

—¿Te han prometido algo a cambio de aceptar un alegato de robo en segunda instancia?

Mi abogado de la Asistencia Legal, que la corte me había asignado, habló de seis años en la cárcel y de la rehabilitación. Entonces el Fiscal del Distrito, quien es supuestamente tu peor adversario, empezó a hablar, abogando por mi causa mejor de lo que lo había hecho mi abogado. Dijo que estaba dispuesto a darme clemencia, una sentencia suspendida y libertad supervisada. Me estremecí por dentro, pero me quedé con cara de palo.

El juez me preguntó si podía mantenerme sin problemas.

—Sí, señor, puedo.

—OK, te voy a dejar libre, bajo supervisión por tres años. Haz lo debido. Te puedes ir ahora.

Y así no más, se acabó todo. Estaba libre. Di la vuelta y salí por las
dos puertas que se abrían de ambos lados, mi tía y su pastor detrás de
mí. Tuvimos que parar en el escritorio del oficial de la supervisión,
donde me dieron una tarjeta y me instruyeron adonde presentarme
cada semana. El Oficial Supervisor me preguntó si tenía trabajo, y le
dije que no; me dijo que me consiguiera uno, rápido. Si necesitaba
ayuda, la podría conseguir, pero si cometía alguna infracción, volvería a estar en un lío otra vez. Me dijo que tendría que presentarme
donde él y a mi oficial de parole, y que si no cumplía las exigencias
de una jurisdicción, automáticamente me descalificaban en la segunda jurisdicción. Después de advertirme que no me asociara con
mis viejos amigos, y que no chingara a nadie que no fuera mi esposa,
me dijo que me podía ir.

Llegué a la última puerta, la que conducía a la calle. Con un empujón, estaba fuera. Me quedé ahí parado, parpadeando ante el sol
brillante. *Estoy libre, estoy libre*. El mareo de estar libre era como
una noche que se había convertido en día; el contraste entre las sombras y la luz del día más acentuado. Mi primer deseo era de salir corriendo a tó' lo que da, pero me controlé; jugué el papel de suave,
con las emociones recogidas.

—Le puedes dar gracias a Dios por todo lo que Él ha hecho,
—me dijo el pastor de mi tía.

—Sí, Reverendo, —pero el pensar en Dios era como tener una
obligación, y yo no quería ningunas obligaciones, no después de seis
años de obligaciones. Quería sentir la calle, y olerla y tocarla con los
dedos del corazón. El rugido de un tren cercano ahogó todo pensamiento de Dios. Olí la calle y a la gente y el aire frío de noviembre,
que para mí significaban *la libertad*. Iba a permanecer libre, ya fuera
escapándome a otro país, o construyendo una vida exitosa para mí
mismo por la vía correcta. Sentí un mareo en la cabeza al pensar en
tener que regresar a la prisión.

La mañana siguiente, fui al centro con mi tía para presentarme
por primera vez a mi oficial de parole. Habían muchos ex-presos en
la oficina quienes también se estaban presentado por primera vez.
Algunos nos conocíamos. Pero todos nos portamos como si fuéramos

desconocidos, pues una de las infracciones de la libertad condicional era por asociarse con ex-presos o criminales conocidos.

Mi oficial no perdió tiempo ninguno. Miró su reloj y me dijo, —Llegaste treinta minutos tarde.

Consentí con la cabeza.

—Buena manera de empezar, ¿eh? —Su tono era bastante insistente, pero yo no iba a alterarme, no importara qué. Hice que la cara me permaneciera igual, relajada, suave.

—¿Tienes trabajo? —me preguntó por fin.

—No, señor, todavía no.

—Búscate uno, rápido.

—Sí, señor.

Miró mi expediente, y después de un largo rato me miró con los ojos cruzados y me dijo, —Si caminas bien, te quedarás libre; de otra manera vas a volver a la chirola tan rápido que te va a dejar la cabeza bailando.

Moví la cabeza, indicando que comprendía.

—Estamos aquí para ayudarte, y si tienes cualquier tipo de problema, estamos contentos de ayudarte a resolverlo.

Le di las gracias y me dijo que me presentara cada jueves. Me paré, y por primera vez se sonrió conmigo. Pensé que toda esa mierda que me echó encima al principio fue para ver si me alteraba.

Salimos y cogimos el tren subterráneo de la Avenida Lexington de regreso al Barrio Latino. El ruido y el rugido del tren me pusieron nervioso. Todavía no me había vuelto a acostumbrar a los sonidos de la ciudad. El ruido en una prisión es diferente; es el sonido de personas que tienen en común una sola frustración. Pero en la ciudad, en el Barrio Latino, hay más ruidos de los cuales escoger. Miré las paredes del túnel que pasaban como un latigazo mientras que el tren tambaleaba como un borracho por las vías. Por fin, entramos a la estación de la 110.

—Vamos a apearnos aquí, Tía, —le dije.

—Pero sólo estamos en la 110, hijo. Nos queda otra parada más.

Pero yo no esperé. Salté por las puertas que ya estaban casi cerradas y le dije adiós con la mano, gritando, —Te veo en la casa.

¡Dios mío! ¡Qué bueno se sentía poder salirse de algún sitio cuando querías! En Comstock, ¿cuántas veces, al cerrarse las puertas de mi celda, había querido saltar por ellas antes de que me trancaran ahí adentro? Y ahora había saltado por unas puertas en acción de cerrar. Era solamente algo pequeño, pero ¡qué gran sentimiento me produjo a mí! Corriendo, subí las escaleras del tren y salí a la calle. El aire se sintió maravilloso y me fui corriendo a la casa de mi tía, y rebotando, subí las escaleras, mientras pensaba en el trabajo que me tenía que conseguir, en mi oficial de parole y en mi oficial supervisor.

Al próximo día, un rabino y su cuñado me dieron un trabajo de conserje y factótum en su compañía de vestidos y camisas. A cambio de $40 a la semana, hice mandados, colgué vestidos, le puse alfileres y etiquetas a la ropa, y entregué la ropa a donde fuera.

Trabajé seguidamente y me presenté a mi supervisor regularmente y de vez en cuando hasta visité la iglesia de mi tía. Vi a Papi y a mis hermanos y mi hermana en Long Island, pero seguí viviendo con mi tía en mi Harlem —dulce, vibrante Harlem. ¡Qué bueno se sentía estar de nuevo en la calle! Muchos de mis muchachos o eran tecatos, ya huecos por la droga, o estaban en la cárcel, pero quedaban algunos de ellos por ahí, y después de un par de semanas, ya estaba asociándome con ellos otra vez. En el fondo de mi mente, esto me tenía un poco preocupado, pero caramba, me dije, fue toda una vida la que había pasado encerrado en esa jodida chirola, y me debía a mí mismo un poco de vacilón.

La primera regla que rompí fue la de no chingar a una tipa que no fuera mi esposa. Me metí con una tipa de las más feas que jamás había visto, pero cuidó bien de mi hambre voraz del largo período de ayunas. Habiendo ya roto una regla, lo encontré fácil romper otra, y dentro de poco ya estaba tomando otra vez. Luego empecé a fumar marihuana. Esto continuó así por unas semanas; entonces una mañana, después de una fiesta loca donde habíamos estado fumando marihuana toda la noche, me arrastré silenciosamente al apartamento de Tía y me miré en el espejo. Lo que vi me agitó. Mis ojos estaban rojos del humo y la cara estaba mostrando la tensión de tratar de mantenerme suave. Me vi como había sido seis años atrás, traficando, puteando y odiando, encaminado de nuevo hacia esos mismos largos años y esa misma experiencia dura. No quería volver a repetir esa escena otra vez.

Me alejé del espejo y me senté en la orilla de la cama. Tenía la cabeza llena de marihuana y sentía miedo. No podía parar el temblor por dentro. Me sentí como si me hubiera encontrado un roto en la cara de donde se me salían todas las diferentes máscaras que mi cara de palo habían luchado tanto por esconder. Pensé, *No voy a volver a ser lo que fui.* De repente pregunté, *¿No te acuerdas de toda esa mierda que pasaste? ¿Qué quieres hacer, pasar el resto de tu vida con el culo colgando? Hombre, no te olvides, sólo es tuyo lo que coges para ti. Puedes ganarte $200 a la semana, suave. Consíguete un poco de tecata y estarás hecho. Ahora puedes ganarte dinero suave; ¿por qué rajarte trabajando? No vas a vivir para siempre.*

Los pensamientos me subieron la presión en el cerebro. Me agarré la cara con las dos manos, y apretando duro, la deformé de su original forma; me estiré los labios para afuera y la quijada para abajo. Todavía estaba un poco arrebatado de la marihuana, y podía sentir la pequeñez del cuarto y la nitidez de sus muebles humildes que tenían olor al crédito que con $1.50 semanal se pagaba. Me empujé hacia la ventana, apagando la luz de un jalón al cordón, y me escondí de mí mismo en la amistosa oscuridad. Con cuidado de no hacer ruido con la persiana vieja, abrí la ventana de un empujón y metí la mano por unos fierros que mi tía le había puesto a las ventanas para que no entraran los ladrones. Respiré el aire; era el mismo aire que había respirado cuando niño. Los patios de atrás se veían iguales, llenos de basura. Hombre, todo estaba igual; sólo que yo había cambiado. Ya no era el muchacho puertorriqueño de cara sucia; ahora era un hombre puertorriqueño de cara sucia. *Soy un hombre que quiere ser mejor. ¡Hombre! No quiero ser un cero. Quiero ser alguien que cuente. Quiero reírme libremente. Quiero sonreírme de verdad, no sólo porque tengo que hacerlo...*

Traté de ver en la oscuridad. Los labios me querían formar palabras; querían decirle a alguien que yo quería ser alguien. Oí el chillido de unos viejos alambres de una cama, y el maullar de unos gatos realengos, que andaban escarbando en las latas de basura volcadas. Vi las estrellas allá arriba en el apartamento de Dios y el perfil gris-blanco de la ropa tendida en los cordeles, mecida por la brisa de la negra madrugada. Me recliné contra el fierro que mantenía afuera a los ladrones y adentro a mí y me miré los dedos largos trigueños agarrándose del metal negro frío. Me sentí como si estuviera de nuevo en Comstock, mirando hacia afuera, anhelando, soñando, queriendo. Como que yo no era real, sino como una sombra en la pared de un pasillo sucio y oscuro al lado de todas las inscripciones, *José ama a Lucy, A Nena la cogieron aquí debajo de estas escaleras, 1947, El superintendente es un sinvergüenza chingón de madre, Piri es un machote, Espérame, Trina...* —Trina no me esperó...

Sentí una ola de soledad pasarme por encima, casi como se siente uno al embalarse. —¡Que se joda, que se joda! —dije. Las palabrotas sonaban extrañas, sucias, como que no las debería de estar diciendo. Dije, —*Hijo de la gran puta,* —y también sonaba diferente. No sonaba como antes. No se oía tanto como un desafío, como antes era el caso, sino como el llanto de un desamparado. Empujé duro contra mis ojos con la curva interior del codo. *No quiero seguir siendo mierda en un pozo negro, escapando por tuberías que salen quién carajo sabe por dónde: quiero ser bueno, completamente, y sinceramente...*

Me recordé de la iglesia de mi tía que quedaba a la vuelta de la esquina. Si Dios tiene la vía correcta, ¿qué importa que Él sea un blanco? Pensé, *Dios, quiero salirme de este hoyo. Ayúdame a salir. Si me ayudas a salir, te prometo que no le volveré a poner la tapa a este pozo negro. Déjame salir y meteré el brazo de nuevo para ayudar a que otro tipo pueda tener su oportunidad.*

Como agua que baja por un desagüe, el resto de mi primer año pasó rápido. Luché por no dejarme ser tragado otra vez por los guisos de Harlem; empecé a visitar la iglesia de Tía en la Calle 118; recibí un aumento del rabino y mis oficiales de supervisión me animaron a que siguiera pa'lante. Pero algo faltaba y ya sabía lo que era: Trina. No me la podía sacar de la mente. No podía caminar por calles familiares sin pensar, *Ahí es donde nosotros caminábamos*, o, *Ahí es donde comíamos*. Traté de empujarla fuera de mi mente, pero ya sabía que la tendría que ver otra vez. Su marido había resultado un sinvergüenza; de diferentes fuentes supe de la vida difícil que él le estaba causando. Me pregunté si habría cambiado.

En la calle una noche me encontré con su prima, Ava. También estaba casada y tenía dos niños. Hablamos de los viejos tiempos y me invitó a que subiera a la casa de su mamá. —Estamos haciendo una fiestecita y toda la familia estará presente, —dijo.

—¿Toda? —pregunté.

—Sí, toda, —repitió.

—¿Cuándo?

—Esta noche. Son como las siete ahora... vamos a decir, como a las nueve.

—Chévere. Quizás pase.

—¿Quizás?

—Sí, —respondí—, quizás, —pero ya yo sabía que no faltaría en llegar.

Me fui para casa, pensando por todo el camino. Traté de pintar un cuadro mental de la escena que estaría jugándose a las nueve aquella noche.

Subiría las escaleras, tocaría a la puerta 129, suave, *ay*, tan suave, vestido en mis mejores ropas. Ava abriría la puerta.

—Hola, Piri.

Yo me sonreiría. —Hola.

—Pasa adelante.

Entraría y le echaría una ojeada a la escena. Los hermanos de Ava estarían sentados en el sofá, su mamá en la butaca y Jorge, el esposo de Trina, en la otra silla. Trina estaría parada al pie de la ventana mirando para fuera, mostrando el perfil de su cara, triste, pero valientemente bella.

Entraría yo a la sala y todo se pondría en silencio, oyéndose sólo el respirar, como si Dios hubiese sorprendido a un grupo de pecadores. Ava y sus hermanos se mirarían como quien sabe algo, ansiosos. La mamá de Ava se quedaría quieta y callada, y Jorgito, ese ratoncito, se pondría jincho y se pondría a temblar, sonriéndose como un cobarde. No le haría ningún caso y miraría a los ojos de Trina, y ella me murmuraría, —Te esperé tanto tiempo, Johnny Gringo, mi Piri, te esperé tanto tiempo.

Y yo me vería suave, tan suave, tan malote, tan valiente, y abriría mis brazos y le diría, —Ven a mí, mi Marine Tiger. Vámonos para casa, nena. Y tráete a tu hijo; es ahora también mi hijo.

Trina se derretiría en mis brazos; le machucaría los labios y le daría un apretón. Seríamos como un ser puertorriqueño en vez de dos, y daríamos la vuelta y caminaríamos hacia la puerta. Y Ava se pondría a gritar, —Cuidado, Piri, te va a caer encima, —y sentiría el cuchillo morderme una herida honda en el músculo del hombro, el dolor profundo, y oiría los gritos que saldrían de la garganta de Trina.

Saltaría hacia el frente y con gran esfuerzo me enderezaría y me enfrentaría a Jorgito. Su cara se le pondría gris y manchada de temor; se quedaría ahí parado, paralizado. Con mi brazo, alcanzaría detrás de mí y agarraría el mango del cuchillo que tengo espetado en la espalda y, con un jalón suave, me lo arrancaría.

—No me mates, por favor, —rogaría el ratoncito Jorgito.

Lo miraría con desprecio, arrojaría el cuchillo a un lado y empezaría a caminar despacio hacia él. Jorgito caminaría para atrás, así atrapándose en un rincón. Después de medirle la cara, se la aplastaría con un puño. Él débilmente lucharía de vuelta y yo le pegaría primero con un puño y luego con otro hasta que se hundiera lentamente al piso.

Sentiría la sangre en la boca —el cuchillo me ha perforado el pulmón; quizás me esté muriendo. Me recostaría contra Trina. Ella me besaría, y saldríamos caminando por la puerta y...

—Oye, Piri, ¿quieres ir al cine esta noche?

—No puedo, lo siento, ya tengo compromiso esta noche.

—Oh, OK.

Regresando a la realidad, salí a la calle fría y subí corriendo por las largas escaleras grises que subían al apartamento de mi tía. Dentro de veinte minutos me estaba bañando, preparándome para no sabía qué.

A las nueve me paré en frente del apartamento número 129, toqué y esperé. La puerta se abrió. Era la mamá de Ava. —Pasa adelante, hijo, adelante, —me dijo, dándome un abrazo.

Entré al apartamento. No había nadie sentado en el sofá, ni nadie en la sala. Vi a un desconocido sentado en la mesa de la cocina. *Jorgito*, pensé. Ava acababa de salir del baño. Me dio un abrazo y miré detrás de ella, al cuarto donde estaba Trina parada en la puerta, mirándome. Jorgito se sonrió y me lo presentaron. Me ofreció un trago.

—No, gracias, —dije, y me ofrecieron una silla. Yo añadí—, ¿les molesta si me siento en la sala? —Me senté en la silla en la que había imaginado a Jorgito y miré a Trina. No había nada que decir, nada que hacer. Sólo me quedé ahí sentado y hablé boberías. *Trina, di algo*, pensé, *cualquier cosa*.

Pero Trina no dijo nada, y después de lo que pareció ser muchos días, oí que mi voz decía, —Bueno, ha sido un placer visitarlos a todos. Lo siento, pero tengo que irme ahora, tengo un, este, tengo que encontrarme con alguien.

—Oh, lo siento que te tengas que ir tan pronto, hijo, —me dijo la mamá de Ava.

—Te veremos de nuevo, ¿verdad? —preguntó Ava.

—Sí, claro, seguro que sí. —Miré a Trina. Ella se sonrió como para decirme algo, y así salí por la puerta y bajé las escaleras y salí a la calle fría, pensando, *¡Qué vacío resultó ser esa visita! Debí haberlo sabido; nada funciona igual, nada se queda igual. Hoy no puede volver a ser lo que fue el ayer.*

35

Se lo juro a Dios y a la Virgen

Tenía ganas de caminar y en esas vueltas fui a parar afuera de mi viejo edificio, el número 109. *¿Por qué siempre lo miraba y se parecía como si fuera una vieja novia?*

Miré por todas partes y la calle estaba vibrando. Entré al pasillo oscuro del 109 y subí por las escaleras sucias de mármol, tomando cuidado de no pisar la mierda de perro o la orina humana que mis memorias viejas me advirtieron podían estar esperándome a escondidas. El ambiente era el mismo. Cuando por fin llegué al quinto piso, estaba cansado, tragando aire, y me paré a descansar —entonces oí el ruido ligero en la azotea. Miré y me encontré con un par de ojos huecos que parecían la muerte, ojos que reflejaban el antojo, los ojos de un tecato hasta el fin. Y era en verdad uno. Y no un desconocido.

—Hola, panín, —lo saludé. Sus ojos parpadearon, estirándose para tratar de lograr algún grado de reconocimiento, y entonces se dio cuenta de quién era y la voz descendió de su nube:

—¡Carajo, Piri! ¿Eres tú? Coño, ¡qué cosa! *Man*, de verdad estoy contento de verte. ¡Qué coincidencia! Sube, hombre. Coño, por un momento pensé que eras la jara. Esos tipos también trabajan los domingos. Sube, beiby, sube.

La voz no se parecía a la de Carlitos. No se parecía a nada.

—¿Cómo has estado, Carlitos? ¿Qué hay de nuevo?

Lo miré y adiviné la respuesta triste.

—Nada nuevo, además de estar embala'o.

Tenía una mano cerrada con el puño apretado. No tenía que abrirla para que yo supiera lo que tenía escondido adentro. —¿Heroína? —le pregunté con la cara. Abrió la mano y estaba temblando ahí su bolsa de cinco centavos, con su mensaje de "*Quítame todos los pesares*".

—Estaba por inyectarme cuando te oí llegar, hombre. Pensé que quizás eras la jara. Esos tipos también trabajan los domingos.

Asentí con la cabeza y dije, —¿Estás embala'o, Carlitos?

—Doce bolsas. Es una jodienda, hombre, pues a cinco pesos la bolsa y un peso por el aparato, me está costando un dineral.

Saqué cuentas mentalmente y mi panín tecato necesitaba setenta y dos dólares al día para mantenerse normal, sin desbaratarse todo. Algo que yo estaba haciendo por nada. Pasé por donde estaba sentado y me senté en las escaleras que quedaban más arriba de él.

—No te molesta si cocino mi desayuno, —Carlitos se rió solo—. Jej, jej, jej, cocinar mi desayuno. —Sacó un frasco de medicina que estaba lleno de agua y también una tapa de metal. Abrió la bolsa de cinco y con mucho cuidado, la vació en la tapita, sacudiendo el papel para estar seguro de no perder nada de su desayuno. No dije nada, sólo me quedé mirando, como antes lo había hecho tantas veces que ya ni las podía contar, con otros tipos, con otras versiones de Piri.

Carlitos sacó el fósforo del cartón y casi le pidió perdón por haberlo roto; y deliberadamente y cuidadosamente puso a un lado el libro de fósforos, como si estuviera saboreando el momento que estaba por llegar, el momento cuando la tecata le mordiera las venas mutiladas y llegaría como un tren a su corazón con toda la furia de su desesperación. Una vez encendido el fósforo, Carlitos lo colocó debajo de la chapa.

—¡Ay, ajjj, jaaaaaa, así mismo es, que bueno, chévere, *pum*! —Apagó el fósforo de un soplón, como lo haría un ricacho después de encender un cigaro de un dólar.

Pensé, ¡Qué muchos recuerdos esto me trae de los tiempos de muchos años atrás. Y ¿ya no siento ganas de sentir esa patada? ¿No siento algo parecido a lo que siente él, como que mis ojos tienen sed de seguir a esa jodida aguja, y de trazar el empujón y la corriente de la tecata que tosiendo, camina por las carreteras y las veredas de las venas de mi muchacho? Como que por dentro, en la profundidad de mi ser, siento ganas de colocar mi brazo junto al de él y con una actitud humilde, tomar mi lugar junto a mis muchachos que no fueron vencidos por la pelea, sino por la...

—¿Quieres coger un cantazo, Piri? No me molesta compartir contigo. Después que nos curemos, buscamos otro ángulo. Tú eres del grupo viejo y en verdad, no me molesta darte un poco; te digo que no es para cualquiera, esto lo que te ofrezco, porque ahora no es como antes cuando juntos lo compartíamos todo. No, las cosas ya no son así. Tienes que estar bien amarrado con un tipo. No compartes con todo el mundo por nada. Si un tipo lo compra contigo, o si un par de tipos y tú juntos completan el dinero para una bolsa de a cinco, OK, entonces tú compartes. Pero generalmente no le regalas la mierda a nadie a cambio de nada. Así es que no te preocupes, Piri, más tarde puedo conseguirnos más. Vaya, hombre, ¿dime cuánto estás usando? —me preguntó.

Miré a Carlitos y la aguja que tenía espetada en el brazo, y la correa de sus pantalones que le apretaba las venas tanto que parecían soldados cuadrándose.

—Nah, estoy limpio, Carlitos, no estoy usando. —La voz me bajó a un murmullo—. Ya no estoy usando. —Y, ¡Dios mío! me encontré pensando, ¿Cómo sería hacerlo de nuevo? ¿Cómo sería hacerlo de nuevo? ¿Cómo sería hacerlo de nuevo? ¿Cómo...

—Estoy limpio, —oí decir mi voz. Mis ojos observaron la aguja, conectada de un gotero, colocada en espera de la entrada y, te lo juro, casi lambiéndose los labios mientras se acercaba a las venas de Carlitos —y me quedé mirando y recordando mientras bregó con su amor y la droga retrocedió otra vez a llenar el gotero, mezclado con un poco de sangre.

—Yo estoy contento de que estés limpio, Piri, —oí decir la voz de

Carlitos, suave y tierna, pero a la vez áspera. Los ojos se le cerraron y la aguja se le quedó espetada en el brazo como que no quería salir, como un amante que ha terminado de hacer el amor y no encuentra como sacárselo. Los dedos de Carlitos sacaron la aguja y un coágulo grande de sangre oscura apareció en el hueco, y un dedo rápido lo limpió mientras que más chorreó. Carlitos abrió el frasco de medicina y le echó un poco de agua al agujero mocoso donde los amantes habían yacido, y la sangre paró. Metió la aguja al agua y chupó agua limpia para lavar el aparato; con un chorro de agua se limpió el brazo que todavía estaba medio embarrado de sangre, y entonces desarmó el aparato, muy cuidadosamente. Después de la droga misma, el aparato es el mejor amigo del tecato.

Me le quedé mirando mientras que la eficacia de la droga empezó a sentirse y Carlitos habló y yo me quedé sentado, escuchándolo.

—Te digo, estoy contento de que estés limpio. Sí, hombre, de veras. Y yo también puedo estar limpio. La verdad es... —*y oí su voz baja, amortiguada como cenizas calientes y llena de palabras vacías de cómo va a desprenderse del hábito*— tan pronto que me entregue al hospital, lo voy a dejar, sí, beiby, no más heroína para mí. Cristo, *man*, tengo vergüenza, tengo respeto para mí mismo, como cualquiera, como cualquier otro jodón, y puedo andar limpio también. ¡¡Mierda!! Tengo que dejarlo, mírame. —Y lo miré mientras que él se apuntaba a la cara. Era de color limón, como si tuviera hepatitis.

—Esta mierda causa todo tipo de problemas, estoy más podrido que un chingón de madre. Estoy pudriéndome, mira. —Y se subió la camisa y me enseñó la espalda por la cintura y entre medio de las nalgas tenía llagas abiertas y encascaradas.

—Tengo que dejar esto, y se lo juro a Dios y a la Virgen, que la próxima vez que lo deje, será para siempre. Hombre, ya yo estuve en Lexington y en todos aquellos lugares. Pero esta vez voy a dejarlo para siempre. Puedo quedarme limpio.

Los pensamientos que se me paseaban por la mente seguían chocando unos con los otros: *Todo ocurrió ayer. Trina fue ayer, Brew fue ayer, Johnny Gringo fue ayer. Ayer fui un niño y mi vida entera ocurrió ayer. Y ahora no tengo nada más que hoy y muchos mañanas.*

No creo que mi muchacho ni me viera pasar de su lado. Ya no podía soportar verlo así, no soportaba oírlo decir lo que planeaba hacer. Su voz se desvaneció detrás de mí.

—Tengo dignidad, hombre, tengo respeto para mí mismo y ahhhhhhh... —Llegué al segundo piso y oí que me llamó—, Oye, Piri, ¿te vas?

Miré arriba por la escalera y vi su pequeña cabeza de ojos grandes.

—¡Sí!

Salí caminando a la calle, donde la gente caminaba toda de prisa, y se oía pero no se veía una vellonera que tocaba un bolero triste.

Glosario

arrebator, arrebata'o — intoxicado

Baby Grand — lugar para bailar en Nueva York

Baby, I just want you to know that you got fucked by a nigger, by a black man! — Nena, nada más quiero que sepas una cosa, que te ha chingado un molleto, un hombre negro.

beiby — en inglés — baby — bebé. Nombre con que se llamaban los muchachos en las pandillas

bicho — pene, órgano sexual masculino

bodega — tienda pequeña de comida, licor, y todo lo demás; hay muchos dueños puertorriqueños en Nueva York

bolos — dólares, años de cárcel

bolsa de tres — una bolsa de drogas que costaba tres dólares

bombo — una planchita

Bowery — sector de la ciudad de Nueva York donde se encontraban los borrachos crónicos y otros desamparados

boy — niño en ingés — nombre peyorativo que se usaba para los negros en los Estados Unidos.

bregar — tratar, resolver, pelear

bro, brother — hermano

carne bif— carne de res enlatada, repartida por el gobierno a los pobres

carne bif y repollo— comida típica de los irlandeses

chain, Míster— en inglés, Shine, Mister— ¿Brillo, Señor?

chavos— dinero

chavos prietos— monedas de un centavo

chévere— muy bueno, suave

chirola— cárcel, prisión

coquís— ranas melodiosas típicas de Puerto Rico

cold turkey— pavo frío— se refiere a romper la adicción, en vez de
   poco, todo a una vez, provocando síntomas violentos

Crutch— Muleta

cuco— mítico monstruo nocturno puertorriqueño con quien ame-
   nazan a los niños

Dixie— himno de la república del Sur durante la guerra civil

echar un polvito— tener relaciones sexuales

echones, echáresla— jactarse, decir que las cosas son más de los que
   son

embala'o— embalado— endrogado

estar mala— estar en el período de la menstruación

fence— persona que recibe articulos robados para vender, perista

frisas— mantas, cobijas

fucking— jodido

Good Housekeeping— revista para amas de casa, cuya garantía define alta calidad

goof balls— una droga que te hace tonto

guagua— autobús

güele— del verbo oler, pronunciación jíbara del imperativo, huele

guinea— nombre peyorativo que se le da a los italianos en los Estados Unidos.

guiso— actividad ilegal, asalto, robo

jara— nombre que los jóvenes de la calle le daban a la policía,
   del estereotipo que muchos policías son irlandeses de apellido
   O'Hara. De ahí salió "jara".

jincho— pálido

Jim Crow— Jaime Cuervo— Las prácticas racistas de segregación y opresión sistemática de los negros en los Estados Unidos, especialmente en el sur donde existían leyes denominadas "Jim Crow laws".

joseadores, josear— del inglés— hustler— persona que an engaña a la gente

juquiarse, me juquiaría, estar juquiado— en inglés— to get hooked— engancharse, convertirse en drogadicto

la cabeza bajita— se refiere a una canción negra en la cual el negro se está humillando ante Dios

Lady Day— Billy Holiday, (1915–1959) famosa bellísima cantante negra, una figura trágica, víctima de su adicción a la heroína

Línea Mason Dixon— línea que dividía al Este de los Estados Unidos entre Norte y Sur, los dos lados de la Guerra Civil del siglo diecinueve

Long Island— Isla larga cerca de Nueva York donde muchos se van a vivir para escaparse de la ciudad

mamey— fruta tropical; como un mamey— fácil

mapo— trapero, estropajo, fregasuelos

Marine Tiger— barco que trajo a muchos puertorriqueños a los Estados Unidos de Puerto Rico

marqueta— el mercado

matre— colchoneta

man— hombre

Míster Charly— nombre peyorativo que los negros le dan a los blancos en los Estados Unidos.

molleto— nombre peyorativo para un negro

monga— la influenza, la gripe

My Country 'tis of Thee, Sweet Land of Liberty, Of Thee I Sing— Patria mía, es de ti, dulce tierra de libertad, es de ti que canto.....

NAACP— National Association for the Advancement of Colored People, La Asociación Nacional para el Avanzamiento de la Gente de Color

panín, pana— compañero, amigo, socio

papito— persona que te cuida

parole— libertad bajo palabra. El Comité de Parole —el grupo de personas que deciden si un preso puede ser puesto en libertad antes de completar su sentencia.

pasto— marihuana

pinga— pene, órgano sexual masculino

píntense— lárguense

pistolas zip— pistolitas hechas a mano de la antena de un carro, de calibre .22

pito, pitillo— cigarrillo de marihuana

Swanee River— línea de una canción, "Old Folks at Home", de Stephen Foster, que evoca la nostalgia por la vida en el sur

putana— maldición en italiano

Ringolevio— juego de muchachos en el Barrio

sábanas blancas ambulantes— referente al Ku Klux Klan, una organización racista, terrorista de blancos en los Estados Unidos, que en años anteriores linchaba a los negros como pasatiempo

snifear— en inglés, to sniff— olfatear, aspirar la droga por la nariz

slop chest— tienda abordo de un barco para vender artículos necesarios a los marineros

soba–cricas— sobar el órgano sexual de la mujer

sorbeto— popote, palito hueco para tomar bebidas

spic— nombre peyorativo que se le da a latinos en los Estados Unidos.

splits— pastilla con una franja por el medio, un tranquilizante

Últimas palabras

Hace treinta años, en el 1967, Alfred A. Knopf publicó mi primer libro en inglés, *Down These Mean Streets*. Desde entonces ha estado constantemente en circulación hasta considerarse hoy día como un clásico en su género. Cuando Vintage decidió publicar una edición conmemorando el 30 aniversario de su publicación original, y me pidieron que escribiera unas palabras, les dije que lo haría con sumo gusto.

Escribir *Down These Mean Streets* fue una experiencia que me hizo arder el alma. Me tuve que esforzar a volver a vivir aquellos tiempos, a volver a ver todo lo que había visto, hacer lo que había hecho, oír lo que había oído, y a sentir todos los sentimientos otra vez, los de algunas experiencias traumáticas con siete veces más la intensidad. *Down These Mean Streets* explotó de mi ser en una catarata de heridas y coraje suprimidos, una fuerza que se desbordó en una rabia helada.

Muchos de nosotros que vivimos aquellos años desesperados conocidos como la Gran Depresión de los '30, luchamos por sobrevivir la vida dura de los ghettos de nuestros barrios, donde la invasión de cucarachas frías y calientes y ratas gigantescas siempre parecía venir de otros apartamentos pero jamás de los nuestros. Existía siempre el racismo que causaba dolor por el miedo que inspirba en nosotros, pues muchas vidas de negros y trigueños fueron acabadas al extremo de una soga, aunque cualquier medio podría usarse, incluso los bates de béisbol. También, todos atravesamos esa explotación nacida de la avaricia y escuchamos a los políticos, cuyas caras llevaban sonrisas gastadas por que no reflejaban lo que sentían en sus corazones, que siempre prometían lo que no iban a entregar.

En la cárcel, hice todo lo posible por mantener vivo el amor en mí. Me sintonizaba al amor que de niño mi madre, Dolores Montañez de Tomás, había sembrado en mi corazón. Me acordaba de aquella vez cuando ella se estaba muriendo en la sala de los pobres del Hospital Metropolitano y yo estaba a su lado. Ella tenía treinta y seis años y yo era su primogénito, su negrito. De vez en cuando en mi celda de noche, me nutría el alma con su amor, reviviendo memorias cálidas del pasado. Es mi creencia que el amor es el poder más grande que tiene el Barrio. La prueba se manifiesta en los rostros de los niños, quienes con todo lo que tienen que soportar en contra de ellos, siguen sonriéndose con una gracia asombrante al mismo tiempo que luchan por sobrevivir y superar las calles bravas.

Escribí acerca de las condiciones de vida en el Barrio que existían en ese entonces, pero a pesar de la presencia de libros como *Down These Mean Streets*, *Manchild in the Promised Land* y *The Wretched of the Earth* lamentablemente hoy día siguen existiendo esas mismas condiciones para los pobres. La verdad es que sus vidas se están empeorando cada día con los cortes de programas vitales —que hasta este punto les habían ofrecido un poco de oportunidad de luchar por lo suyo— al mismo tiempo que se incrementa la producción nacional de armas. Además, con un plan para más desempleo y más recortes, con la educación superior de alta calidad ya fuera del alcance de muchos niños pobres, y con el número creciente de los desamparados de todos los colores, nuestras calles se han convertido en campos de batalla para las guerras de la cocaína "crack". El saldo crece al matarse nuestros jóvenes los unos a los otros, y eso sin mencionar a los inocentes que también mueren en los tiroteos.

La violencia vaguea por las calles de América y por las calles de todo el mundo. Hoy día nuestras prisiones se están desbordando, la mayoría de los presos cumpliendo sentencias por estar envueltos en las drogas. Cuando yo estaba preso hace unos cuarenta y siete años, el 85 por ciento de los prisioneros eran blancos mientras que el quince por ciento eran negros y trigueños. Yo visito las prisiones de vez en cuando y soy testigo de que ahora el 15 por ciento son blancos y el 85 por ciento son negros y trigueños.

El racismo es un aspecto triste y terrible de la historia de América. Sabemos que desde los días de la reconstrucción después de la Guerra Civil en los Estados Unidos, los racistas en capuchas blancas, o vestidos de otra forma, lucharon para que las cosas se volvieran a su versión nostálgica de los "días buenos de antaño en la hacienda".

Los niños de los pobres no son pendejos y muchos tienen la idea de que la sociedad no daría ni mierda por ellos. Es por eso que cuando escuchamos a la sociedad expresar que "los niños son nuestro futuro", muchos nos preguntamos, —¿Los niños de quién y el futuro de quién?— La juventud está sumamente preocupada por la creciente cantidad de crímenes de odio, los incendios en las iglesias, los motines motivados por el racismo en las prisiones sobrellenas. Según lo veo yo, una educación de alta calidad es la mejor manera de superar los ghettos y de escaparse de la trampa que es la pobreza —a menos que uno no se pegue con la lotería.

La verdad es que cuando la economía se empeora, hay americanos de todos los colores que caen en peores condiciones de vida. Estas condiciones malas no son la culpa de gente de otros colores, entonces ¿por qué no dejamos de buscar chivos expiatorios? Tristemente, el culpable verdadero es, y siempre ha sido, la avaricia. ¿Qué otra cosa podría ser, sino la avaricia, cuando se sabe que el 2 por ciento de la población recibe el 98 por ciento de la riqueza? De hecho, esta desigualdad tiene que afectar el bienestar y la educación de los niños de ese 98 por ciento de la población, quienes se ven obligados a subsistir con el mezquino 2 por ciento de la riqueza nacional. Además, ¿quiénes son los que, desde un principio, crean toda esa riqueza?

A través de la historia hay multitudes que han muerto por todo tipo de causa. Pero todavía me queda por conocer una causa que abarque a todos los niños de la tierra. Los niños no son estúpidos, nacen con inteligencia básica y el espíritu de discernimiento. Es mi creencia que cada niño nace poeta y que cada poeta nace un niño. Yo creo que cada niño es un círculo creativo. También creo que cada niño nace hijo de la tierra y del universo, entonces ¿cómo no se le puede considerar importante a cada uno, cómo puede ser deshumanizado, condenado a ser una minoría, un menos de algo?

El color de la piel no es seña de la inteligencia, igual como no es una seña de la estupidez. Esa teoría equivocada nos la enseñan aquellos racistas como los autores de *The Bell Curve*. Los niños se convierten en lo que se les enseña o no se les enseña; los niños se convierten en lo que aprenden o no aprenden. Nosotros los seres humanos, somos todos similares, pero como nuestras huellas digitales y nuestras culturas, no igualitos, entonces, viva la diferencia y vamos a conocernos los unos a los otros, respetuosamente. Posiblemente, entonces, esto nos lleva a que primero amemos y luego querramos compartir con los niños del mundo.

John F. Kennedy una vez comentó de paso, —¿Quién dijo que la vida era justa?— A mí me gustaría responder, —Entonces hagámosla justa—. Que América establezca un nuevo standard, de cuidar no sólo a nuestros niños sino a todos los niños del mundo.

Usted tal vez se preguntará, —¿Por dónde empezamos?— Como escritor, mi terreno abarca las palabras, los nombres. Y los nombres que les ponemos a los seres humanos tienen gran importancia, dado que éstos pueden ser positivos o negativos, pueden ser balas o mariposas. Cuando yo era muchacho en aquellos días en el Barrio, yo escuchaba a los hermanos y hermanas llamarse nombres como "Oye, molleto", o "Mira, spic". A mí no me gustaban esos nombres entonces, y hoy día tampoco me gustan. Cuando yo era niño, corriendo por esas calles oscuras del ghetto, había un dicho del cual aprendí sabiduría: *Los palos y las piedras me pueden romper los huesos, pero las palabras jamás me podrán perjudicar.* La primera parte de la frase, que se refiere a las piedras que rompen los huesos, es la verdad, pero la parte que dice que las palabras jamás podrán perjudicar a uno, es embuste. Las palabras pueden hacerle daño a un niño cuando son negativas, como "molleto" o "spic" o "minoría". ¿Para qué repetir la indignidad al referirnos los unos a los otros con términos racistas peyorativos? Debemos aprender que las palabras son balas o mariposas, debemos aprender a decir lo que sentimos y a sentir lo que decimos. Porque si somos lo que nos comemos, también somos lo que pensamos. No nos asaltemos los unos a los otros con racismo y odio, cosas que no son el dominio de un solo color.

Mi padre Juan, también conocido como Johnny, una vez me dio consejos en el arte de la sobrevivencia. Me dijo, —Escucha hijo, a veces tú no miras para donde vas y te metes en líos. Debes aprender a reconocer lo que es la caca a veinte kilómetros, porque recuerda, hijo, que la mierda no sólo camina en dos pies sino que también viene en todos los colores. —Y yo me lancé a ejercer mis nuevos poderes de oler la caca a veinte kilómetros y de discernir la diferencia entre la caca y las flores, cuando mi padre me paró—. Por favor, hijo, antes de que empieces a oler la caca de otro, huélete la tuya primero. De otra forma te acostumbrarás a oler la de los demás y te olvidarás que tienes bastante de la tuya. —Punto. (¿No es eso sabiduría del barrio de Papi? Y en cuanto a Mami, ella me decía, entre muchas otras cosas, —Dime con quién andas y te diré quién eres. —Punto.)

Sería una maravilla si fuéramos a inaugurar una nueva era en la cual todos los niños de la tierra, y no las armas de guerra, se consideraran la más alta prioridad. Me han dicho que lo que busco es la utopía. Pues, vaya, ¿qué hay de malo en eso? Imagínense, nuestro mundo unido, todos juntando nuestra creatividad y tecnología para sanar la tierra de los horrores que se le han cometido en el nombre de la avaricia. Miren las enormes cantidades de desperdicios tóxicos que se hallan enterrados donde viven los niños y donde los animales se alimentan. Miren los venenos que le han echado a nuestras aguas. ¿No sería estupendo poder vivir en un mundo donde la paz y la justicia fueran una conclusión inevitable y que las calamidades sólo fueran naturales y no hechas por el hombre?

Al escribir *Down These Mean Streets*, fue mi esperanza que la exposición de las condiciones de vida en el ghetto contribuyera a su mejoramiento. Pero, treinta años después, la triste verdad es que la gente atrapada en los ghettos no han progresado mucho, y de hecho se han atrasado más: hoy día la red de seguridad social es mucho más débil. Lamentablemente, son las mismas calles bravas de siempre, hasta peores.

A mí me enseñaron que la justicia lleva una venda en los ojos para no poder distinguir entre los colores, y que así todos somos iguales ante la ley. Yo propongo que le quitemos la venda de los ojos a la Dama de la Justicia, para que por primera vez pueda ver la realidad de lo que está pasando y pueda discernir dónde yace la verdad y dónde se esconden las mentiras. Eso sí sería un buen punto de comienzo.

¡Que vivan los niños de todos los colores! Punto.

PIRI TOMÁS,
enero de 1997